铁道机械化维修技术系列教材

钢轨打磨设备及运用

主　编　冯娜娜
副主编　乐园园　张永革　毛胜辉
主　审　郑　松　潘卫彬
参　编　索小娟　吕　蒙　于　莉

西南交通大学出版社
·成　都·

内容简介

本书是铁道机械化维修技术系列教材之一。全书共分为 11 个单元，系统地介绍了在铁路、城市轨道交通维修施工作业中广泛使用的大型钢轨打磨设备（PGM-48 型钢轨打磨列车）的构造、工作原理、各系统的功用及其运用。本书主要包括车体结构、计算机控制系统、动力传动与走行系统、作业装置、电气系统、气动系统、供水系统、打磨工艺、运行与作业、检查与维护等内容。

本书适于高职高专铁道机械化维修技术专业学生学习使用，也可作为铁路及城市轨道交通行业技术人员的培训参考用书。

图书在版编目（CIP）数据

钢轨打磨设备及运用 / 冯娜娜主编. —成都：西南交通大学出版社，2017.7（2020.7 重印）
ISBN 978-7-5643-5552-4

Ⅰ. ①钢… Ⅱ. ①冯… Ⅲ. ①钢轨－研磨机 Ⅳ. ①U216.65

中国版本图书馆 CIP 数据核字（2017）第 156888 号

钢轨打磨设备及运用

主　　编／冯娜娜　　　　　　责任编辑／李　伟
　　　　　　　　　　　　　　封面设计／何东琳设计工作室

西南交通大学出版社出版发行
（四川省成都市二环路北一段 111 号西南交通大学创新大厦 21 楼　610031）
发行部电话：028-87600564　028-87600533
网址：http://www.xnjdcbs.com
印刷：成都蓉军广告印务有限责任公司

成品尺寸　185 mm×260 mm
印张　11.5　　字数　273 千
版次　2017 年 7 月第 1 版　　印次　2020 年 7 月第 2 次
书号　ISBN 978-7-5643-5552-4
定价　28.00 元

课件咨询电话：028-81435775
图书如有印装质量问题　本社负责退换
版权所有　盗版必究　举报电话：028-87600562

前言

近年来，我国铁路、城市轨道交通跨越式发展，特别是铁路全面提速、客运专线的运营和城市轨道交通的大范围建设，需要越来越多的大型养路机械设备。大型养路机械是资金密集、技术密集的现代化设备，具有结构复杂、生产效率高、价格昂贵等特点。大型钢轨打磨设备是原铁道部从国外引进的设备，经过逐步消化、吸收，已部分实现国产化。

大型钢轨打磨设备的使用，集运行、施工、检修于一身，大型养路机械运用人员必须具有较高的综合素质和技术业务水平，故对从事大型养路机械施工作业的工程技术人员提出了更高的要求。在此背景下，我们开发编写了《钢轨打磨设备及运用》教材，作为铁道机械化维修技术专业及相关专业的教学用书。

本书由郑州铁路职业技术学院冯娜娜担任主编，郑州铁路局工务机械段乐园园，郑州铁路职业技术学院张永革、毛胜辉担任副主编。单元一、单元二、单元三、单元五由郑州铁路职业技术学院冯娜娜编写，单元四由郑州铁路职业技术学院张永革编写，单元六由郑州铁路职业技术学院吕蒙编写，单元七、单元八由郑州铁路职业技术学院索小娟编写，单元九由郑州铁路局工务机械段乐园园编写，单元十由郑州铁路职业技术学院毛胜辉编写，单元十一由河北轨道运输职业技术学院于莉编写。本书由郑州铁路局工务机械段高级工程师郑松、郑州铁路职业技术学院副教授潘卫彬担任主审。在本书编写过程中，编者得到了许多专家和同行的热情帮助，并参阅了许多国内外公开出版与发表的文献，在此对他们一并表示感谢。

由于编者学术水平、教学经验和写作能力有限，书中难免存在不妥或疏漏之处，恳请广大读者批评指正。

编 者
2017年5月

目录

单元一 钢轨打磨设备概述 ································· 001
- 学习项目一 钢轨打磨设备的用途和发展历程 ················ 001
- 学习项目二 PGM-48 型钢轨打磨列车的构造 ················ 006
- 学习项目三 PGM-48 型钢轨打磨列车性能参数和特点 ········ 008
- 复习思考题 ··· 011

单元二 车体结构与转向架 ································· 012
- 学习项目一 车　体 ······································· 012
- 学习项目二 司机室 ······································· 016
- 学习项目三 转向架 ······································· 024
- 学习项目四 基础制动装置 ································· 028
- 复习思考题 ··· 031

单元三 计算机控制系统 ··································· 032
- 学习项目一 Jupiter2000 计算机控制系统 ··················· 032
- 学习项目二 PGM-48 型钢轨打磨列车计算机控制系统 ········ 041
- 学习项目三 计算机控制操作 ······························· 044
- 复习思考题 ··· 057

单元四 动力传动与走行系统 ······························· 058
- 学习项目一 动力传动 ····································· 058
- 学习项目二 走行系统 ····································· 064
- 学习项目三 分动齿轮箱和车轴齿轮箱 ······················· 069
- 复习思考题 ··· 072

单元五　作业装置 ··· 074
　　学习项目一　打磨小车的结构和特点 ······························ 074
　　学习项目二　打磨小车的动作 ·· 078
　　学习项目三　打磨机构的工作原理 ································· 081
　　复习思考题 ·· 085

单元六　电气系统 ··· 086
　　学习项目一　电气系统的组成 ·· 086
　　学习项目二　主发电机 ··· 088
　　学习项目三　主发电机外围部件简介 ······························ 091
　　学习项目四　辅助发电机组 ··· 092
　　学习项目五　电路原理图识图基础 ································· 093
　　复习思考题 ·· 103

单元七　气动系统 ··· 104
　　学习项目一　制动系统 ··· 104
　　学习项目二　集尘系统 ··· 108
　　学习项目三　换档机构 ··· 112
　　学习项目四　其他气动装置 ··· 113
　　复习思考题 ·· 114

单元八　供水系统 ··· 115
　　学习项目一　供水系统的组成 ·· 115
　　学习项目二　供水系统的控制方式 ································· 117
　　复习思考题 ·· 119

单元九　打磨工艺 ··· 120
　　学习项目一　钢轨伤损及合理使用 ································· 120
　　学习项目二　钢轨打磨技术 ··· 125
　　学习项目三　线路打磨工艺 ··· 127
　　学习项目四　打磨实例 ··· 129
　　复习思考题 ·· 132

单元十　运行与作业 ·· 133
　　学习项目一　运行前检查 ·· 133

学习项目二　区间运行 ………………………………………………………… 135
　　学习项目三　现场打磨作业 …………………………………………………… 139
　　学习项目四　联挂运行 ………………………………………………………… 141
　　学习项目五　打磨机构标定 …………………………………………………… 142
　　学习项目六　工作号位职责 …………………………………………………… 144
　　复习思考题 ……………………………………………………………………… 148

单元十一　检查与维护 ……………………………………………………………… 149
　　学习项目一　检查的基本要求和方法 ………………………………………… 149
　　学习项目二　PGM-48 型钢轨打磨列车的日常维护 ………………………… 151
　　学习项目三　定期维护 ………………………………………………………… 157
　　学习项目四　针对性维护 ……………………………………………………… 161
　　学习项目五　钢轨打磨列车技术状态完好条件 ……………………………… 162
　　复习思考题 ……………………………………………………………………… 165

附　录 ………………………………………………………………………………… 166
　　附录一　打磨列车作业标准 …………………………………………………… 166
　　附录二　打磨列车的安全操作 ………………………………………………… 169
　　附录三　打磨列车的应急处理 ………………………………………………… 172
　　附录四　修规与技规 …………………………………………………………… 174

参考文献 ……………………………………………………………………………… 176

单元一　钢轨打磨设备概述

【知识目标】

（1）了解钢轨打磨设备的发展历程。
（2）掌握钢轨打磨设备的用途。
（3）掌握 PGM-48 型钢轨打磨列车的结构。
（4）熟记 PGM-48 型钢轨打磨列车的主要技术性能参数和特点。

【能力目标】

（1）能够区分国内应用的钢轨打磨设备的型号、特点及使用范围。
（2）能说明钢轨打磨列车对钢轨进行维护的作用。
（3）熟练指认 PGM-48 型钢轨打磨列车的各个系统，正确分析 PGM-48 型钢轨打磨列车的工作原理。

钢轨作为铁路交通和城市轨道交通的主要部件，在交通运营中发挥着重要的作用。钢轨与列车的车轮直接接触，其轮轨关系直接影响到列车运行的安全性和平稳性。钢轨长期处于恶劣的环境中，由于列车的动力作用、自然环境和钢轨本身的质量等原因，钢轨不可避免地会产生肥边、裂纹、磨耗等病害，这些病害降低了钢轨的使用寿命，增加了运营的使用成本，同时直接影响着车轮与钢轨间的轮轨关系，降低了列车运行的平顺性和安全性。因此，在铁路和城市轨道维护工作中，预防和治理钢轨产生的病害就显得十分重要。目前，我国采用先进的大型钢轨打磨设备来预防和治理钢轨产生的病害。

学习项目一　钢轨打磨设备的用途和发展历程

一、钢轨打磨设备的用途

钢轨打磨设备是用来对钢轨进行打磨的作业机械。它主要是采用高速旋转的砂轮对钢轨轨头进行打磨处理，利用高速旋转的砂轮与钢轨轨头接触，并以一定的速度沿着钢轨的延展方向运行，实现对钢轨轨头表面的磨削处理，以预防和消除钢轨病害，维持和恢复良好的轮轨关系。

二、钢轨打磨设备的发展历程

1. 国外钢轨打磨技术的发展

据国外文献记载，铁路上最早发现钢轨有波浪形磨耗缺陷是在20世纪20年代，但该缺陷数量很少，未被引起注意，50年代后随着世界各国经济的迅速发展，货运量大幅增加，钢轨的波浪形磨耗也随之增加，造成铁路轨道和机车车辆受损。工务维护作业面临着挑战，如何提高钢轨维护作业的效率和质量变得越来越重要。20世纪60年代，SPENO公司研制了第一列钢轨打磨列车，为铁路运营带来了很好的效益，随之国际上许多国家和公司不断开发和研制出了多种类型的大型钢轨打磨设备。

在国外，钢轨打磨已有50多年的历史，到目前已达到比较完善的应用程度。钢轨打磨技术的应用，能够有效地改善轮轨关系，延长钢轨的使用寿命和更换周期，减少由于轮轨关系的恶化而导致的车辆镟轮、转向架维修等车辆修理费用，同时还可以改善列车运行的平顺性和稳定性，减小噪声、振动，增加乘客乘坐的舒适度。钢轨打磨，最初主要用于整治波浪形磨耗，现已发展成为一种预防和治理波浪形磨耗、肥边、裂纹等的多功能现代化养路技术，打磨的重点也已从钢轨病害治理转向钢轨病害预防。

2. 我国钢轨打磨技术的发展及应用

我国铁路已经有百余年的历史。百余年来，铁路养护手段随着铁路事业的整体进步，亦得到了飞速发展，从纯粹的人力到小型机械化，再到大型机械化，铁路养护手段的发展历史，就是铁路百年史的缩影。

我国铁路最早在1960年前后发现钢轨轨顶波磨病害，此后若干年内，我国大量科研人员从轨道结构、线路平纵断面、机车车辆构造、轴重、车辆振动、钢轨成分、制造工艺等方面进行整治和改良，但效果均不理想。由于铁路运量的加大和列车运行速度的提高，波浪形磨耗等病害日益增多，原铁道部于1989年从国外引进第一列钢轨打磨列车，用于预防和治理钢轨病害，在实际使用中效果良好，随后原铁道部陆续引进钢轨打磨列车配属各铁路局使用。

我国应用的钢轨打磨设备主要有下面几种类型：

（1）1989年，我国引进了瑞士SPENO公司的URR-48/4型钢轨打磨列车，配给北京铁路局使用。全车共有48个打磨单元，采用电力驱动。钢轨打磨列车装备了横向轮廓激光检测装置，每股钢轨的轨头横断面检测由8个激光束来完成，检测头由储存了打磨样板的电子屏来控制，钢轨病害得到了很好解决，而且通过合理安排打磨周期，经济效益也非常明显。

（2）1994年，郑州铁路局配备了一列由美国Jackson公司生产的PGM-48/3型钢轨打磨列车，通过对打磨后钢轨纵向断面测绘和轨检车动态检查发现，钢轨打磨对高速线路的轮轨接触具有较大的改善作用，同时有效地降低了高速运行车辆的垂向振动频率和蛇行运动幅度。

（3）1998年，北京铁路局配备了一列由瑞士SPENO公司生产的RR48 HP4型钢轨打磨列车，对钢轨线路进行打磨，打磨效果良好。该车组由三节车组成，装配有六个作业小车，分别安装在列车下部；作业装置采用电力驱动；结构形式类似与 Jackson 公司生产的 PGM-48/3 车型。其外形如图 1-1 所示。

图 1-1　RR48 HP4 型钢轨打磨列车

（4）20 世纪 90 年代，我国从美国 Jackson 公司引进了 PGM-48 型钢轨打磨车的制造技术，于 1999 年 3 月在宝鸡新铁养路机械有限公司成功生产了第一台国产化的具有 48 个打磨单元的用于线路打磨的打磨列车，并于当年 6 月投入使用。随后，我国又陆续与美国 HTT 公司合作生产了采用 CAN 总线技术的钢轨打磨列车多列。

（5）2003 年，郑州铁路局配备了由美国 HTT 公司生产的 RGH20C 型道岔打磨列车，主要用于既有线路的道岔打磨，通过使用，有效减缓了道岔上的晃车、蛇形运动，消除了波磨、肥边等病害，提高了列车通过道岔的平顺性和乘客的舒适性。

美国 HTT 公司生产的 RGH10C 型地铁打磨列车主要应用于城市轻轨、机场专用线打磨，是为打磨正线、道岔及交叉道的内外铁轨的顶部和两侧而设计的。两台 RGH10C 型地铁打磨列车联挂在一起组成 20 头的打磨列车，通过结构和控制设计成为一个整体，形成了 RGH20C 型道岔打磨列车。其外形如图 1-2 所示。

图 1-2　RGH20C 型道岔打磨列车

（6）2007年6月，由中国铁建昆明集团昆明机械厂与瑞士SPENO公司合作生产的CMC16型道岔打磨列车配属沈阳铁路局使用，其外形如图1-3所示。该车型主要用于道岔打磨，可以进行各类线路道岔的连续打磨作业，有效预防和消除道岔区域钢轨的磨耗及其他各种病害。由国内生产的打磨列车，作业精度能够达到进口同类产品的作业精度，满足国内铁路线路的技术要求。

图1-3　CMC16型道岔打磨列车

（7）为了满足铁路提速和高速铁路建设对大型养路设备的需求，尤其是高速铁路对打磨列车的需求，我国在2007年先后与瑞士SPENO公司和美国HTT公司达成合作开发协议，在北京二七机车有限公司和襄樊金鹰轨道车辆厂生产两种具有96个打磨单元的高效率打磨列车，以满足国内铁路发展的需要。其外形如图1-4和图1-5所示。

图1-4　96头钢轨打磨列车（瑞士）

图 1-5 96 头钢轨打磨列车（美国）

96 头的打磨列车具有打磨作业头数多、打磨精度高、集尘环保效果优、自运行速度快的特点。96 个打磨头同时作业，可通过列车控制系统，针对不同的钢轨缺陷采取 99 种模式，对高速铁路各种病害实施快速打磨。同时，自带实时检测装置，能以最快的速度确定钢轨打磨模式；装有符合环保要求的自动集尘装置，最大限度地减轻了对操作人员和环境的危害。其运行速度可达 100 km/h，可以快速运行至作业地点。

（8）2015 年，北京二七机车有限公司针对我国城市轨道交通钢轨养护，借鉴国外的先进打磨技术，结合中国地铁线路情况，成功开发出拥有完全自主知识产权的 GMC16A 型钢轨打磨列车。该车采用液压传动方式，整车拥有 16 个打磨头，其打磨技术、作业效率和作业精度均跨入国际领先水平，且作业噪声小，清洁环保，可靠性强，适用于城市轨道交通正线、道岔双重打磨作业。其外形如图 1-6 所示。

图 1-6 GMC16A 型钢轨打磨列车

我国钢轨打磨列车的发展采用了"技术引进、联合设计、合作生产、国产化制造"的模式，目前，已有多个铁路局相继配属了钢轨打磨列车和道岔打磨列车，部分地铁公司也配备了专门的地铁打磨列车，这些打磨列车在铁路建设及城市轨道交通建设中发挥了很大作用。

学习项目二 PGM-48型钢轨打磨列车的构造

我国铁路部门使用最多的打磨列车车型是美国HTT公司设计制造的PGM-48型钢轨打磨列车,但是即使同一公司生产的同一型号设备,随着使用要求和生产技术的不断提高,也会对产品做出不断改进,因此,本书将以由国内引进HTT公司技术生产的13号PGM-48型钢轨打磨列车进行介绍。

13号PGM-48型钢轨打磨列车是2008年初由HTT公司与我国宝鸡新铁养路机械有限公司联合生产完成的,配属郑州铁路局使用,主要用于既有线和客运专线线路的打磨施工,消除钢轨肥边、波磨、剥离、掉块等表面缺陷,同时修复轨头廓形,达到最优钢轨廓形,以改善轮轨关系,提高列车运行的平顺性和稳定性。

一、PGM-48型钢轨打磨列车的外形及构造

其外形结构如图1-7所示。

图1-7 PGM-48型钢轨打磨列车外形结构

二、PGM-48型钢轨打磨列车的构造

PGM-48型钢轨打磨列车由三节车组成,三节车从一端规定为:

1号车(又称控制车或A端车),如图1-8所示。

2号车(又称生活车),如图1-9所示。2号车作为生活车,车上空间可以根据不同需要进行合理规划。例如,国内部分车型将2号车改为休息室、厨房、卫生间、洗澡间、材料间于一体的宿营车使用。

3号车（又称末端车或B端车），其构造和组成布局与1号车基本相同。

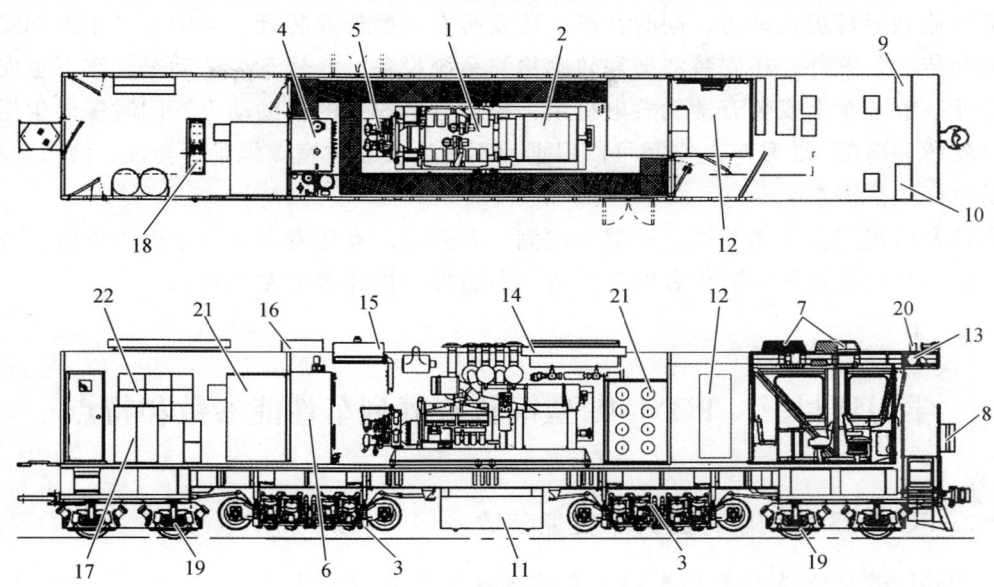

图1-8　1号车部件组成图

1—1007 kW 康明斯 KTA38 Turbo Charged V12 柴油机；2—680 kW Kato 8P6—1500 发电机 600 V/120 Hz；3—打磨小车；4—走行系统液压油箱；5—走行和冷却系统液压泵；6—打磨系统液压油箱；7—空调；8—消防软管盘；9—司机位；10—操作位；11—燃油箱；12—电气控制间；13—司机室增压装置；14—发动机冷却液散热器；15—走行系统液压油冷却器；16—打磨系统液压油冷却器；17—油料油桶；18—蓄电池——康明斯 KTA38 柴油机；19—转向架；20—汽笛及灯系；21—集尘装置；22—检修操作台和储藏柜

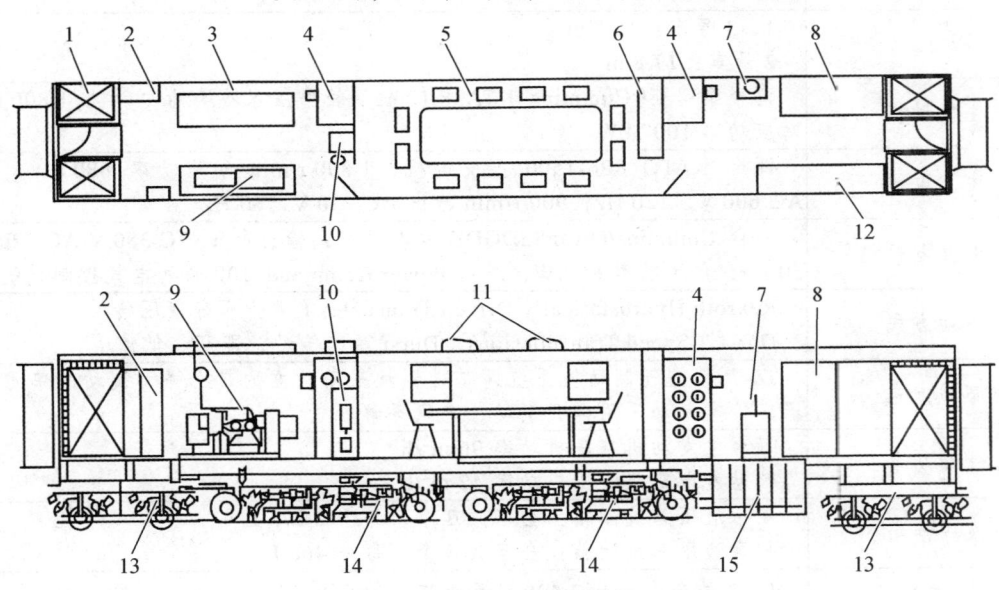

图1-9　2号车部件组成图

1—车上水箱（两端各两个，共四个）；2—电气控制间；3—集尘系统空压机；4—集尘装置；5—会议室；6—文件柜；7—洗漱池；8—洗澡间；9—康明斯 85 kW DGDB 作业发电机（辅助发电机组）；10—打磨液压泵站；11—会议室空调；12—检修操作台和储藏柜；13—转向架；14—打磨小车；15—车下水箱（安装有水泵）

三节车采用内通道贯通方式相互连接。1号车和3号车为动力车，设在整车的两端，为打磨作业和运行提供动力，同时在车下还安装有打磨作业装置，其中1号车内部除安装有动力和传动装置外，还安装波磨和轨廓检测系统设备。2号车为从动车，车下也安装有打磨作业装置，车上安装有辅助发电机组，提供打磨作业的辅助动力，同时提供生活、设备检修场所和电能，2号车上空间可以根据使用需要安装住宿、娱乐、会议、检修等设施，以满足生产生活需求。

车辆方向规定：车辆前端、尾部和左侧、右侧均以操作者在1号车操作位时的方向确定，打磨列车的右边即为操作者的右手边，左边即为操作者的左手边。

学习项目三　PGM-48型钢轨打磨列车性能参数和特点

一、PGM-48型钢轨打磨列车性能参数

1. PGM-48型钢轨打磨列车的主要技术性能参数（见表1-1）

表1-1　PGM-48型钢轨打磨列车的主要技术性能参数

项　目	性能参数
长/宽/高/重	63 m/2.9 m/4.3 m/256 t
轴数	12根，包括8根驱动轴、4根从动轴
心盘距	1、3号车：15.8 m 2号车：17.8 m
主发动机	两台康明斯(Cummins)KTA38 12缸涡轮增压水冷柴油发动机，1 800 r/min对应功率1007 kW
主发电机	两台 KATO 8P6-1500 型发电机，1 800 r/min 对应功率 680 kW，输出 AC 600 V，120 Hz；900 r/min 输出 AC 230 V，60 Hz
辅助发电机组	一台 Cummins/Owan85DGDB 发电机组，输出电压 AC 380 V/AC 220 V，50 Hz，额定功率 85 kW，采用 Power Command2100 系列电气控制系统
驱动方式	Rexroth Hydrostatically Driven Transaxles（力士乐静液压传动） Durst 2-Speed Transmissions（Durst 两速传动，即高、低速）
制动方式	JZ-7型空气制动机系统，基础制动采用独立的带有弹簧制动的单元制动器，停车制动采用弹簧制动、充风缓解方式
气动功率	每台主发动机空压机功率 96 m^2/h 辅助发电机组空压机功率 42 m^2/h
液压油箱	走行液压系统油箱：全车共2个，每个2 275 L 打磨液压系统油箱：全车共3个，每个460 L
燃油箱	1、3号车各一个3 400 L燃油箱
水箱	消防水箱16 500 L；生活水箱2 150 L
打磨单元	全车共有48个打磨单元，包含48个打磨电机，分布在6个作业小车上
打磨角度范围	内侧45°~外侧30°

续表

项 目	性能参数
打磨作业方式	双向作业
打磨作业速度	1.6~16 km/h（根据钢轨情况调整）
打磨电机功率	连续功率 22 kW；瞬间功率 29 kW；最小功率 11 kW
打磨模式组数	最多存储 99 种打磨模式
打磨砂轮参数	砂轮直径 254 mm，厚度 90 mm；转速 3 600 r/min
砂轮驱动方式	电力驱动
单遍打磨量	每个砂轮产生的钢轨平均磨耗量为 0.2 mm

2. PGM-48 型钢轨打磨列车的作业条件（见表 1-2）

表 1-2　PGM-48 型钢轨打磨列车的作业条件

项 目	作业条件
作业区域	非道岔区段，包含两道岔间大于 100 m 的夹直线
轨距	标准轨距 1 435 mm
线路最大坡度	33‰
线路最大超高	150 mm
最小作业曲线半径	100 m
海拔高度	≤1 000 m
相对平均湿度	≤72%
环境温度	−10 ~ +40 ℃
特殊环境	可在雨天、雪天、风沙天气或夜间作业
连续作业性能	可连续工作 6 h，连续工作时间则不含更换砂轮的时间

3. PGM-48 型钢轨打磨列车的运行性能（见表 1-3）

表 1-3　PGM-48 型钢轨打磨列车的运行性能

项 目	运行性能
轨距	标准轨距 1 435 mm
编挂列车速度	≤100 km/h
自轮运行最高速度	80 km/h
最大爬坡度	33‰，速度 25 km/h
最小通过曲线半径	110 m
车钩类型	13 号车钩，带有缓冲器，可编挂在列车尾部
制动性能	JZ-7 型制动机制动性能符合铁标要求，运行速度 80 km/h 时，施加紧急制动，制动距离小于 400 m
特殊情况	当本车处于非打磨状态，而打磨小车置于钢轨上时，本车能够以不大于 30 km/h 的速度通过 50 kg/m、60 kg/m、75 kg/m 标准钢轨的 8~20 号道岔，超过此条件应相应降低运行速度或提起打磨小车运行

二、PGM-48 型钢轨打磨列车的特点

（1）PGM-48 型钢轨打磨列车由电气系统、液压系统、气动系统、机械构造等组成，是集机电液于一体的机械设备，同时结合计算机控制系统，操作更简便、更直观，配合钢轨检测系统（波磨和轨廓监测系统），实现了打磨作业与监测检查于一体，有利于现场打磨效果的控制。

（2）整车的走行采用液压驱动。1、3 号车下部安装有两套动力转向架，整列车共有 4 套动力转向架（即有 8 根驱动轴），8 根驱动轴提供了打磨列车运行时的走行动力，2 号车的下部有两套两轴的非动力转向架，即从动转向架。液压驱动方式，减少了打磨列车在起动和停车时的机械冲击，可以有效保证打磨作业的平稳性。

（3）打磨系统采用电力驱动方式。48 个打磨电机分布在车体的两侧，构成 48 个打磨单元。每 8 个安装在一台独立的打磨小车上，全车共有 6 个打磨小车，1、2、3 号车各两个打磨小车，以 1 号车方向依次为 1~6 号打磨小车。每个打磨小车的 8 台打磨电机左右分布，同侧依次两两组合，安装在打磨小车上的偏转辅助框架上，实现同角度的偏转。同一偏转辅助框架上的两台打磨电机垂向间呈 1.5°夹角，以实现多个打磨角度。

（4）具有障碍跳跃和记忆打磨功能。障碍跳跃功能实现依次顺序升降每一个打磨电机，以便避让需跳跃的障碍（不可或不需要打磨区域，如道口、红外探头和道岔等）。控制计算机通过安装在驱动轴箱中间轴上的速度传感器（部分车型采用打磨小车轮轴上的光学编码器实现），监视本车在线路上的位置。当第一遍打磨开始后，操作人员点按障碍跳跃控制按钮，实现打磨电机的顺序下落，开始打磨；操作人员在不需要打磨的障碍位置前，再次点按障碍跳跃控制按钮，即可通过计算机控制打磨电机在不需要打磨的障碍位置前顺序提升打磨电机；当打磨列车越过这些需要跳跃的障碍时，再次点按障碍跳跃控制按钮，打磨电机将自动地、依次顺序下落开始打磨；结束打磨时，点按障碍跳跃控制按钮，即可顺序提升打磨电机。第一遍打磨时，计算机会记录各障碍起落点，反向打磨时，计算机会根据上一次记录的障碍起落点，依次跳跃障碍开始打磨，从而提高了打磨电机起落点的精准度，也减少了打磨操作的工作量。

（5）PGM-48 型钢轨打磨列车的控制系统是基于 Jupiter2000 计算机控制系统。Jupiter2000 计算机控制系统是一种既复杂又易操作的计算机控制系统，具有故障自诊断功能，它不仅控制所有打磨功能，而且监测和控制整个列车的其他工作。Jupiter2000 计算机控制系统包括两台走行控制计算机和三台打磨作业控制计算机，五台控制计算机通过网络连接，构成全车控制网络系统。三台打磨作业控制计算机分别控制 1、2、3 号车的作业功能，每台打磨作业控制计算机与多个分控单元模块顺序相连，构成本节车的局域网络系统（CAN）。通过控制计算机中心控制，分控单元模块将执行动作命令分配给各控制阀，并通过分控单元模块反馈数据信号的方式实现对本节车的监控。五台控制计算机通过全车网络系统实现控制计算机间的远程监控，能够实现在每一台计算机上都能对全车进行监控。

（6）PGM-48 型钢轨打磨列车的检测系统能够实现打磨检测一体化。检测系统包括波磨检测和轨头廓形检测两个部分。波磨检测和轨头廓形检测采用非接触式激光 CCD 固体

成像检测系统。两个系统检测出来的数据均可通过专门的检测计算机系统存储和显示在驾驶室操作台检测计算机的显示屏上，以便于在施工中和施工后进行查看和数据分析。

（7）为了减少打磨过程中产生的粉尘污染，PGM-48 型钢轨打磨列车安装有集尘装置。其主要功用是在打磨过程中收集打磨粉尘，以减少对设备的损害、对环境的污染和对人体的伤害，尤其是有效减少隧道内打磨对设备的损害和城市内线路打磨对环境的污染。在客运专线打磨中，集尘装置的使用还可以有效减少清扫线路和路基的劳动量。

（8）三台发动机设计为整车运行和作业提供保障。PGM-48 型钢轨打磨列车的主动力是两台康明斯 KTA-38 型柴油机，分别安装在 1 号和 3 号车上。两台主发动机设计实现了打磨列车能够独立上线运行和作业。每台柴油机在 1 800 r/min 时输出功率 1 007 kW，怠速转速为 900 r/min。柴油机的飞轮端通过弹性联轴器（又称橡胶棒）驱动一台 KATO 8P6-1500 型 680 kW 交流发电机，该发电机发出的电能主要作为打磨电机、打磨液压泵站和集尘装置的动力。柴油机的自由端通过分动齿轮箱驱动走行液压泵，主要为打磨列车的走行提供动力。2 号车还配装了一台康明斯 85 kW DGDB 作业发电机（辅助发电机组），可以输出三相 380 V/220 V 交流电，为打磨作业系统提供控制电源，同时为车内照明、全车作业灯、水泵、空调装置、加热装置、检修设备等提供电源。

（9）消防系统。钢轨打磨列车由于其作业性质与捣固车、清筛车等大型养路机械不同，在作业中会产生大量的火星，极易引燃铁路线上的电缆、电线、停留车辆和铁路沿线两侧的杂草等易燃物品，因此在打磨列车上都安装有消防系统，包括消防水箱、消防水泵、高压喷管、车下喷头等，出现火情时可以及时有效控制火情，避免火灾发生，减少财产损失。

 复习思考题

（1）钢轨打磨列车有哪几种类型？
（2）钢轨打磨设备的主要用途是什么？
（3）PGM-48 型钢轨打磨列车由哪些部分组成？
（4）了解 PGM-48 型钢轨打磨列车的性能参数。
（5）简述 PGM-48 型线路打磨列车的特点。

单元二　车体结构与转向架

【知识目标】
（1）了解钢轨打磨列车车体的结构及车体与其他部件的连接方式。
（2）熟悉 PGM-48 型钢轨打磨列车司机室的布局和操作位的布置。
（3）掌握司机室内各仪器仪表、控制按钮及指示灯的用途。
（4）了解转向架的结构与组成。
（5）掌握 PGM-48 型钢轨打磨列车基础制动的构造及作用原理。

【能力目标】
（1）能够掌握司机室的布局、各操作位的布置及各操作位的主要职责。
（2）熟练进行车钩三态间的互相操作。
（3）能够检查、调整闸瓦间隙，并会更换闸瓦。
（4）能够指认转向架的主要部件。

PGM-48 型钢轨打磨列车的车体是安装发动机、动力传动装置、打磨小车、检测装置、辅助设备及司机室的基础，车体坐落在两台双轴转向架上。

学习项目一　车　体

车体是钢轨打磨列车的基础。钢轨打磨列车的打磨小车悬挂于车体下部，在两套转向架之间。由于这种设计，打磨作业装置的垂向载荷集中分布在两套转向架之间，这就要求钢轨打磨列车车体的设计不仅要有足够的强度来承受车辆运行时的纵向冲击力，同时还要求车体有足够的刚度来保证车辆在运行过程中，车体中部在打磨作业装置产生的垂向集中载荷的作用下，不会产生过大的变形和振动。

PGM-48 型钢轨打磨列车的车体采用了型钢焊接的平面框架设计结构，其结构简单、构造紧凑。

一、PGM-48 型钢轨打磨列车车体结构

PGM-48 型钢轨打磨列车车体结构如图 2-1 和图 2-2 所示。

图 2-1　PGM-48 型钢轨打磨列车结构图

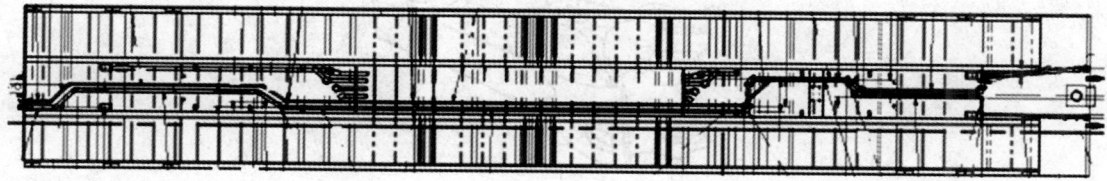

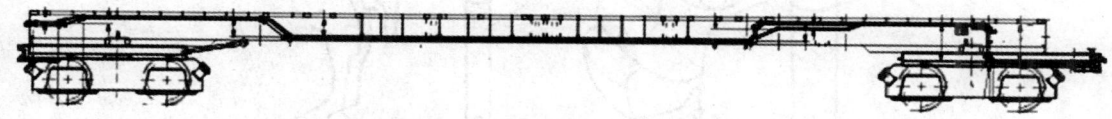

图 2-2　PGM-48 型钢轨打磨列车 1（3）号车车体结构

PGM-48 型钢轨打磨列车的三节车为独立的车体构架，每节车下部均支撑在两套转向架上，1、3 号车车体构架相同，2 号车车体构架与 1、3 号车车体构架基本相同。车体采用中梁和部分边梁承载的框架式结构，由中梁、边梁和横梁等部件组成。各部件采用氩气、二氧化碳混合气体保护焊焊接而成。1 号车和 3 号车车架中间下部吊挂有两个打磨作业小车和一个主油箱，上部设置有司机室、发动机间、材料间等，2 号车车架中间下部吊挂有两个打磨作业小车和一个消防水箱，上部设置有辅助发电机间、生活间、检修操作间和两个水箱。

二、车钩及缓冲装置

车钩及缓冲装置是用于钢轨打磨列车与其他车辆的相互连接，传递牵引力，制动力并缓和纵向冲击力的车辆部件。在钢轨打磨列车 1 号车和 3 号车的前端各设置有车钩及缓冲装置。

1. 车钩缓冲装置的组成

钢轨打磨列车采用标准 13 号下作用式车钩和 MX-1 型缓冲器。车钩缓冲装置主要由车钩、钩尾框、钩尾销、前从板、缓冲器、后从板等部件组成，如图 2-3 所示。

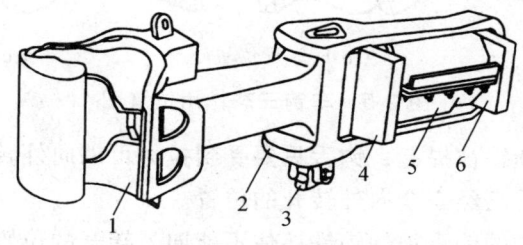

图 2-3　车钩缓冲装置

1—车钩；2—钩尾框；3—钩尾销；4—前从板；5—缓冲器；6—后从板

2. 车 钩

车钩由钩体、钩舌、钩锁铁、钩舌推铁、钩舌销等零件组成，如图2-4所示。

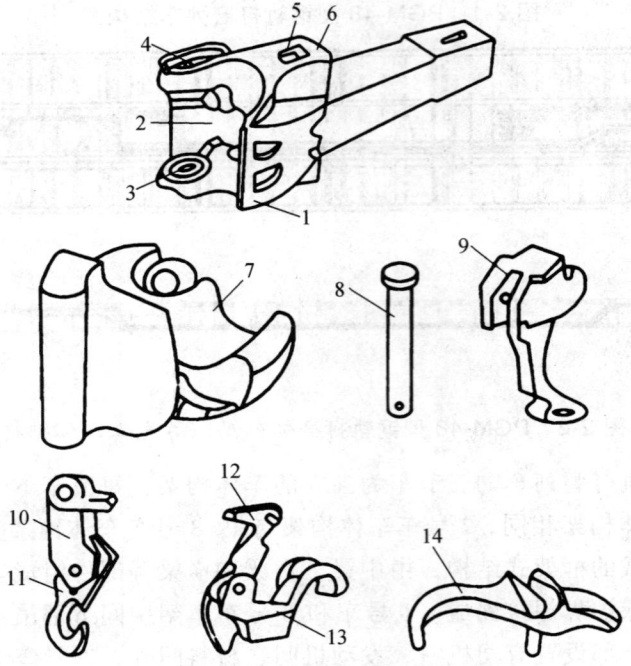

图2-4 13号车钩及钩头零件

1—钩腕；2—钩腔；3—下钩耳及孔；4—上钩耳及孔；5—止锁销孔；6—钩肩；7—钩舌；8—钩舌销；9—钩锁铁；10—上锁销杆；11—上锁销；12—下锁销；13—下锁销杆；14—钩舌推铁

为实现挂钩或摘钩，使车辆连接或分离，车钩具有开锁、全开、闭锁三种位置，称为车钩三态，如图2-5所示。

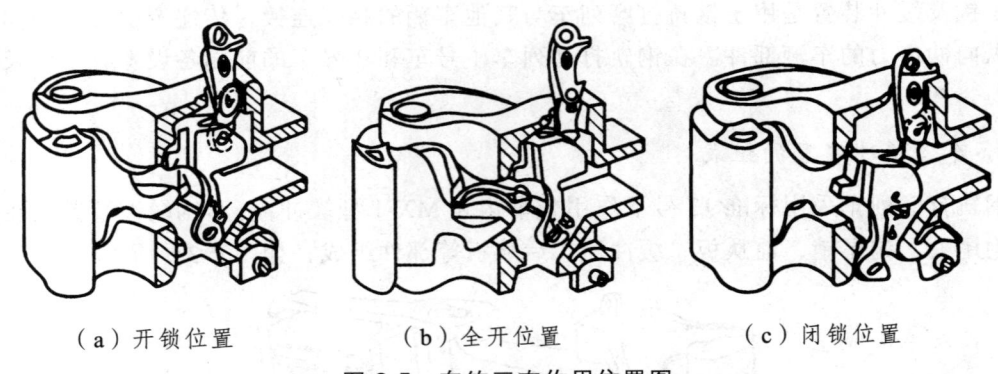

（a）开锁位置　　　　（b）全开位置　　　　（c）闭锁位置

图2-5 车钩三态作用位置图

（1）开锁位置：钩锁铁被提起，钩舌只要受到拉力可以向外转开的位置。

（2）全开位置：钩舌已经完全向外转开的位置。

（3）闭锁位置：车钩的钩舌被钩锁铁挡住不能向外转开的位置。两节车辆连接在一起时，车钩就处在闭锁位置。

摘钩时,只要其中一个车钩处在开锁位置,就可以把两节车分开。挂钩时,只要是其中一个车钩处于全开位置,就可以把两节车辆联挂在一起。

3. 缓冲器

缓冲器用来缓和列车在运行中由于机车牵引力的变化或在起动、制动及调车作业时车辆相互碰撞而引起的纵向冲击和振动,以便提高车辆在运行时的平稳性,延长车辆的使用寿命。目前,我国列车常用的缓冲器有:客车用 1 号缓冲器,货车用 2 号、3 号和 MX-1 型橡胶缓冲器。其中 1 号、2 号和 3 号缓冲器均为弹簧摩擦式缓冲器,容量较小;MX-1 型橡胶缓冲器为橡胶弹簧缓冲式,容量大。PGM-48 型钢轨打磨列车采用的是 MX-1 型橡胶缓冲器,结构如图 2-6 所示。

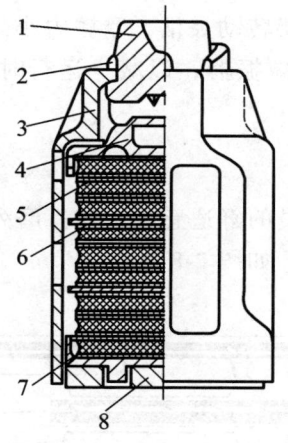

图 2-6 MX-1 型橡胶缓冲器
1—压块;2—楔块;3—箱体;4—顶隔板;5—橡胶片;
6—中隔板;7—底隔板;8—底板

当 MX-1 型橡胶缓冲器受压时,压块的斜锥面沿楔块的倾角向内移动,同时产生摩擦,将冲击动能的一部分转变成热能而消失。另外,橡胶片受压后产生弹性变形也吸收一部分能量,使冲击得到缓和及衰减。当外力消失后,橡胶吸收的能量释放,各零件恢复原状。

三、车体与其他部件的连接

1. 车体与车体的连接

2 号车与 1、3 号车的连接采用牵引杆式连接,如图 2-7 所示,两侧都不装车钩,采用两根短销轴和一根牵引杆将两节车连接起来,两侧车体上焊接有用于铰接短销轴的牵引座,通过两根短销轴分别将两侧的牵引座和牵引杆两端连接起来,实现车体的连接。短销轴上设有润滑油道和注油口,要定期向注油口加注润滑油脂,以保证铰接部位的润滑。

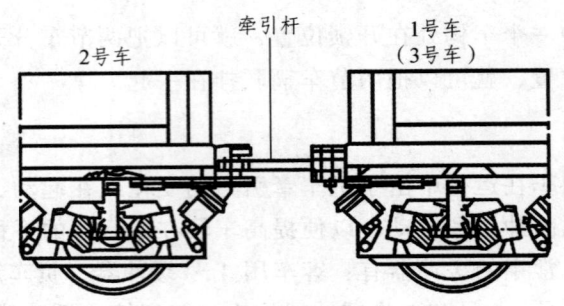

图 2-7　2 号车与 1、3 号车连接方式

2. 车体与转向架连接

钢轨打磨列车的车体与转向架采用了中心销轴式连接,通过心盘传递横向力和纵向力,从而使牵引受力合理,转向架转动灵活,摩擦力小。PGM-48 型钢轨打磨列车转向架采用人字形橡胶弹簧,配合油压减振器,以减少运行时产生的振动对车体上安装的各部件的影响。

3. 车体与司机室连接

为了提高减振性能,增加乘员的舒适感,钢轨打磨列车在车体和司机室之间增加了环形橡胶减振器及辅助支撑橡胶块,如图 2-8 所示。

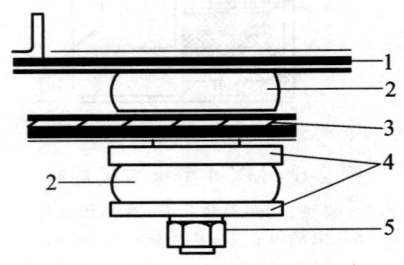

图 2-8　橡胶减振器安装

1—司机室骨架;2—减振橡胶;3—车架;4—垫圈;5—螺母

4. 车体与动力传动装置的连接

打磨列车的发动机及分动齿轮箱都采用环形橡胶减振器安装在车体构架上,减轻了发动机运转时传递给车体的振动。

学习项目二　司机室

钢轨打磨列车是双向运行的大型养路机械,在打磨列车的前后端有两个司机室,通过橡胶减振器分别安装在两端车车体的外端部。司机室是打磨列车驾驶和作业的场所,全车所有的操作与显示仪表均集中分布在司机室内。两端司机室结构相同,内部设施布置相同。

一、司机室的结构特点

司机室作为操作人员工作的场所,具有安全性、直观性、舒适性等特点。

1. 安全性

司机室采用金属焊接结构,四周侧墙、车顶、底架牢固地组成一个整体,形成箱形结构,具有足够的强度和刚度。当遇到外冲击时,可借助于整体弹性和塑性变形得到缓冲,减少对室内人员的伤害。宽大的安全夹层玻璃,为操作人员提供了良好的视野,同时可以有效防止破碎伤人。司机室室内玻璃还具有加热除霜功能,同时还配置了带有喷水功能的大型雨刮器,确保雨雪天气安全驾驶。高密度的密封防尘设计和司机室内增压装置,能有效地减少打磨粉尘的进入,减轻对人体的伤害。良好的密封和司机室后端的电气间隔间,起到了隔音降噪的作用,可以将驾驶室内的最大噪声控制在 80 dB 以下,有效减少了发动机噪声对人体的伤害。

2. 布局合理、直观,可操作性强

司机室内的所有操作均为坐姿操作,各操作号位的操作范围均在半径 50 cm 内。控制计算机的显示装置正对操作者,方便观察,以减少误差。制动装置设计在司机位的左侧,方便司乘人员操作。各电气控制开关均设计安装在控制台上,操作方便。

3. 舒适性

司机室内配有弹性、可调座椅。四向调节功能可以根据操作者的体形调节操作位置,提高操作人员操作的舒适性。司机室内配备了空调设备,在冬季和夏季为操作人员提供了良好的工作环境。

二、司机室的结构

钢轨打磨列车的前后司机室结构尺寸和形状是相同的,由于钢轨打磨列车要求两端都能够进行运行和作业操作,所以内部各部件设计也是相同的。

1. 外部结构(见图 2-9)

司机室由车顶、前后墙壁、车门、底架五部分组成,采取分板块制造,先把面板按照图样尺寸、形状折弯成型,然后在面板上直接焊接纵向梁和各框架梁组成各部件,各部件焊接完成后进行整体拼装焊接成型。这种结构方式可以减少总体焊接产生的扭曲变形,所有部件焊接变形发生在单元体上,易于采取控制措施,有利于提高质量,把整体焊接空间构架的仰焊和立焊,通过单元翻转,变成平焊操作。

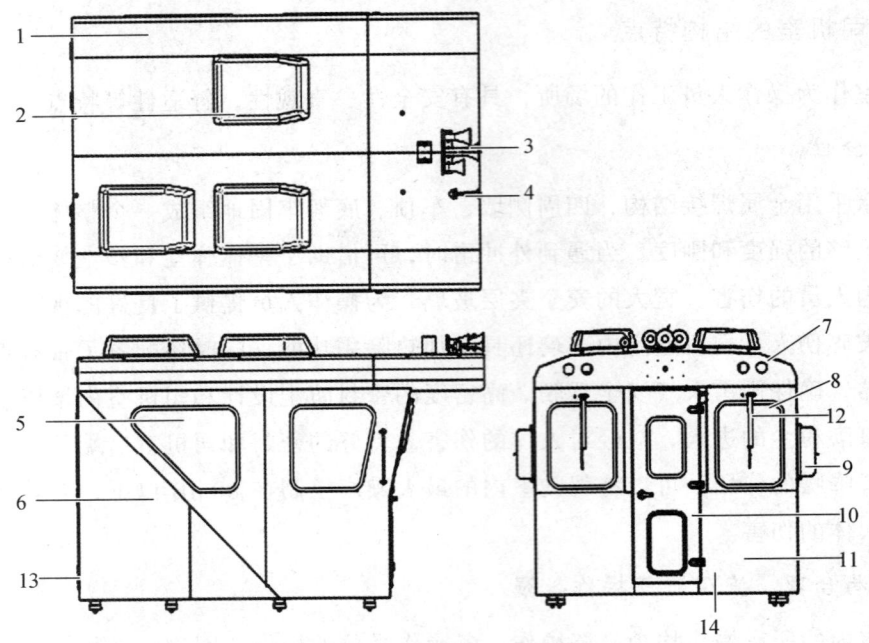

图 2-9 司机室外形图

1—车顶；2—空调；3—喇叭；4—扩音器；5—侧墙玻璃；6—侧墙；7—停车灯/尾灯；8—前挡风玻璃；9—后视镜；10—车门；11—前墙壁；12—雨刮器；13—后墙壁；14—底架

2. 内部结构（见图 2-10）

司机室内部分为三部分：左侧操作区（司机位）、右侧操作区（副司机位）、办公区。左侧操作区主要进行驾驶和打磨作业操作；右侧操作区主要进行运行和打磨辅助操作；办公区提供车内临时办公场所。

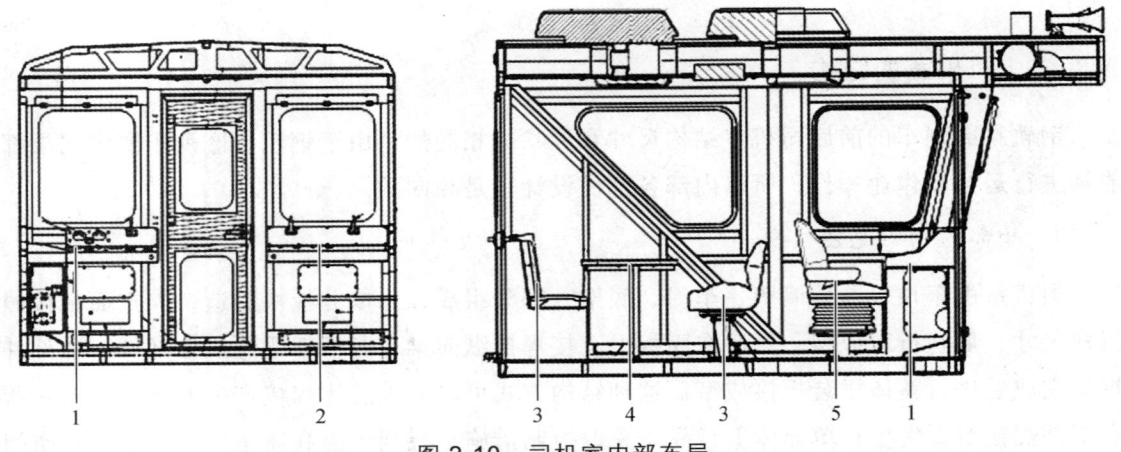

图 2-10 司机室内部布局

1—左操作台；2—右操作台；3—座椅；4—办公桌；5—操作人员座椅

如图 2-11 所示，左侧操作区包括座椅、走行计算机显示器、控制开关、按钮、制动操作装置（见图 2-12）、压力显示仪表（见图 2-13）、运行监控装置等。

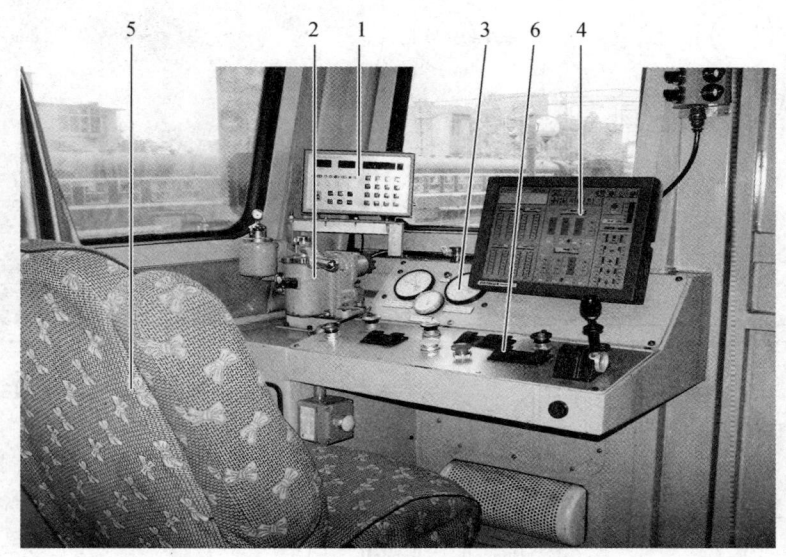

图 2-11 左侧操作区

1—运行监控装置操作面板；2—制动操作装置；3—压力显示仪表；
4—走行计算机显示器；5—座椅；6—控制开关、按钮

图 2-12 制动操作装置

1—单独制动阀；2—自动制动阀

图 2-13 压力显示仪表

1—弹簧制动压力；2—红针：主风缸压力；黑针：均衡风缸压力；3—红针：制动缸压力；黑针：制动管压力；4—指示灯

弹簧制动压力表显示的是制动缸释放侧的空气压力。

双针压力表 2 中，红针表示主风缸压力，黑针表示均衡风缸压力。

双针压力表 3 中，红针表示制动缸压力，黑针表示列车管压力。

在走行系统失效时（制动系统和走行系统失效），电源控制系统指示灯会发亮。

左侧操作台如图 2-14 所示。

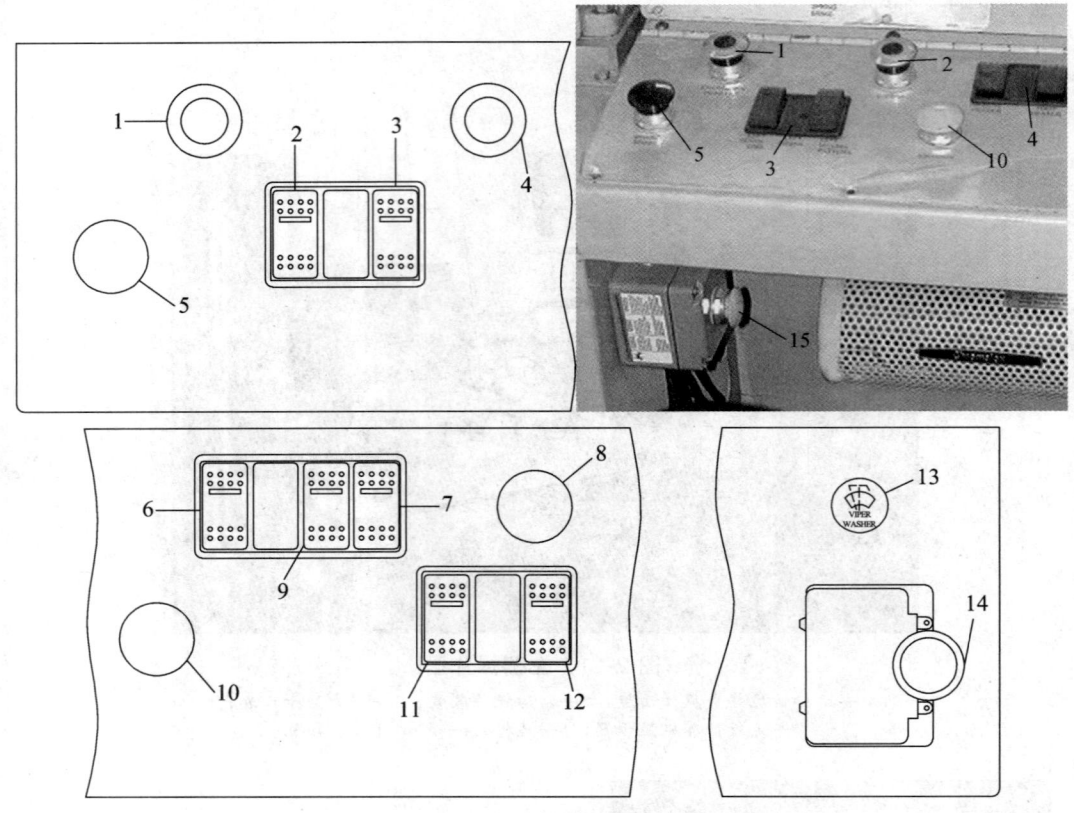

图 2-14 左侧操控台

1—紧急提起按钮;2—左侧障碍跳跃按钮;3—左侧模式转换按钮;4—紧急停机按钮;5—弹簧制动控制按钮;6—玻璃加热器开关;7—梯灯开关;8—驱动停止控制按钮;9—左足下加热器开关;10—气喇叭开关;11—右侧障碍跳跃按钮;12—右侧模式转换按钮;13—雨刮器控制开关;14—驱动手柄;15—电喇叭开关

各按钮和开关介绍如下:

① 紧急提起按钮。

在紧急情况下想要停止打磨作业,可以按下紧急提起按钮。打磨电动机会抬离钢轨,停止运转,此时按钮上的红色指示灯亮。拔出紧急提起按钮,即可继续打磨,按钮上的红色指示灯随之熄灭。

② 左侧障碍跳跃按钮。

开始打磨时,即在驾驶员视线处于开始打磨目标点时,按下左侧障碍跳跃按钮的上部。当驾驶员左侧处于运行方向的第一对打磨电机到达开始打磨目标点时,将被放下,并开始打磨钢轨。其余的左侧打磨电动机经过该点时也将依次被放下进行打磨。

结束打磨时,在驾驶员视线处于停止打磨目标点时,按下左侧障碍跳跃按钮的下部。当驾驶员左手边的处于运行方向的第一对打磨电动机到达停止打磨目标点时,将被提起,从而停止打磨钢轨。而其余的左侧打磨电动机经过该点时也将依次提起停止打磨。

③ 左侧模式转换按钮。

左侧模式转换按钮用来改变左侧钢轨的打磨模式。

运行模式改变，即在驾驶员视线处于运行模式改变目标点时，按下左侧模式转换按钮的上部。当驾驶员左手边的处于运行方向的第一对打磨电机到达运行模式改变目标点时，队列中的下一种打磨模式图标会进入模式控制面板上的正在运行模式框。与此同时，走行方向上的第一对打磨电动机将调整到新模式下的参数，而其余的左侧打磨电动机经过该点时也将依次调整为新模式下的参数。

④ 发动机紧急停机按钮。

在紧急状况下可使用发动机紧急停止按钮，关闭打磨车主发动机。将按钮按下，发动机熄火，按钮上的红色指示灯亮。再次启动发动机之前，必须将发动机紧急停机按钮拔出到运行位置，按钮拔出后，按钮上的红色指示灯熄灭。

⑤ 弹簧制动控制按钮。

按下弹簧制动按钮，启动弹簧（停车）制动。本按钮按下后随即会弹出，当按下时，按钮上的红色指示灯亮。再次按下此按钮就取消了弹簧制动，按钮上的红色指示灯随之熄灭。

⑥ 玻璃加热器开关。

前防风罩玻璃里埋有加热电阻。按下玻璃加热开关的上部，加热电阻开始工作。按下玻璃加热开关的下部，停止给窗体加热。

⑦ 梯灯开关。

按下梯灯开关的上部，梯灯打开。按下梯灯开关的下部，关闭梯灯。

⑧ 驱动停止控制按钮。

按下驱动停止控制按钮，钢轨打磨车的运行系统停止工作。此按钮属于按钮式转换开关，按下后会随即弹出，按钮上的红色指示灯会闪亮。在启动运行系统时确认驱动手柄处于空档（中位）。再次按下驱动停止控制按钮启动运行系统，此时按钮上的红色指示灯会熄灭。

⑨ 左足下加热器开关。

按下脚炉开关的上部，脚炉开始工作。按下脚炉开关的下部，脚炉停止供热。

⑩ 气喇叭开关。

按住气喇叭按钮不放，气喇叭鸣笛。松开按钮，结束鸣笛。

⑪ 右侧障碍跳跃按钮。

开始打磨时，即在驾驶员视线处于开始打磨目标点时，按下右侧障碍跳跃按钮的上部。当驾驶员右侧处于运行方向的第一对打磨电动机到达开始打磨目标点时，将被放下，并开始打磨钢轨。而其余的右侧打磨电动机经过该点时也将依次放下进行打磨。结束打磨时，即在驾驶员视线处于停止打磨目标点时，按下右侧障碍跳跃按钮的下部。当驾驶员右手边的处于运行方向的第一对打磨电动机到达停止打磨目标点时，将被提起，从而停止打磨钢轨。而其余的右侧打磨电动机经过该点时也将依次提起停止打磨。

⑫ 右侧模式转换按钮。

右侧模式转换按钮用来改变右侧钢轨的打磨模式。运行模式改变，即在驾驶员视线处于运行模式改变目标点时，按下右侧模式转换按钮的上部。当驾驶员右手边的处于运行方向的第一对打磨电机到达运行模式改变目标点时，队列中的下一种打磨模式图标会进入模式控制面板上的正在运行模式框。与此同时，走行方向上的第一对打磨电动机将调整到新模式下的参数，而其余的右侧打磨电动机经过该点时也将依次调整为新模式下的参数。

⑬ 雨刮器控制开关。

雨刮器开关有4个旋转位置：关/停车、跳跃范围、低和高（OFF/PARK、INTERMITTENT RANGE、LOW 和 HIGH）。顺时针旋转风挡雨擦/清洗开关（13）得到需要的雨擦速度。逆时针最大旋转开关停下风挡雨擦。要启动风挡清洗，需按住雨擦/清洗开关（13）。松开开关则停止清洗。

⑭ 驱动手柄。

提拉驱动手柄从空档位解锁，将驱动手柄向想要运行的方向推动，推动越多，机车运行速度就越快。

⑮ 电喇叭开关。

电喇叭按钮开关位于驾驶室操纵台前面板的下方，按住电喇叭按钮开关不放即可鸣响电喇叭，松开按钮开关即停止喇叭鸣响。

如图2-15所示，右侧操作区包括座椅、打磨操作计算机显示器、波磨及轨廓检测计算机显示器、控制开关、按钮等。

右侧操作台如图2-16所示。

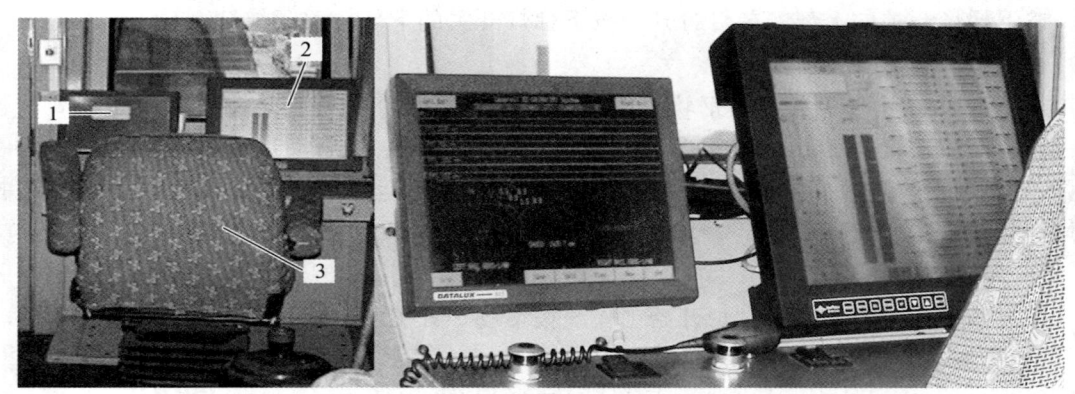

图 2-15　右侧操作区

1—波磨及轨廓检测计算机显示器；2—打磨操作计算机显示器；3—座椅

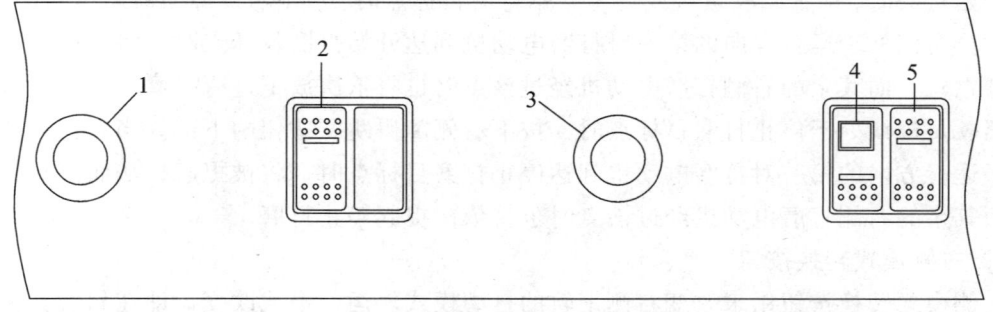

图 2-16　右侧操控台

1—紧急停机按钮；2—右足下加热器开关；3—紧急提升按钮；4—Jupiter 计算机开关；
5—波磨、轨廓检测计算机开关

各按钮和开关介绍如下：

① 紧急停机按钮。

发动机紧急停机按钮用来在紧急状况下关闭打磨车主发动机，将按钮按下即关闭发动机，此时按钮上的红色指示灯亮。在重启发动机之前，确定两个驾驶室内的发动机紧急停机按钮都已拔出。按钮拔出后，按钮上的红色指示灯熄灭。

② 右足下加热器开关。

脚炉位于操作员座位前方的地板上。按下脚炉开关的上部，脚炉开始工作。按下脚炉开关的下部，脚炉停止供热。

③ 紧急提升按钮。

按下紧急提起按钮，可在紧急情况下停止打磨作业，打磨电动机会抬离钢轨，停止运转，此时按钮上的红色指示灯亮。当要将打磨电动机再次从存储位置放下继续打磨作业时，务必确保两个司机室的紧急提起按钮都已拔出。按钮拔出时，按钮上的红色指示灯随之熄灭。

④ Jupiter 计算机开关。

打磨车发动机发动时，Jupiter 计算机启动按钮必须处于关闭位置。发动机启动后，将 Jupiter 计算机开关的上半部分按下，即可开机，并通过触摸屏显示器观察发动机运行信息和钢轨打磨信息。按下橙色按钮和 Jupiter 计算机开关的下半部分就可关闭计算机。橙色按钮部分可防止操作者无意关闭计算机。

⑤ 波磨、轨廓检测计算机开关（仅适用于 1 号车）。

将波磨、轨廓检测计算机开关的上半部分按下即可启动计算机。按下半部分即可关闭计算机。

司机室内顶部安装了 3 台相同型号的冷暖一体式空调，如图 2-17 所示，可以单独控制其中的一台，在炎热的夏季和寒冷的冬季提供良好的工作环境。

图 2-17　空调

1—空调开关旋钮；2—温度选择旋钮

学习项目三　转向架

转向架是一个能相对车体回转，具有独立结构的走行装置，通常安置在车体底架靠近两端的下方，是铁道车辆的重要组成部分。钢轨打磨列车的走行部采用了两轴转向架，转向架在结构上成为一个独立的部件，安装在车体下部，车体与转向架之间通过中心销连接，转向架可以通过上下心盘绕中心销相对转动。钢轨打磨列车进行系统修理时，可以根据需要将转向架与车体分离，从车体下部推出，单独进行修理。

一、转向架的作用

钢轨打磨列车的转向架分为主动转向架和从动转向架，两者的区别在于能否提供驱动力，即转向架的车轴上是否安装有车轴齿轮箱。在车轴上安装有车轴齿轮箱的转向架，可以将发动机的动力传递到车轴和车轮上，提供走行动力，称之为主动转向架；在车轴上没有安装车轴齿轮箱的转向架，只提供对车体的支撑和导向作用，称之为从动转向架。钢轨打磨列车主动转向架和从动转向架的区别只是是否安装有车轴齿轮箱，其余结构完全相同。

钢轨打磨列车的转向架主要起以下作用：
（1）承载车体上部所有重量；
（2）保证必要的运行黏着力，并把轮轨接触产生的轮周牵引力传递给车体车钩；
（3）减少和缓和线路不平顺对车体的冲击，保证打磨列车具有良好的运行平稳性；
（4）保证打磨列车能够顺利通过曲线，提供足够的导向力；
（5）产生必要的制动力，以便使打磨列车在规定的制动距离内停车。
转向架设计和制造质量的好坏，直接关系到打磨列车的运行安全性和运行品质的好坏。

二、转向架受力及传递

钢轨打磨列车运行时，转向架承受3个方向的力：垂直力、纵向力和横向力。这些力按照以下顺序传递：

垂直力：车体→心盘→构架→减振装置→轴箱→轮对→钢轨。
纵向力（牵引力或制动力）：轮对→轴箱→减振装置→构架→心盘→车体→车钩。
横向力：钢轨→轮对→轴箱→减振装置→构架→心盘→车体。

三、PGM-48型钢轨打磨列车转向架

PGM-48型钢轨打磨列车转向架分为主动转向架和从动转向架两种类型，在三节车中，1号车和3号车分别安装两套主动转向架，2号车安装两套从动转向架。

1. 转向架的外形和结构组成

PGM-48 型钢轨打磨列车转向架由构架、橡胶减振器、油压减振器、轮对、轴箱、心盘、旁承和基础制动装置等部分组成，转向架外形如图 2-18 和图 2-19 所示。

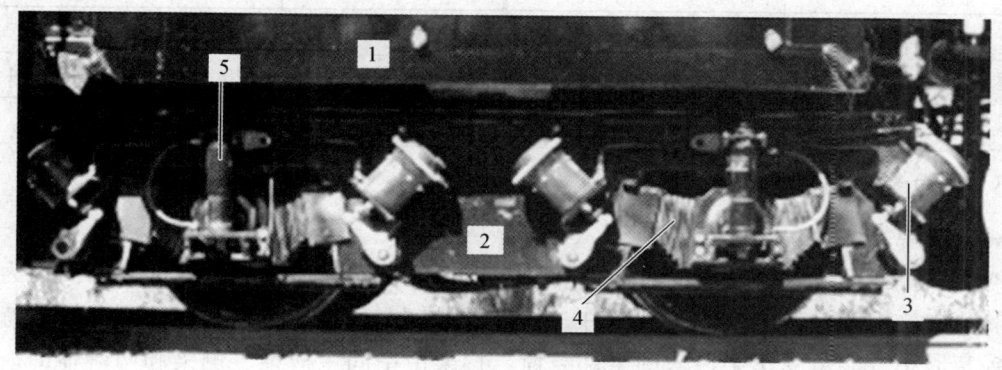

图 2-18　钢轨打磨列车转向架外形

1—车体；2—转向架；3—制动缸；4—橡胶减振器；5—油压减振器

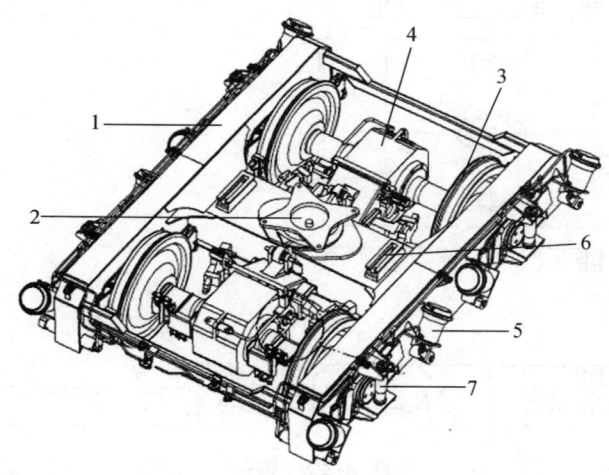

图 2-19　钢轨打磨列车主动转向架结构图

1—构架；2—心盘；3—轮对、轴箱装置；4—车轴齿轮箱；
5—基础制动装置；6—旁承；7—油压减振器

2 号车上安装的从动转向架与图 2-18 所示的主动转向架的区别只是没有车轴齿轮箱，其他部位相同。

2. 转向架主要参数

转向架参数如表 2-1 所示。

表 2-1　PGM-48 型钢轨打磨列车转向架参数

项目	参数	项目	参数
轨距	1 435 mm	主动转向架最大轴重	23 t
轮对内侧距	(1 353±2) mm	从动转向架最大轴重	24.5 t

续表

项 目	参 数	项 目	参 数
轴距	1 828 mm	从动转向架自重	5.6 t
轮径	840 mm	主动转向架自重	6.6 t
液压减振器阻尼系数	100 kN·s/m	外形尺寸	3 120 mm×2 660 mm×814 mm
构造速度	100 km/h		

3. 转向架的组成元件及元件功用

（1）构架。

PGM-48 型钢轨打磨列车的转向架构架为钢板焊接的整体框架，各部分断面均为封闭的箱形结构。构架是转向架的基础部件，具有质量轻、稳定性好、强度和刚度大的特点，且焊接变形小，能承受车架传来的全部载荷。构架由中间主横梁、侧梁和两端辅助横梁构成，如图 2-20 所示。

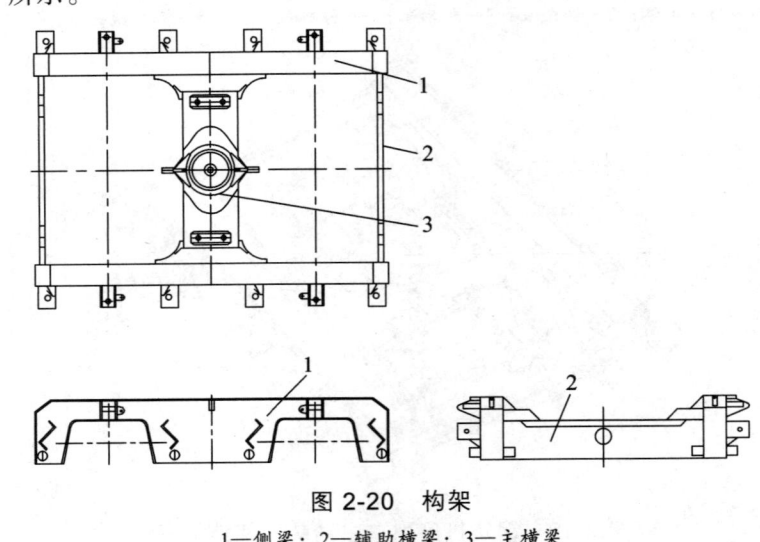

图 2-20 构架
1—侧梁；2—辅助横梁；3—主横梁

（2）减振装置。

PGM-48 型钢轨打磨列车在转向架构架和轴箱之间设有金属橡胶减振器和油压减振器，起缓冲减振作用，能使车辆的垂直振幅得到有效衰减和缓冲，保证了车辆区间运行的平稳性和作业控制的准确性。减振装置包括两个橡胶减振器和一个油压减振器。橡胶减振器主要起缓冲作用，同时还起动力传动的作用。橡胶减振器一侧与轴箱相连，另一侧与构架侧梁相连，如图 2-21 所示。

金属橡胶减振器还是轴箱的定位装置，金属橡胶减振器垂直方向的刚度比较小，轴箱相对构架在垂直方向有比较大的位移，而它在纵、横方向具有适宜的刚度以实现良好的弹性定位，使轮对不能自由横动，有利于改善转向架的抗蛇行能力，提高运行的平稳性。油压减振器起衰减振动能量的作用，油压减振器一端与构架侧梁相连，另一端与轴箱端盖相连，如图 2-22 所示。减振装置可以缓和线路不平顺对车辆的冲击，减小车辆振动，并保证车辆的运行平稳。

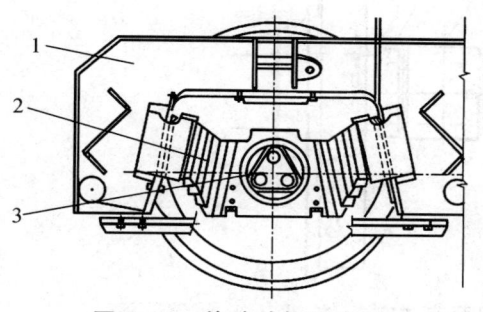 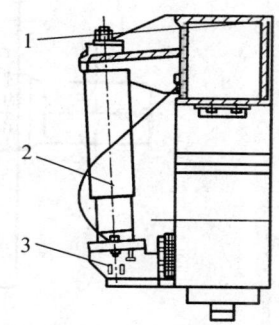

图 2-21 橡胶减振器安装　　　　　　　图 2-22 油压减振器安装
1—构架；2—橡胶减振器；3—轴箱　　　1—构架；2—油压减振器；3—轴箱端盖

（3）心盘和旁承。

PGM-48 型钢轨打磨列车以球面心盘和旁承作为转向架与车架的连接装置。转向架靠上、下心盘配合支承车体的主要载荷，承受并传递车体与转向架之间的纵向牵引力、制动力、垂向重力载荷和横向轮轨作用力，通过曲线时可使车体与转向架间相对回转，减小运行阻力。在转向架心盘的两侧设有两个摩擦式弹性旁承，旁承左右对称，承受车体的部分载荷，并限制车体在通过曲线时的倾斜程度，而且可以给运行中的转向架提供一定大小的回转阻力矩，以提高转向架蛇行运动的临界速度及曲线通过性能。在打磨列车通过曲线时，由于向心力和重力作用，车体会发生倾斜，转向架通过倾斜一侧的旁承装置与车体接触，对车体形成支撑力，防止打磨列车出现较大的侧倾。心盘和旁承机构如图 2-23 所示。

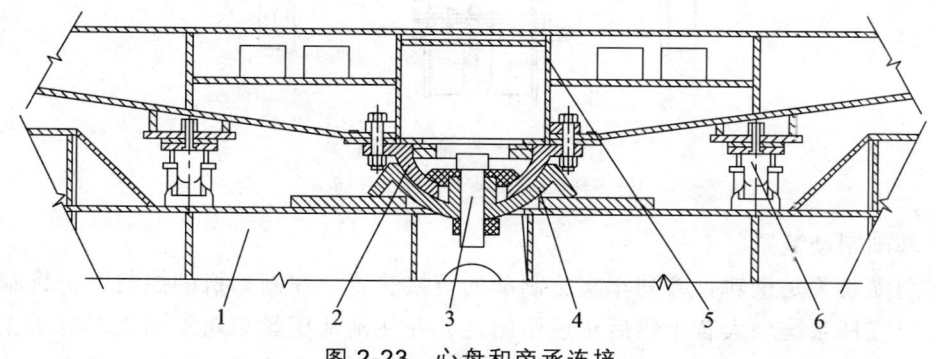

图 2-23 心盘和旁承连接
1—构架；2—上心盘；3—中心销；4—下心盘；5—车体；6—旁承

（4）轮对和轴箱。

轮对和轴箱直接承受整车（轮对除外）的垂向重量并传递给钢轨，通过轮轨间的黏着作用产生牵引力或制动力，并通过轮对的回转实现车辆在钢轨上的运行。车轮采用滚动圆直径为 840 mm 的整体碾钢车轮，与车轴采用油压机冷压装配。轴箱采用上下两半式结构安装，轴头上安装有圆柱式滚动轴承，以利于减少车辆的起动阻力和运行阻力，适应较高速度运行，并可减少燃轴事故。其结构如图 2-24 所示。

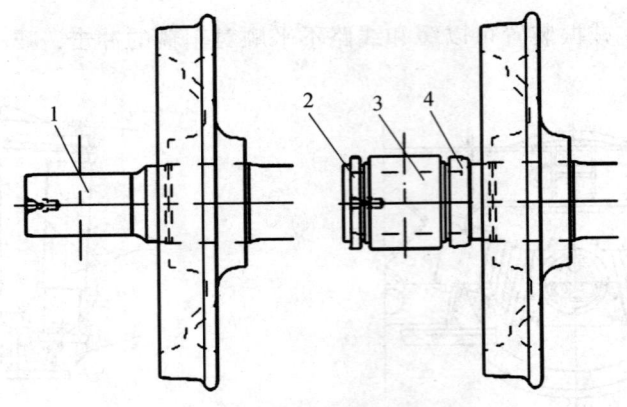

图 2-24　轴承安装方式
1—轴头；2—外挡圈；3—轴承；4—内挡圈

（5）车轴齿轮箱。

PGM-48 型钢轨打磨列车的车轴齿轮箱由走行液压马达驱动，车轴齿轮箱将液压马达的驱动力最后传递给轮对，起减速并传递走行动力的作用。车轴齿轮箱采用了双速可调齿轮箱，有高档、空档和低档 3 个档位，以提供不同的运行需求。车轴齿轮箱一端吊装在构架的主横梁上，如图 2-18 所示。齿轮箱外形结构如图 2-25 所示。

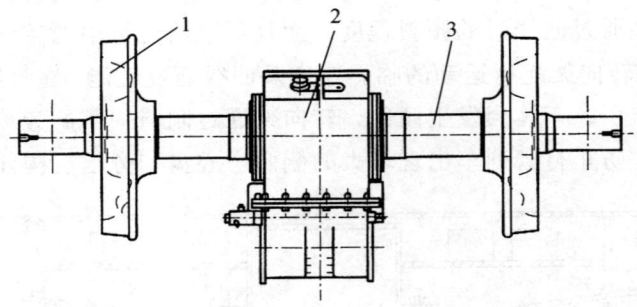

图 2-25　车轴齿轮箱
1—车轮；2—车轴齿轮箱；3—车轴

（6）基础制动装置。

基础制动装置是钢轨打磨列车实施制动的直接装置，在制动机的控制下，将制动缸传来的力，经杠杆系统增大若干倍后传递给闸瓦，并使闸瓦压紧车轮踏面实现制动作用或使闸瓦离开车轮踏面完成缓解作用。PGM-48 型钢轨打磨列车采用了双侧单元式基础制动，各制动单元工作时互不影响。

学习项目四　基础制动装置

基础制动装置安装在转向架上，是钢轨打磨列车整个制动系统的主要组成部件，是制动系统的执行机构,是满足打磨列车紧急制动距离要求和确保打磨列车行车安全的重要装置。

制动装置包括空气制动和基础制动两大部分,从制动缸至闸瓦所包含的各种零件属于基础制动部分。基础制动装置是利用杠杆原理,将制动缸产生的推力,经过杠杆的作用扩大数倍后,传递到闸瓦上,使闸瓦抱紧车轮,产生制动作用,达到制动和停车的目的。

一、PGM-48型钢轨打磨列车基础制动装置

基础制动采用了独立的单元式基础制动装置,在每个车轮两侧都各安装有一套独立的基础制动装置。因此,每套转向架上共有8套基础制动装置,每套基础制动装置的工作都是独立的,没有机械连接,这样保证了当某个车轮的一套基础制动装置失效时,另一套基础制动装置依然可以实施制动,确保运行安全。下面以一套单元式基础制动装置为例介绍其结构和工作原理。

1. 基础制动的结构和部件

PGM-48型钢轨打磨列车的基础制动主要包括制动缸、制动蹄(闸瓦托)、闸瓦、连接销和摇臂五部分,如图2-26所示。

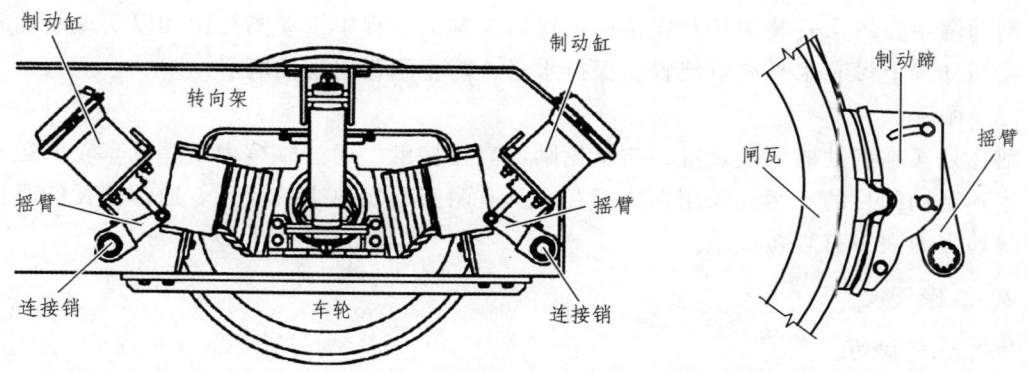

图2-26　PGM-48型钢轨打磨列车基础制动组成

(1)制动缸。

制动缸是基础制动的直接动作元件,将空气制动的空气压力能转换为机械能,是基础制动装置的动力部分,提供制动过程中的动力来源。制动缸缸体安装在转向架构架侧梁上。制动缸由缸体、活塞、弹簧和管路密封等部件组成,如图2-27所示。图中空气制动腔上连接空气制动控制管路,弹簧制动腔上连接弹簧制动(驻车制动)控制管路。弹簧制动腔内有螺旋弹簧,螺旋弹簧一端与缸体连接,另一端与活塞连接。螺旋弹簧在常位时活塞杆完全伸出,实施弹簧制动,当弹簧制动缓解时,需要不低于450 kPa的压缩空气通过弹簧制动管充入弹簧制动腔,克服弹簧弹力,收回活塞,弹簧制动缓解。空气制动实施制动时,压缩空气通过空气制动管进入空气制动腔推动活塞向外伸出,实施制动;缓解时,控制制动腔内的压力降低,活塞在弹簧制动缓解的作用下,将活塞收回。

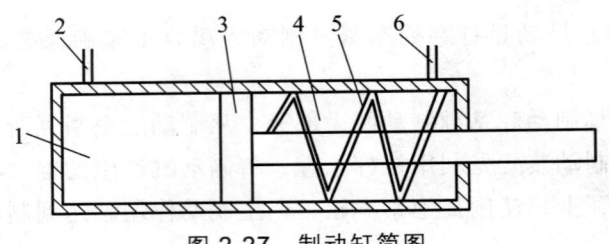

图 2-27 制动缸简图

1—空气制动腔；2—空气制动管；3—活塞；4—弹簧制动腔；5—弹簧；6—弹簧制动管

（2）摇臂。

摇臂分为外摇臂和内摇臂。外摇臂一端连接制动缸，另一端与连接销通过花键连接。外摇臂与连接销连接一端可以进行闸瓦间隙调节，又称调节器。内摇臂一端与连接销通过花键连接，另一端与制动蹄连接。

（3）连接销。

连接销主要用于连接内侧和外侧的摇臂，通过连接销的转动带动内侧摇臂的转动。连接销通过轴承安装在转向架上，可以自由转动。连接销的两端为花键，方便安装内外摇臂，避免产生滑动。

（4）制动蹄（闸瓦托）。

制动蹄主要用来安装闸瓦和连接内摇臂，在制动过程中带动闸瓦运动以实现制动和缓解。在制动蹄上设有水平调节装置，保持水平，防止闸瓦出现偏磨。

（5）闸瓦。

闸瓦是实施制动的直接装置，与车轮踏面直接接触，通过摩擦力以降低车轮的运转速度，达到制动的目的。闸瓦采用合成闸瓦，具有耐磨、发热少的优点。通常闸瓦的磨损程度与制动力的大小有直接关系。

2. 工作原理

（1）空气制动。

当实施空气制动时，压缩空气通过空气制动管进入空气制动腔推动活塞向外伸出，推动外摇臂转动，外摇臂通过花键带动连接销转动，连接销通过花键带动内摇臂转动，内摇臂将推动制动蹄和闸瓦迅速向车轮踏面靠近，并施加制动压力，通过闸瓦与车轮踏面的摩擦产生对车轮的制动力，实现制动。

当制动缓解时，空气制动腔内的压力降低，活塞在弹簧制动缓解的作用下，将活塞收回，拉动外摇臂转动，外摇臂通过花键带动连接销转动，连接销通过花键带动内摇臂转动，内摇臂将拉动制动蹄和闸瓦与车轮踏面分开，减小制动力，通过减小或消除闸瓦与车轮踏面的摩擦力，实现减小制动或缓解。

（2）弹簧制动。

PGM-48 型钢轨打磨车还装有弹簧制动系统，以提供车辆长时间停车时的制动。弹簧制动的工作原理除制动缸内部动作控制与空气制动不同外，其他动作与空气制动相同。弹簧制动实施时，螺旋弹簧在常位，活塞杆完全伸出，实施弹簧制动。当弹簧制动缓解时，需要不低于 450 kPa 的压缩空气通过弹簧制动管充入弹簧制动腔，克服弹簧的伸长弹力，收回活塞，弹簧制动缓解。所以，通常在打磨列车风路系统压力低于 450 kPa 时，弹簧制动一直处于制动位。

二、PGM-48 型钢轨打磨列车基础制动装置的优缺点

钢轨打磨列车采用独立的单元式基础制动，主要有以下优点：

（1）结构简单，元件少，并安装在转向架侧梁上，减小了转向架的内部空间。

（2）制动效果好，安全系数高。由于打磨列车车重 256 t，每根轴的轴重较大，所以每个车轮都有两套独立的基础制动装置，能够很好地实施制动。

（3）维修保养方便，易调整。制动缸和闸瓦调节装置都安装在转向架的外侧，方便调整、检修和保养。

同时，此种基础制动也存在不足之处，主要是：

（1）基础制动单元多，维修、维护成本高。

（2）缓解时，要求每个制动缸均缓解，若某个缸不缓解，则车轮一直处于制动状态，不易被发现，容易出现运行安全事故。

复习思考题

（1）车体的作用是什么？
（2）PGM-48 型钢轨打磨列车司机室的结构特点是什么？
（3）PGM-48 型钢轨打磨列车司机室左侧操作台有哪些装置、按钮？
（4）PGM-48 型钢轨打磨列车司机室右侧操作台有哪些装置、按钮？
（5）PGM-48 型钢轨打磨列车转向架力的传递路线是什么？
（6）PGM-48 型钢轨打磨列车动力转向架由哪些部分组成？
（7）PGM-48 型钢轨打磨列车的基础制动装置主要包括哪些部件？
（8）PGM-48 型钢轨打磨列车空气制动和弹簧制动的工作原理是什么？
（9）钢轨打磨列车采用独立的单元式基础制动的优缺点有哪些？

单元三　计算机控制系统

【知识目标】
（1）了解 Jupiter2000 计算机控制系统的特点。
（2）了解 Jupiter2000 计算机控制系统的组成及各部分的功用。
（3）了解"菊花链"机制的工作原理。
（4）掌握 PGM-48 型钢轨打磨列车计算机控制系统的组成。

【能力目标】
（1）能够说明 Jupiter2000 计算机控制系统的组成。
（2）能够说明 PGM-48 型钢轨打磨列车计算机系统的控制原理。
（3）能够根据计算机显示屏的提示判断故障的类型，并排除故障。

PGM-48 型钢轨打磨列车的主要控制系统采用了先进的 Jupiter2000 计算机控制系统，该系统基于多级计算机控制，以实现对全车走行、作业功能的监控。

学习项目一　Jupiter2000 计算机控制系统

Jupiter2000 计算机控制系统是目前国内外较为先进的控制系统，具有系统结构简单、控制功能稳定、故障自诊断等优点。

一、Jupiter2000 计算机控制系统的特点

（1）采用远程输入/输出设备，简化了电气控制系统。采用模块控制和预制的快速连接电缆，简化了系统结构，减少了电缆连线，实现了更好的电气绝缘。
（2）具有综合诊断功能。智能化的输入、输出诊断功能，实现对短路、开路、通道状态、电压、电流等的实时监测。
（3）工作稳定，受环境温度影响小。能够在环境温度 $-40 \sim 70\ ℃$ 正常工作，系统工作稳定。
（4）软件化控制管理，系统升级简便。
（5）操作界面简洁、有序，布局合理。计算机显示界面涵盖了打磨列车大部分操作内容，人机交换方便。

二、Jupiter2000 计算机控制系统的组成和各部分的功用

Jupiter2000 计算机控制系统主要由控制主机（以下简称主机）、分控模块、增压电源模块、终端、主机供电电源（P42）、网络集线器、电源线、信号线等部分组成，各组成元件间通过 CAN（控制局域网）总线技术，实现信息的通信。

1. 主 机

主机是 Jupiter2000 计算机控制系统的主体，简称 JAM（见图 3-1）。它不仅是一个输入/输出控制中心模块，还是网络的一部分。JAM 控制主机安装有微处理器，负责发送编程信息至打磨列车上其他输入/输出模块。主机配有闪存卡（CF 卡），存储着操作系统、输入/输出配置、所有的应用程序和数据文件。如果打磨列车计算机出现故障，可以把闪存卡拿出来安装到新的主机上，内部存储的资料可以直接使用。闪存卡也允许安装新的软件到现有的计算机上或者新的计算机上。在存储卡上安装程序时，启动计算机后，存储卡内的程序会自动安装。打磨列车出厂前，厂家就已经将打磨列车特定的软件传输至 JAM 控制主机。只有 HTT（Harsco Track Technologies）公司技术人员可以修改和升级软件。

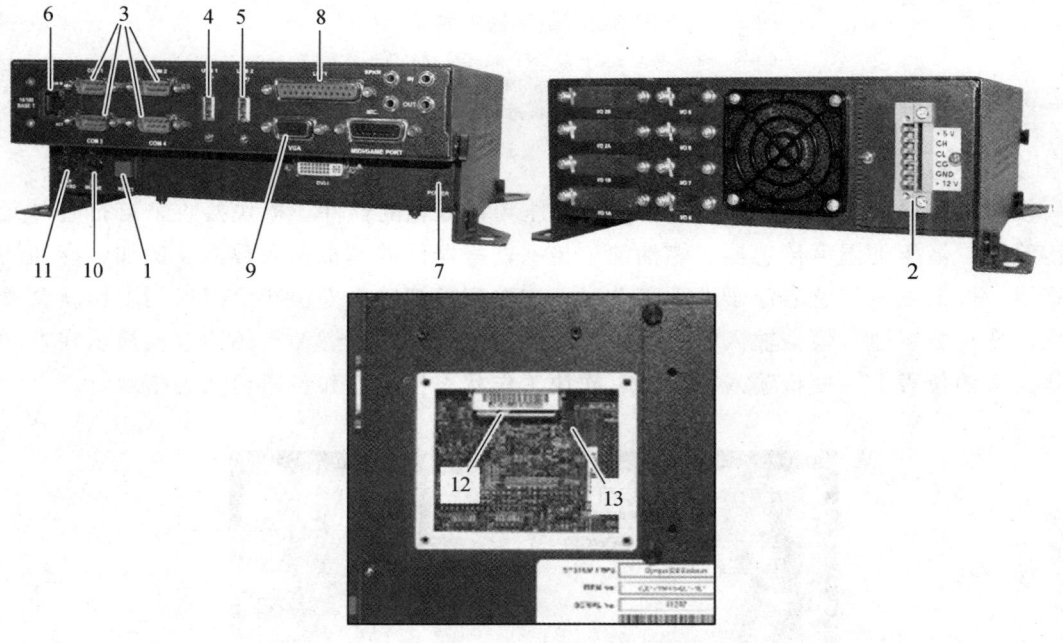

图 3-1 JAM 控制主机的外形结构

1—复位开关；2—主机电源/局域网络接口；3—串口 COM1～COM4；4—USB1 接口；
5—USB2 接口；6—以太网电缆接口；7—电源指示灯；8—并口（打印机 LPT1）；
9—VGA 接口（显示器电缆连接）；10—鼠标电缆接口；
11—键盘电缆接口；12—CF 卡；13—内部主板

2. 远程 I/O 模块（分控模块）

远程 I/O 模块是 Jupiter2000 控制系统的重要组成部分，包括输入和输出两类模块，主要功能是负责输出主机的控制信号到各个执行电磁阀，同时反馈各传感器输入的信号数据。

远程 I/O 模块的种类包括数字输入模块、数字输出模块、模拟输入模块、L-BUS 模块、扩展模块等。

（1）数字输入模块。

数字输入模块（见图 3-2）用于只有开/关两种位置的器件。模块接收如限位开关、灭火软管、灯开关等器件的数字输入数据。当开关启动时，模块就会接收到这一数据，并通过 CAN 网络输入到主机。数字输入模块上有模块工作状态指示灯。

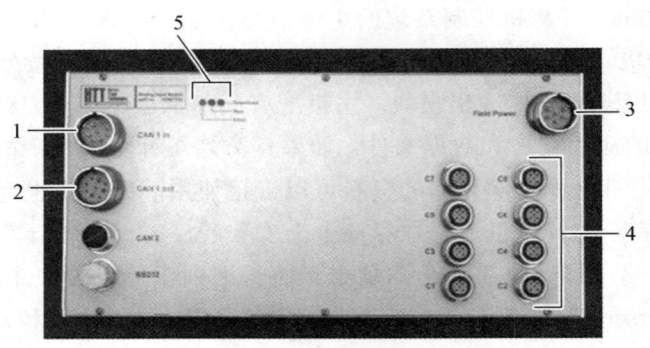

图 3-2　数字输入模块

1—CAN1 输入接口；2—CAN1 输出接口；3—电源接口；
4—接口和通道状态 LEDs（C1~C8）；
5—模块状态指示灯

（2）模拟输入模块。

模拟输入模块（见图 3-3）用于输入电压频繁变化的器件。模块接收来自打磨单元角度传感器、液压油温度传感器、燃油油位传感器等器件的模拟输入数据。例如，燃油油位传感器、燃油油位传感器浮子上下移动时，连接到模拟输入模块相应接口的电压就会发生变化，变化数据通过模拟输入模块送到网络系统进行处理，燃油箱的油位就显示在发动机诊断面板油位表上。模拟输入模块上有模块工作状态指示灯和各通道状态指示灯。

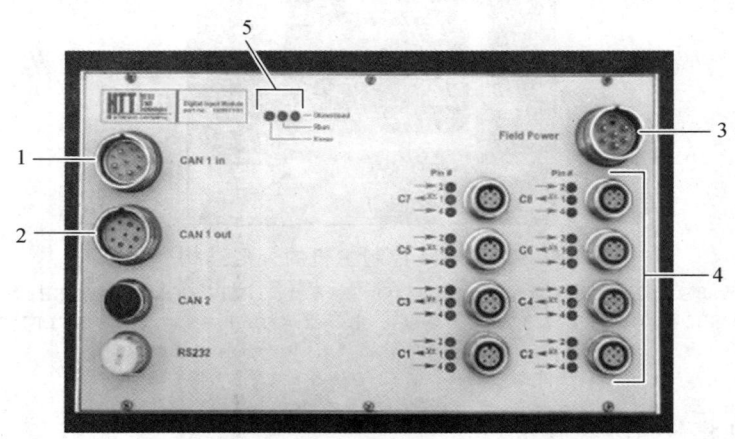

图 3-3　模拟输入模块

1—CAN 1 输入接口；2—CAN1 输出接口；3—电源接口；
4—连接器及通道状态 LEDs（C1~C8）；
5—模块状态指示灯

（3）数字输出模块。

数字输出模块（见图 3-4）用于控制只有开/关两种位置的器件。模块发送数字输出数据到电磁阀和工作灯等器件。数字输出模块上有模块工作状态指示灯和各通道状态指示灯。

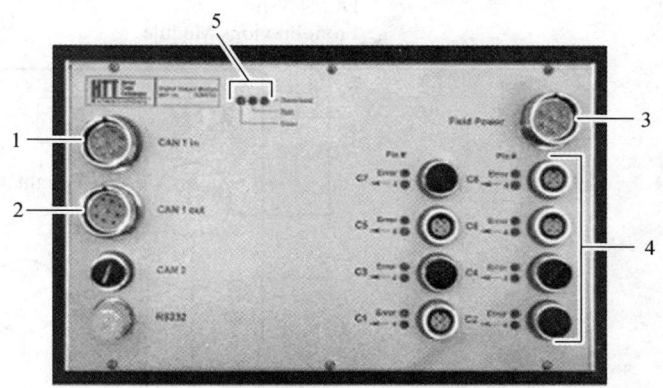

图 3-4　数字输出模块
1—CAN1 输入接口；2—CAN1 输出接口；3—电源接口；
4—控制和通道状态 LEDs（C1～C8）；
5—模块状态指示灯

（4）L-BUS 模块。

L-BUS 模块（见图 3-5）和与之相连的扩展模块共同扩展了上述分控模块的功能，就像公共汽车一样，在同一线路上，能够让更多的人在不同的地点上、下车，而公共汽车的线路不变。这样就能够把更多的电磁阀、线圈、开关、传感器等元器件连接到 Jupiter2000 系统网络中，使得 Jupiter2000 系统的功能更加强大，实现对更多功能的监控，而不需要过多的远程 I/O 模块。L-BUS 模块上有工作状态指示灯。

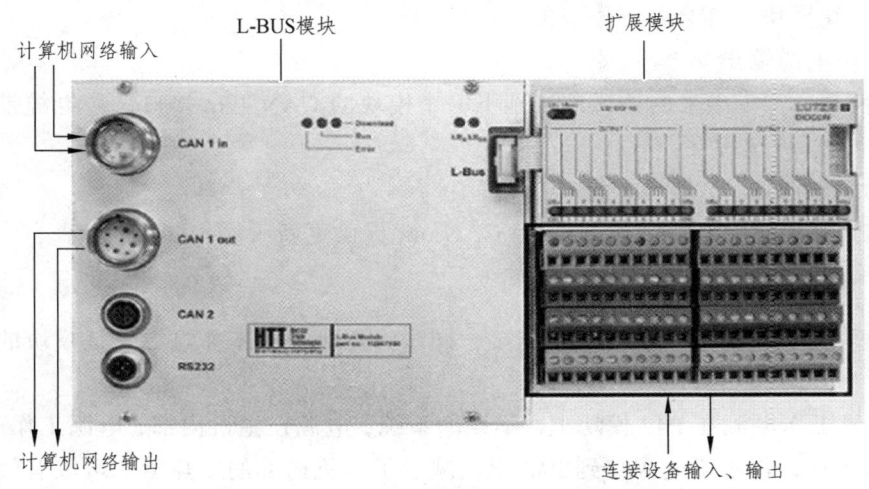

图 3-5　L-BUS 模块和扩展模块

3. 增压电源模块（配电模块）

配电模块（见图 3-6）用来防止网络电压的掉电。因为电压和电流信号在传输过程中存在损失和削弱，因此，每连接 8~10 个分控模块，就需要一个配件模块，以提供准确的信号数据。

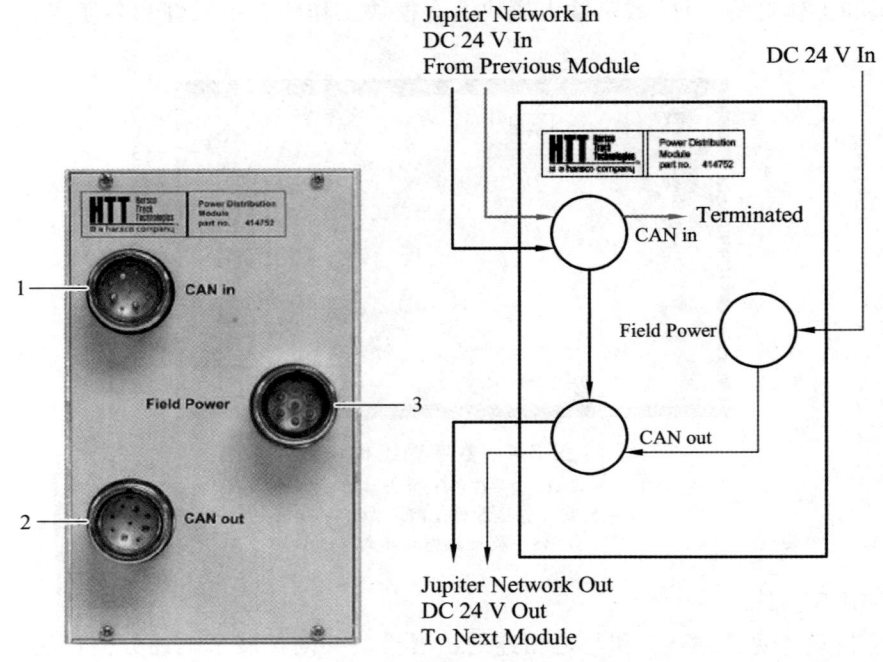

图 3-6　配电模块结构

1—网络电缆输入；2—网络电缆输出；3—励磁电源

（1）网络电缆输入。

前一个模块的 CAN 1 out 接口出来的电缆连接到 CAN in（1），当网络程序传输到 CAN out 接口时，在模块内部会断开原有的 24 V 电源。

（2）网络电缆输出。

从 CAN out（2）出来的电缆连接到下一个模块的 CAN 1 in 接口，该电缆带有更新的 24 V 电源，延续传递程序。

（3）励磁电源。

该电缆连接到 Field Power（3），为 CAN out 提供更新所需的 24 V 电源。

4. P42 电源

P42 模块提供主机和网络的物理连接，同时为主机提供工作电源。该模块的主要功能如下：

（1）主机工作电源在 P42 模块上。早期的系统，电源在主机内部，电源工作产生热量，影响主机的运行，将主机电源移到 P42 上，减少了主机内部的发热量，可以有效避免主机因电源过热导致死机情况的发生。

（2）网络电缆的 4 和 8 针为 24 V 电源（连接到第一电源分配模块），该电源的连接通过 P42 模块。

(3) P42 模块提供主机到第一个远程 I/O 模块（模块 2）的网络连接，该连接通过接线端子连接。使用标准的电缆和接头，解决了在工厂和维护过程中连错线的问题，并且保证了所有网络连接的正确终结。

(4) 网络起始端的终结电阻也位于 P42 模块上（取代了早期系统的接线端子）。

(5) P42 模块（见图 3-7）上的一个 125 Hz 的振荡器在网络电缆中激发"菊花链"信号，该信号使第一个模块在网络中建立它的地址，在 P42 模块前，到 2 号远程 I/O 模块的"菊花链"连线会接地。如果没有 P42 模块，可能会出现一些有问题的组件，导致网络中的其他远程 I/O 模块建立与第一个远程 I/O 模块相同的地址，根据 P42 模块的配置，"菊花链"机制就是必须使每个远程 I/O 模块建立自己在网络中的地址，以区分 CAN 网络系统中的每一个远程 I/O 模块，实现信号数据的精确输出、输入。通过 P42 模块，网络地址会更安全，网络诊断也更准确、更全面。

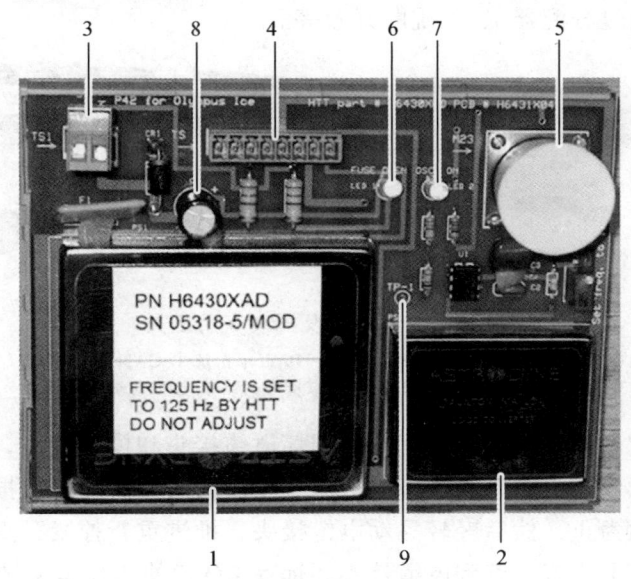

图 3-7　P42 电源模块

1—PS1:电源；2—PS2:电源；3—TS1:24 V 输入电缆接口；4—TS2:主机电缆接口；5—M23:网络中第一个远程 I/O 模块的接口（模块 2）；6—LED1:如果保险丝断开，该 LED 会亮红灯，该 LED 的常态是关闭（不亮）；7—LED2:如果 125 Hz 的振荡器在开启状态（常态），该 LED 亮绿灯，并且该单元有电源供给；8—C1:振荡器控制在工厂设定为 125 Hz，不需要调节；9—TP1:测试点，参数为 125 Hz 3.5 VP/P

5. 网络终结器（网络终端）

网络终结器（见图 3-8）必须安装在网络中最后一个远程 I/O 模块的 CAN 1 out 接口上。该终结器在启动的过程中告诉主机计算机该远程 I/O 模块为最后一个模块，远程 I/O 模块地址不延续。网络终结器简单理解就是一个电阻，以构成 CAN 网络回路。如果没有网络终结器，整个 CAN 网络不会建立。

图 3-8　网络终结器

1—网络终结器

6. 连接元件

连接元件（见图 3-9）主要包括电源线、网络信号线、作用元器件连接线和设备连接器（交叉分配器、通过分配器）、系统断开盒等。

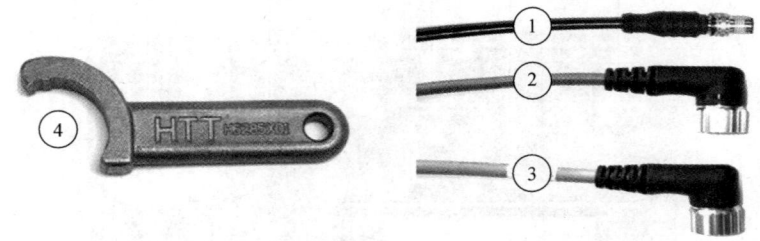

图 3-9　连接线及拆装专用工具

1—输入/输出信号电缆（黑色或黄色）；2—Jupiter 系统中 CAN 网络电缆（紫色）；
3—模块电源电缆（灰色）；4—专用的网络和电源电缆拆装扳手

用手拧紧电缆或者使用专用扳手，防止损坏电缆接头和模块接头，不要随意使用其他工具。安装电缆的时候，将电缆的针脚对准远程 I/O 模块接头的接口推进，用手旋转电缆接头直到用手拧不动为止，然后轻轻晃动电缆接头，推进重新拧紧，直到用手或专用扳手拧不动为止。重复以上步骤，直到电缆接头和远程 I/O 模块接口紧密结合。

设备连接器分为通过分配器（见图 3-10）和交叉分配器（见图 3-11）。

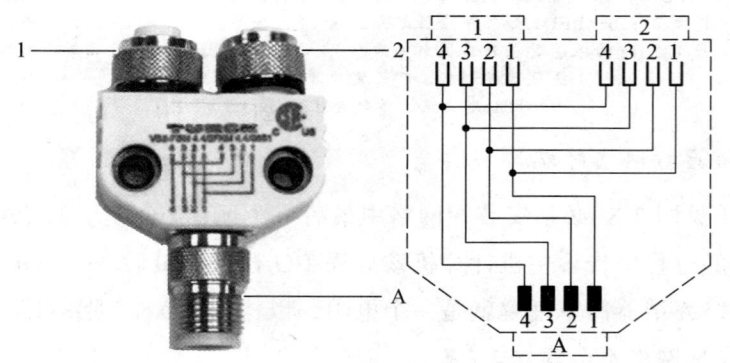

图 3-10　通过分配器外形及原理

1，2—接口

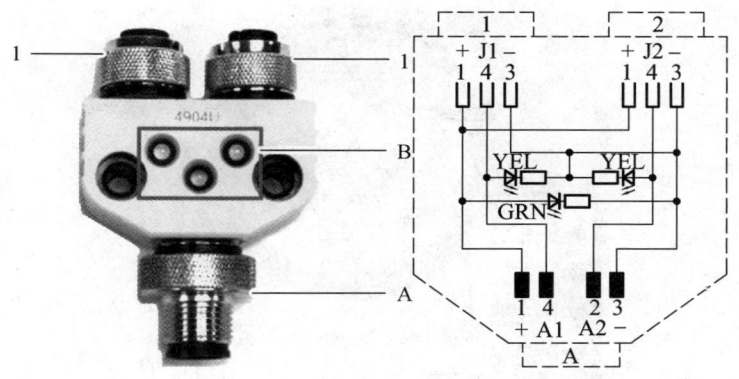

图 3-11 交叉分配器外形及原理图
1，2—接口

通过分配器和交叉分配器都只是用在数字输入模块上，与模块上 C1~C8 任意接口连接的电缆都连接到 A。与两个分开的设备连接的电缆如接近开关、压力开关等，都连接到 1、2。通过分配器和交叉分配器内部连接通道不同，实现的功能也不同。

通过分配器电缆 A 中的两个输入通道#2、#4 到分开的电缆（1、2）的连接方式如下：

（1）电缆 A 中输入通道#2 都连接到电缆 1 和电缆 2 的输入通道#2。

（2）电缆 A 中输入通道#4 都连接到电缆 1 和电缆 2 的输入通道#4。

（3）电缆 A 连接到数字输入模块上的 C1~C8 任意接口。

（4）#1 号电缆连接到一号输入设备。

（5）#2 号电缆连接到二号输入设备。

交叉分配器电缆 A 中的两个输入通道#2、#4 到分开的电缆（1、2）的连接方式如下：

（1）电缆 A 中输入通道#4 只连接到电缆 1 的输入通道#4。

（2）电缆 A 中输入通道#2 只是连接到电缆 2 的输入通道#4。

（3）电缆 A 连接到数字输入模块上的 C1~C8 任意接口。

（4）电缆 A 状态有指示灯显示。

（5）#1 号电缆连接到一号输入设备。

（6）#2 号电缆连接到二号输入设备。

系统断开盒（见图 3-12），是用来对远程 I/O 模块和设备元件的电缆以及设备元件之间的输入、输出进行诊断的工具。断开盒具有公母两个 5 芯连接头。

在断开盒的左侧有 5 个万用表用的插口，每个插口 1~5 都可以用来检查其所代表的远程 I/O 模块、电缆或设备元件上特定编号的针/线上的电压或电流信号。

7. 显示器

显示器是实现人机交换的主要工具，用于显示 Jupiter2000 计算机控制系统的软件操作界面，显示器采用触摸屏，以方便操作人员操作，以准确、直接地实现操作、控制、检测等功能。

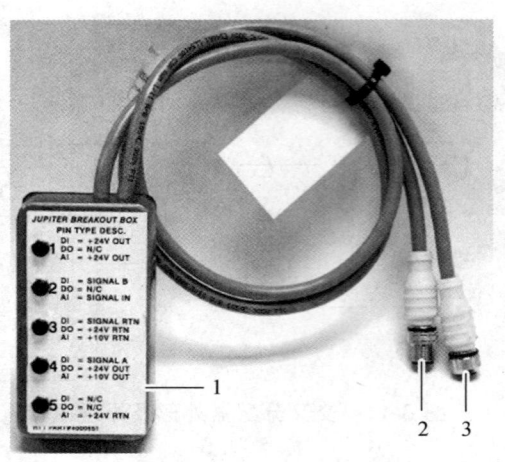

图 3-12 系统断开盒
1—万用表插口；2，3—接口

三、"菊花链"机制

为了理解各种远程 I/O 模块在 Jupiter2000 计算机控制系统中的角色，首先需要理解"菊花链"在网络中为每个模块分配地址的机制，即"菊花链"机制。

每个远程 I/O 模块上，"CAN 1 in"和"CAN 1 out"接口上都有 9 个针来连接紫色的电缆，每个远程 I/O 模块上输入接口的每个针都对应输出接口相同编号的针，只有第 9 针例外，第 9 针是"菊花链"的信号线。在"CAN 1 in"（一号模块输入）接口上的第 9 针是到内部处理器的输入，在"CAN 1 out"（一号模块输出）接口上的第 9 针是由内部处理器输出的信号。这就让每个模块的内部处理器可以向网络中的下一个模块（较高地址）发送数据。

系统启动的时候，每个远程 I/O 模块都会从前一个远程 I/O 模块收到它的网络地址，该地址会在模块内部存储，然后在这个地址上加 1 发送到下一个远程 I/O 模块，顺序传递。对于网络中的第一个模块（2 号远程 I/O 模块），在它前面没有远程 I/O 模块为它分配地址，这就需要 P42 模块为 2 号模块提供网络地址，同时为整个网络的起始端提供合适的终止。

如果在启动的时候，某个远程 I/O 模块没有成功地建立起自己的网络地址，它会采取存储在模块内部存储器内的地址（"菊花链"成功建立的前一时刻）。"菊花链"的失效不是很紧急，如果需要的话，打磨列车可以安全运行很多天。当然，还是要优先处理模块的故障。

当某个远程 I/O 模块在启动的时候没有成功地从"菊花链"输入针上获得它的地址时，它会中止向下一个模块发送地址。

"菊花链"机制的特性可以通过远程 I/O 模块的状态指示灯显示反映出来。"菊花链"机制的特性如下：

（1）如果只是绿色的"运行"状态指示灯在闪烁，那么说明该模块在启动时已经成功地从"菊花链"的输入针接收到它的网络地址。

（2）如果模块没有成功地接收到地址，绿灯和黄色的（Download 下载）灯都会闪烁。

① 如果在传输地址的时候，"菊花链"输入针保持在高（断路）状态，绿色的运行灯和黄色的下载灯会一起闪烁（显示屏会显示警告"Daisy-Chain failure-high input"，"菊花链"失效-高输入）。

② 如果在传输地址的时候，"菊花链"输入针保持在低（短路）状态，绿色的运行灯和黄色的下载灯会交替闪烁（显示屏会显示警告"Daisy-Chain failure-low input"，菊花链"失效-低输入）。

③ 如果在接收地址的时候"菊花链"输入针发生通信错误，绿色的运行灯会保持开启，黄色的下载灯会闪烁（显示屏会显示警告"Daisy-Chain communication failure"，"菊花链"通信错误）。

（3）当某一个模块指示"菊花链"错误，每一个有更高地址的模块也将指示"Daisy-Chain failure-high input"，"菊花链"失效-高输入。

（4）如果具有最高网络地址的网络末端模块成功地从"菊花链"输入针得到网络地址，那么其他地模块也会得到正确的地址。

（5）如果某个模块在启动的时候成功地从"菊花链"输入针得到地址，而得到的地址与内部存储的地址不匹配，显示屏会显示警告"地址改变（新模块或模块移动）"。因为新的地址会替换原来的地址，再启动的时候不会再显示这样的警告。当网络中的模块互换或更换新模块的时候会出现该警告。该警告不代表错误，除非没有模块互换或增加。

（6）当模块建立其地址之后，将会检验模块的类型是否与车辆匹配（输入/输出和模拟/数字）。如果模块类型错误，显示屏会显示"模块类型不正确"的警告。

学习项目二 PGM-48 型钢轨打磨列车计算机控制系统

一、PGM-48 型钢轨打磨列车计算机控制系统的组成

PGM-48 型钢轨打磨列车计算机系统包括 5 台主机（1、3 号车各两台，2 号车一台）、分控模块（数字输入模块、数字输出模块、模拟输入模块）、L-BUS 和扩展模块、集线器、配电模块、网络终端等。1、3 号车的计算机控制系统相同，2 号车的计算机控制系统没有走行控制系统，因此只有一台操作计算机。整车计算机控制结构如图 3-13 所示。

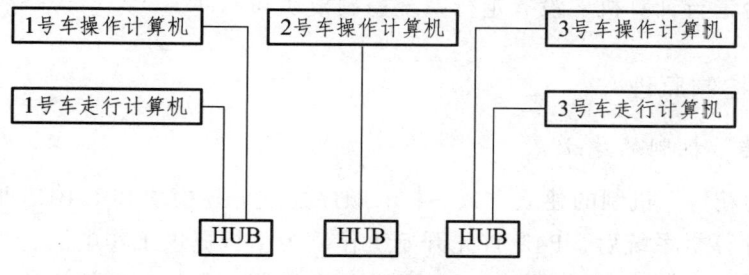

图 3-13 PGM-48 型钢轨打磨列车计算机控制结构

5台计算机通过3个集线器（HUB）连接，实现了小型局域网络的构建，通过软件程序设计，可以实现走行：1、3号车任意一端可以控制另一端计算机，实现远程控制；并可实现操作：3台车均可以通过远程控制实现在一台车操作计算机上对全车操作计算机的控制。走行计算机没有直接接入CAN网络，所以走行控制需要1、3号车操作计算机的协助，才能实现走行控制，如图3-14所示。

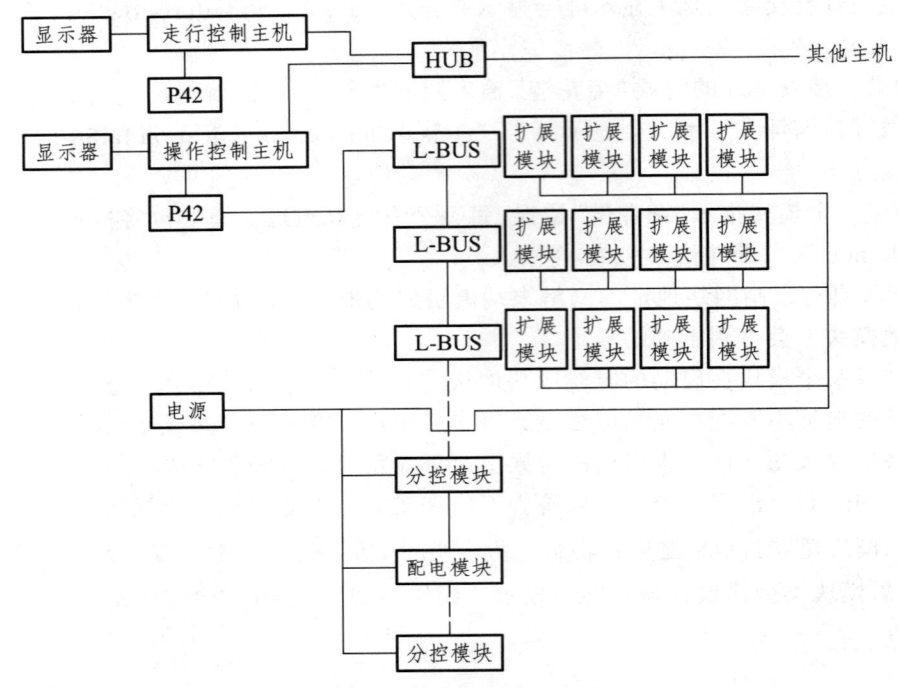

图3-14 钢轨打磨列车单车系统组成

在图3-14中，1、3号车结构相同，都有两台主机（一台走行控制主机，一台操作控制主机），两个P42分别给两台主机供电，同时与操作计算机相连的P42还担负着建立"菊花链"机制的功用，HUB为网络集线器，因为两台主机还要和其他主机相连，构成整列车计算机控制系统，所以在这里加装了网络集线器，以保证系统连接。各个扩展模块和分控模块与各传感器、开关、电磁线圈等连接，实现其数据通信。L-BUS模块将扩展模块的数据收集（或分配），通过CAN网络与主机实现通信。电源为各个模块提供工作电源。

2号车的结构与1、3号车不同，只有一台操作计算机，因为2号车是从动车，因此在结构上少了一台走行计算机，没有走行系统控制模块和元件。

二、系统控制原理

1."菊花链"机制的建立

每节车"菊花链"机制的建立方式一样，顺序建立分控模块和L-BUS地址，并在终端结束。当开启计算机系统后，P42首先开始工作，为主机提供工作电源，主机开始运转，同时与操作计算机连接的P42开始建立"菊花链"机制，为每个分控模块建立网络中的网络地址。各个分控模块在系统启动时，通过供电电源供电，开始工作，首先2号L-BUS模块接收与操作计算机连接的P42所建立的网络地址，同时将网络地址加1后传输到3号L-BUS模块，3号L-BUS模块接收2号L-BUS模块所传输的地址后，将网络地址加1后，传输到下一个分控模块，依次顺序进行，一直到最后一个分控模块。最后一个分控模块建立网络地址后，通过输出端口连接的网络终端，结束网络地址的顺延，同时将结束信号通过所建立的网络顺序传输到P42中，从而建立起整个"菊花链"机制。

2. 系统的运行

当"菊花链"成功建立后，各个分控模块开始工作，根据模块类型的不同，分别负责发送各个数据到所连接的元件或接收元件所反馈的各种信号数据，各个模块之间的连接通过网络线实现。主机将输出信号的数据传输给P42，P42将根据网络地址通过网络传送到该地址的模块（主要指数字输出模块），模块接收主机通过网络发送过来的信号数据后，将信号数据通过对应通道发送到所连接的元器件上。各模块接收到所连接元器件的信号数据后（主要指数字输入模块和模拟输入模块），将信号数据通过网络传送到P42，P42根据网络地址信息确定数据来源，并将数据传输给主机，主机通过内部处理，将信息最终显示在显示屏上，供操作人员监控。在这里，L-BUS模块只是将扩展模块得到的反馈信号传入网络，或将主机分配给该地址的控制信号，分配给相关扩展模块，通过扩展模块将信号数据发送到对应元器件上。

三、计算机控制系统的作用

（1）Jupiter2000计算机控制系统可以完成钢轨打磨列车的大部分工作，通过触摸显示器进行手动、自动控制。

触摸屏显示器可以显示打磨车行驶、打磨时的运行信息和钢轨打磨功能。通过屏幕还可以控制、校准部分钢轨打磨功能，并显示诊断信息。触摸屏显示器随着计算机开启而开启，当按下某个功能按钮的时候，按钮就会亮起（黄色）；当没有按下的时候，按钮会熄灭（灰色）。

（2）Jupiter2000计算机控制系统还具有对电器系统和电器部件的故障诊断功能。当计算机在钢轨打磨车Jupiter网络上探测到故障时，会发出警告，并在计算机显示器的警告面板中显示出来，帮助操作人员查找故障原因和处理方法。在Jupiter诊断屏幕上不能检查所有的元器件和系统。

［例1］如果出现"水箱空"的警告信息时，首先要检查水箱的水位。如果水箱有水，就从诊断屏幕检查短路、开路、电压故障等。

［例2］如果"检测到输出模块开路"的警告信息出现时。首先检查警告屏幕，判断哪个模块开路，是什么原因引起模块开路。大多数情况下，故障发生时，可以通过诊断屏幕来检查，网络诊断屏幕会自动显示在显示屏上。操作员可以选择查看发生故障模块的详细信息，判断哪里发生开路。

主机配有闪存卡,存储着操作系统、所有的应用程序和数据文件(打磨方式等)。对于打磨车来说,如果计算机出现故障,可以把闪存卡拿出来安装到新的主机上,闪存卡也允许很容易地安装新的软件到现有的计算机上或者通过存储卡在新的计算机上安装程序。启动计算机,存储卡内的程序会自动安装。

如果是原来的存储卡,那么原有版本的软件和以前存在的数据文件都会被重新安装;如果安装了带有新软件的不同的存储卡,则新软件会被安装,所有的数据文件会变为默认设定;如果安装了新版本软件,确认记录下软件的版本信息。

学习项目三　计算机控制操作

一、走行计算机控制

走行计算机主屏如图 3-15 所示。

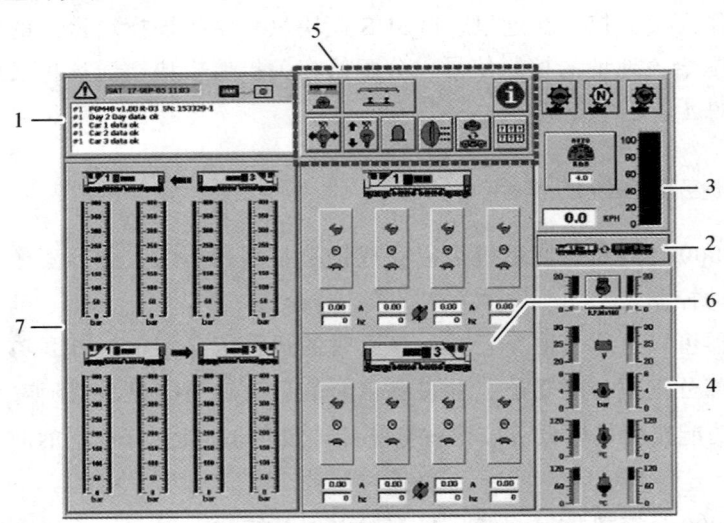

图 3-15　走行计算机主屏显示

1—警报面板;2—车组控制按钮;3—速度/换档面板;4—主发动机信息面板;5—工具条面板;
6—1、3 号车齿轮箱状态面板;7—驱动马达压力面板

1. 警报面板

计算机通过警报面板提供给司机警报信息和当前时间。新的警报信息出现在面板的底部且旧的警报信息从警报面板顶部切换掉。每一个信息都由车号 1、2、3 组成,如图 3-16 所示。触摸警报控制板,面板可以扩大显示所有从计算机开机就发生的警报信息,并且可以切换显示语言,把英语显示切换为汉语显示。通过扩大的警报面板,还可以调整时间等。

图 3-16　警报控制板

2. 车组控制按钮

司机主屏的车组控制按钮仅显示 1 号车和 3 号车，2 号车没有显示，是因为 2 号车是从动车。车组控制按钮是用来从一端车转移到另一端车的控制。当两个驾驶室都没有取得车组控制权时，车组控制按钮是灰色的，此时所有的走行和打磨功能都是不可用的；当一个驾驶室取得车组控制权时，车组控制按钮的控制车图标会明亮，如图 3-17 所示。

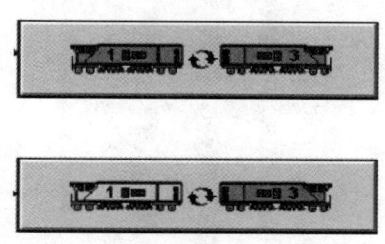

图 3-17　车组控制按钮

在同一时间内，仅有一个驾驶室可以控制车组。当另一驾驶室司机需要控制车组时，警报信息会显示在当前控制车的警报控制板中，短暂的延迟时间后，控制权会让给需要控制权的司机。如果当前有控制权的司机在这段短暂的延迟时间内按车组控制按钮，则会保持控制，并且将拒绝的原因显示在需要控制权的司机位的警报控制板上。

3. 速度/换档面板

图 3-18 是速度/换档面板。档位选择按钮用来把激活的齿轮箱切换成想要的速度范围，如空档、低档或高档。钢轨打磨车必须在完全停下后才可以换档。要换档，按需要的档位选择按钮，图标会闪亮，直到所有变速箱都已切换，档位选择按钮图标会明亮。

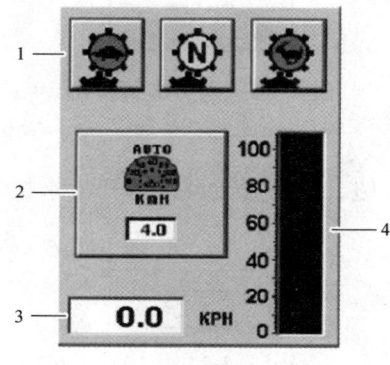

图 3-18　速度/换档面板

1—档位选择按钮；2—打磨恒速控制按钮；3—打磨车速度；4—滑动条，显示打磨车速度打磨恒速控制按钮仅为打磨作业设置，用来预设和取消打磨速度。按打磨恒速按钮设定打磨恒定速度，再次按下按钮则取消设定值。设定的打磨恒定速度在方框中显示。

4. 主发动机信息面板

主发动机信息面板如图 3-19 所示，左边的滑动条显示的是 1 号车的发动机信息，右边显示的是 3 号车的发动机信息。

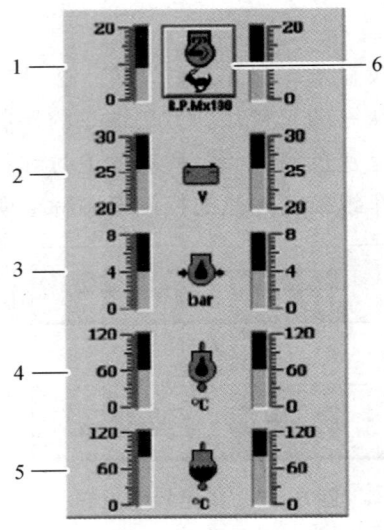

图 3-19　主发动机信息面板
1—发动机转速；2—发动机电池；3—发动机油压；4—发动机油温；
5—发动机冷却液温度；6—发动机转速按钮

5. 工具条面板

（1）消防水泵按钮。

图 3-20 是消防水泵按钮，用来打开 2 号车上的消防水泵，具体内容参考单元八供水系统。

图 3-20　消防水泵按钮

（2）喷水控制面板按钮。

图 3-21 是喷水控制面板按钮，按此按钮可以打开喷水控制面板，具体内容参考单元八供水系统。

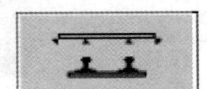

图 3-21　喷水控制面板按钮

（3）帮助按钮。

按帮助按钮则显示帮助面板，如图 3-22 所示。地球图标用于从英语到汉语的切换。

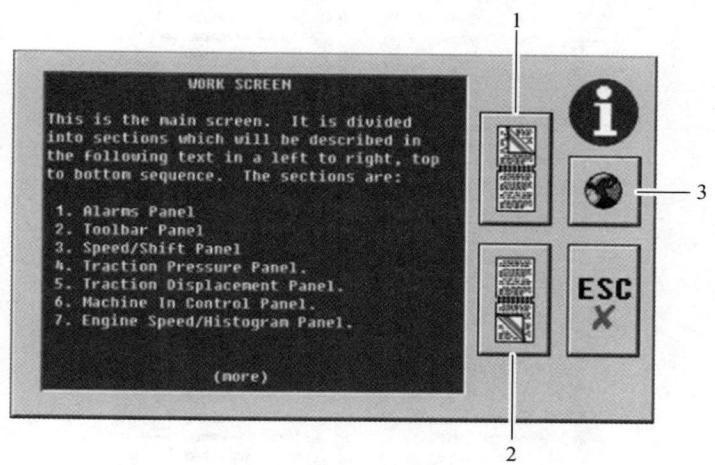

图 3-22　帮助面板

1—上一页；2—下一页；3—地球图标

（4）灯开关（见图 3-23）。

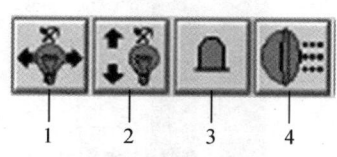

图 3-23　灯开关

1—侧面工作灯开关；2—前后工作灯开关；3—探照灯开关；4—头灯开关

（5）打磨/走行按钮。

打磨/走行按钮用来切换走行显示面板和打磨显示面板，如图 3-24 所示。其中，打磨显示面板右侧如图 3-25 所示，左侧如图 3-26 所示。

司机的打磨显示面板类似于打磨操作者的电机控制面板。

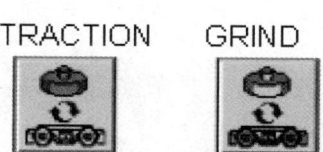

图 3-24　打磨/走行按钮

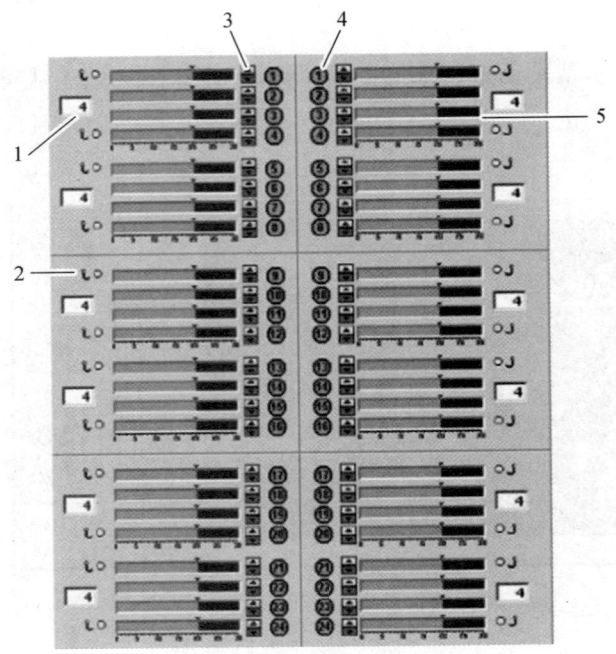

图 3-25 打磨显示面板-右侧

1—模式号；2—小车锁显示器；3—打磨电机上/下显示器；
4—打磨电机开/关显示器；5—打磨电机功率滑条

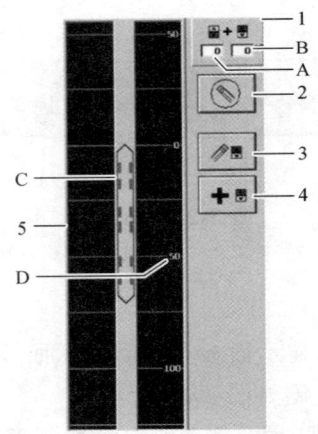

图 3-26 打磨显示面板-左侧

1—通过点面板；2—删除所有记录按钮；3—清除上次记忆按钮；4—增加新的记忆点；5—打磨区域面板

（6）混合工具条按钮。

图 3-27 为混合工具条按钮，按混合工具条按钮，将显示调试和诊断面板。调试和诊断面板内容参考说明书。

图 3-27 混合工具条按钮

6.1、3号车齿轮箱状态面板

1、3号车齿轮箱状态面板如图3-28所示,该面板上半部分显示的是1号车上的齿轮箱的状态,下半部分显示的是3号车上的齿轮箱的状态。1号车和3号车每个图标下有4个齿轮箱,4个状态图标显示的是齿轮箱上的接近开关检测到的档位信息,齿轮箱状态有:高速(兔子)、空档(N)、低速档(乌龟)3种状态。每个齿轮箱状态框下面是走行马达排量电流信息框,走行马达排量电流信息框显示解码器频率信息框。点击面板上任意位置,打开齿轮箱超越面板,如图3-29所示。

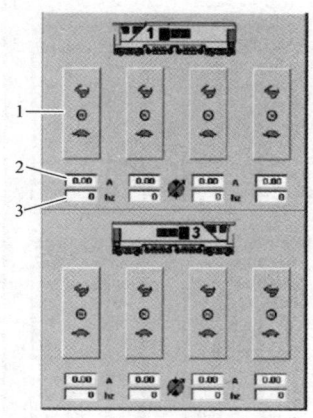

图 3-28 1、3号车齿轮箱状态面板
1—4个齿轮箱;2—电流;3—频率

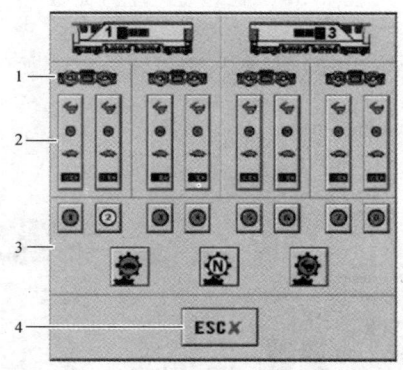

图 3-29 齿轮箱超越面板
1—转向架状态;2—齿轮箱状态按钮;3—档位选择;4—退出

齿轮箱超越面板中,显示在每辆车下面的两个转向架图标显示齿轮箱是否启用,高亮显示的车轮图标表示齿轮箱启用,灰色显示的齿轮箱表示齿轮箱未启用。每个车轮图标下面是齿轮箱状态按钮,这些按钮显示齿轮箱上接近开关的状态,以及控制齿轮箱的 DLC 的状态。点击齿轮箱状态按钮来启用或停用齿轮箱,停用的齿轮箱会处于离线状态,并保持在空档位。该齿轮箱超越面板部分显示的8个按钮,每个对应一个齿轮箱,每个还显示有3个齿轮选择按钮:低速档(乌龟)、空档(N)和高速档(兔子)。要手动换档,首先选定8个齿轮箱选定按钮中的一个,编号按钮会高亮显示,齿轮选定按钮就启用了,通过

049

点击齿轮箱选择按钮来进行齿轮箱的换档,齿轮图标就会高亮显示。点击退出按钮,关闭该面板并将控制权交回速度/换档面板。

7. 驱动马达压力面板

驱动马达压力面板如图 3-30 所示。该面板上半部分显示向前的驱动压力(1号车打头),下半部分显示向后的驱动压力(3号车打头)。驱动压力显示在每个轴的滑动条上。在该面板上点击任意位置开启泵排量面板。

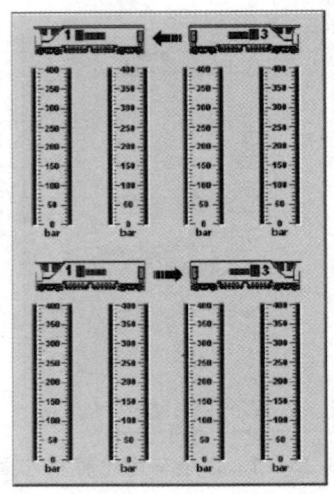

图 3-30　驱动马达压力面板

二、打磨操作计算机控制

打磨操作计算机主屏显示如图 3-31 所示。

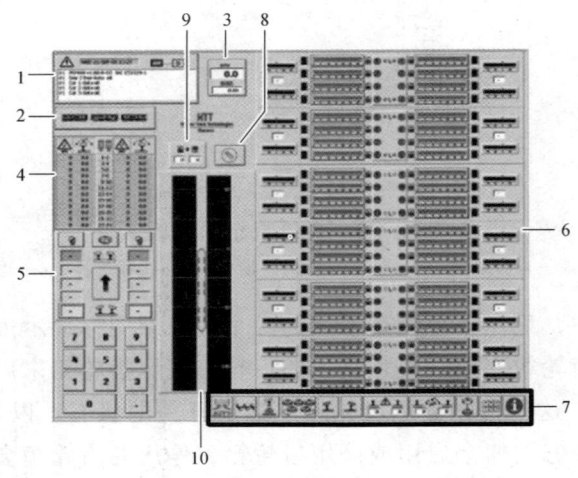

图 3-31　操作计算机主屏显示

1—警报面板；2—控制权按钮；3—速度表/里程表；4—模式信息表；5—模式控制面板；
6—马达控制面板；7—工具条按钮；8—擦除所有按钮；
9—打磨遍数面板；10—打磨区域面板

1. 警报面板

计算机通过警报面板提供警报信息和当前时间给操作员，新警报信息出现在信息面板的底部，旧的信息会滚动到上一行，并随时间推移逐渐变成灰色。每个警报信息都包含有车号信息，表示激活警报的车号。点击该警报信息来扩展该信息面板，扩展的警报面板如图 3-32 所示。

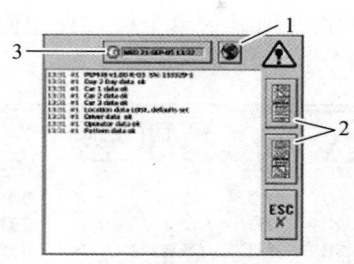

图 3-32　扩展警报面板

1—地球图标；2—向上向下翻页键；3—时间栏按钮

扩展警报面板显示自从系统开启后所有发生的警报信息、发生警报的时间、发生警报的车编号以及报警信息，操作员可以使用向上向下翻页键查看所有的警报信息；点击地球图标来更改显示的语言，再次点击能切换中英文；警报扩展面板上显示有时间栏按钮，要设定计算机时间，点击该按钮开启设定时钟面板；点击退出按钮来关闭警报扩展面板。

2. 控制权按钮

打磨列车编组中，每车都已经编号，分别为 1 号车、2 号车、3 号车。在 1 号车、2 号车和 3 号车上都有打磨操作计算机，故三节车的打磨操作者均有车辆控制权，操作方法和走行计算机控制权的获得一样。

3. 速度表/里程表

速度表/里程表面板如图 3-33 所示，顶部的信息框以千米每小时为单位显示打磨车的速度；底部的信息框要么显示打磨车的里程，要么以千米为单位显示公里标位置。打磨车的里程表显示的值随着打磨车的移动而变化，操作员无法改变这个值。无论选定了哪个值，打磨车的里程和打磨车的位置都会由计算机系统进行更新，点击速度表/里程表面板显示速度菜单面板。

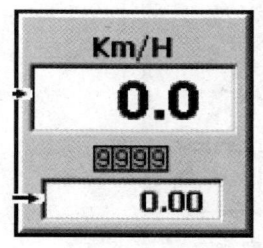 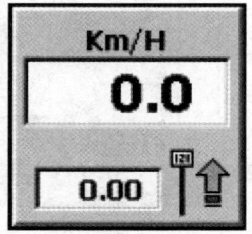

图 3-33　速度表/里程表面板

4. 模式信息表

模式信息表如图 3-34 所示，显示下一组打磨模式的相关信息和左右轨的情况。模式信息表被分为两半，显示两侧的打磨砂轮信息，每两个打磨砂轮显示一组信息，分为左右侧单独显示。该面板上的信息按照车辆及操作员的视角显示，打磨头的编号从 1 至 24，分为左右侧，从打磨列车前至后。模式信息表显示如下信息：打磨马达功率（kW）、打磨马达角度（°）。点击模式信息表上任意处则显示单个模式设定面板，该面板可以设定新的打磨模式或者修订已存在的打磨模式。

KW	n°		KW	n°
0	0.0	1-2	0	0.0
0	0.0	3-4	0	0.0
0	0.0	5-6	0	0.0
0	0.0	7-8	0	0.0
0	0.0	9-10	0	0.0
0	0.0	11-12	0	0.0
0	0.0	13-14	0	0.0
0	0.0	15-16	0	0.0
0	0.0	17-18	0	0.0
0	0.0	19-20	0	0.0
0	0.0	21-22	0	0.0
0	0.0	23-24	0	0.0

图 3-34　模式信息表

5. 模式控制面板

模式控制面板如图 3-35 所示，有 3 个不同的模式状态，即当前模式、模式队列、即将使用模式。

在顺序打磨开始的时候，驾驶员在起始点点击左侧和/或右侧 PASS 开关（障碍跳跃按钮），当第一对打磨马达接触到目标打磨起始点的钢轨时，打磨就开始了，剩下的打磨头会在同一位置按顺序放下打磨头，模式队列中顶部的模式编号会移动到当前的打磨模式框中，即将使用的打磨模式框中的模式才能移动到模式队列中。

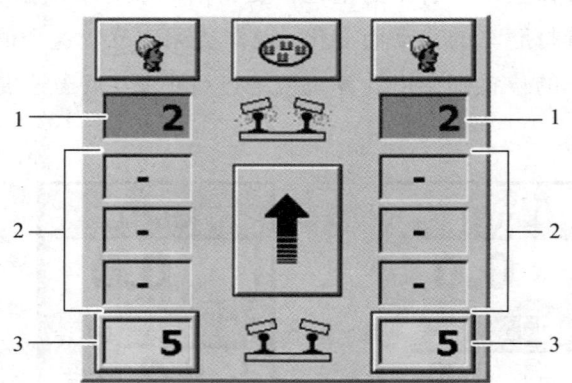

图 3-35　模式控制面板

1—当前模式；2—模式队列；3—即将使用模式

驾驶员可以使用左侧和/或右侧的 PASS 开关来提起或降下工作头，如通过道岔、交道口等设施，当起始点进入到操作员的视线中时，就是点击左侧或右侧的 PASS 的时候，当第一对打磨头到达障碍点时会自动提起，其他的工作头也会在该点依次提起。当障碍区域的终点进入到操作员的视线时，点击左侧和/或右侧的 PASS 开关，当第一对打磨头通过障碍区域后，会自动放下继续打磨，其他的打磨头也会在通过终点后按顺序自动放下。

要在打磨过程中变更打磨模式，驾驶员使用左侧和/或右侧模式转换按钮，当要变更打磨方式的点进入到操作员的视线时，点击左侧和/或右侧的模式转换按钮，当第一对打磨头到达期望点时，会立刻开始变更角度及横移量到达新模式参数要求的值，打磨模式队列也会做相应变更，其他的打磨头都会在该处按顺序调整。与此同时，顶部的在模式队列框中的参数会移动到当前模式框内，打磨就会以当前参数进行打磨，依次类推，所有的下一个打磨模式队列都会向上移动一行。

在打磨结束前，当结束点进入到操作员视线以后，驾驶员点击左侧和/或右侧的障碍跳跃按钮，当第一对打磨砂轮到达结束点时，会自动收回，其他的打磨砂轮也会自动按顺序依次收回。点击模式控制面板上的模式组设定按钮来显示模式组设定面板。

6. 马达控制面板

马达控制面板如图 3-36 所示。

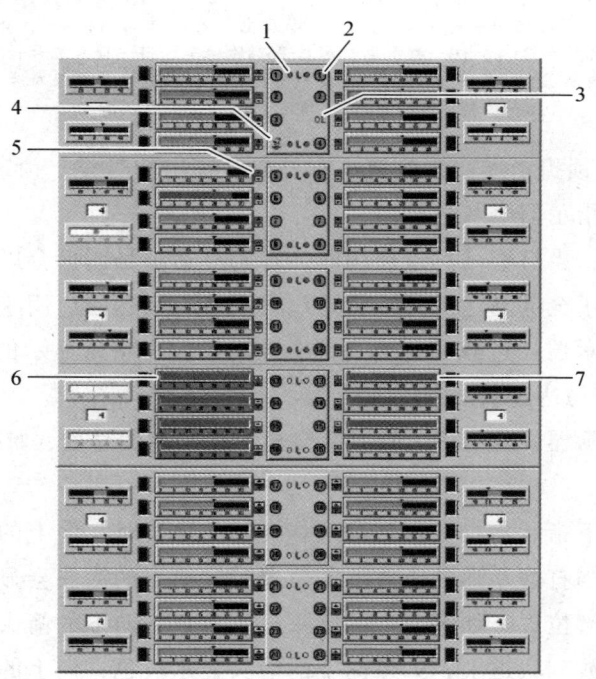

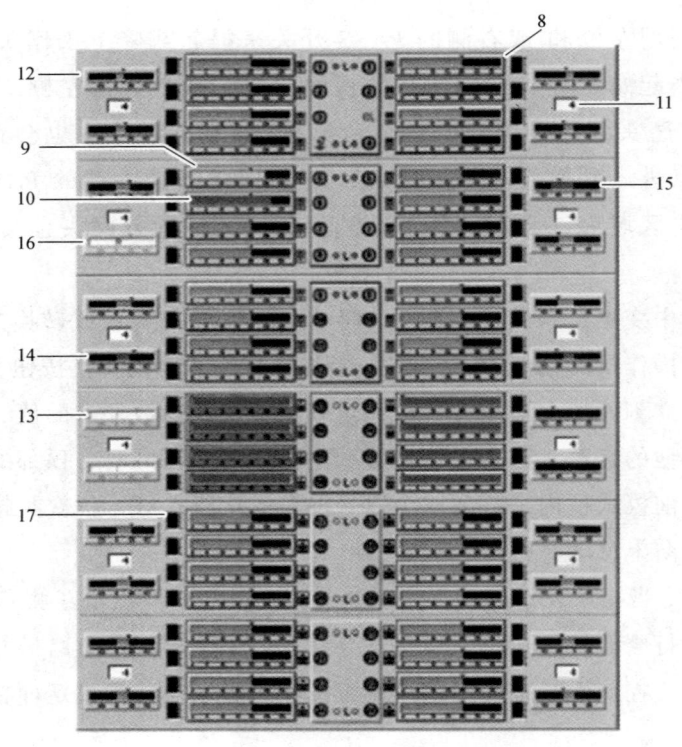

图 3-36 马达控制面板

1—打磨小车锁定/解锁指示器；2—打磨马达指示器；3—打磨马达过载指示器；4—打磨马达短路指示器；5—打磨马达向上向下指示器；6—停用打磨电机；7—打磨电机启用/未启用；8—打磨电机启动和目标功率；9—打磨电机低于目标功率25%；10—打磨电机超过25%的功率；11—模式编号；12—偏转电机开启；13—偏转电机关闭；14—偏转电机角度调整；15—偏转角度偏离目标角度±10°；16—偏转电机关闭/错误角度；17—磨石消耗滑动条

打磨小车锁定/解锁指示器：当打磨小车提起并锁定的时候，锁定指示器会高亮显示，打磨小车未锁定时，指示器会灰色显示。

打磨马达指示器：当打磨马达未启用时，打磨马达编号图标会以灰色显示，启动马达后会以绿色显示，使用全部马达工具按钮可以实现所有马达的启用/停用。

打磨马达过载指示器：过载的打磨马达会在马达编号正常显示的位置显示"OL"，如图 3-36 所示右侧 3 号马达过载。

打磨马达短路指示器：短路马达的图标会显示在马达编号处，如图 3-36 所示 4 号打磨马达显示短路。

打磨马达向上向下指示器：当打磨马达在提起的位置时，向上的箭头指示黄色，向下的箭头会显示灰色；当打磨马达处于放下的位置时，向下的箭头会显示黄色，向上的箭头会显示灰色，处于打磨位置。如果向上的箭头显示黄色，向下的箭头显示蓝色，表示打磨马达正按照顺序依次放到轨道上；如果向下的箭头显示黄色，向上的箭头显示蓝色，表示打磨马达正依次提起。

停用打磨电机：当打磨电机停用后，打磨电机的滑动条/按钮会变成灰色。如图 3-36

所示打磨电机#13、#14、#15 和#16 左侧显示为停用状态，可以使用所有打磨电机启用/停用按钮来操作所有的打磨电机。

打磨电机启用/未启用：打磨电机启用后，由于一些原因，如未设定打磨模式，或者用打磨电机功率滑动条停用了打磨电机，如图 3-36 所示#13、#14、#15 和#16 右侧打磨电机。

打磨电机启动和目标功率：当打磨电机启用后，达到目标打磨功率，打磨电机滑动条会变成绿色。大多数这个面板上的电机显示为启动并处于目标功率。

打磨电机低于目标功率 25%：打磨电机的实际功率低于设定目标功率 25%时，功率条会变成黄色，如图 3-36 所示，左侧 5 号打磨电机低于目标功率 25%。

打磨电机超过 25%的功率：当打磨电机的实际功率超过设定目标功率的 25%时，打磨电机滑动条会变红色。如图 3-36 所示，左侧#6 打磨电机超过了 25%的设定功率。

模式编号：当前打磨模式信息显示在模式编号框内。

偏转电机开启：在偏转电机开启的时候，打磨电机向设定的角度偏转，角度滑动条会变成绿色，偏转电机的开启和关闭由全部电机工具条按钮控制。

偏转电机关闭：打磨电机关闭状态时，电机角度滑动条会变成灰色，如图 3-36 所示，左侧的偏转电机 13、14、15、16 号显示为关闭状态。

偏转电机角度调整：当打磨电机角度处于调整状态时，所对应的打磨电机角度滑动条会显示蓝色，如图 3-36 所示，左侧 11 和 12 号打磨电机处于调整角度状态。

偏转角度偏离目标角度±10°：当打磨电机在一定时间内角度偏转未达到目标值，偏离目标角度超过±10°，打磨电机角度滑动条会显示红色。如图 3-36 所示，右侧 5 和 6 号电机显示偏离目标角度 10°以上。

偏转电机关闭/错误角度：偏转电机无法操作是有可能被停用的，其原因可能是偏转电机故障、损坏或短路等，打磨电机滑动条会显示黄色，使用所有的电机工具条按钮关闭偏转电机。

磨石消耗滑动条：每个磨石都有一个滑动条显示磨石消耗情况。

7. 工具条按钮

工具体的内容如图 3-37 所示。

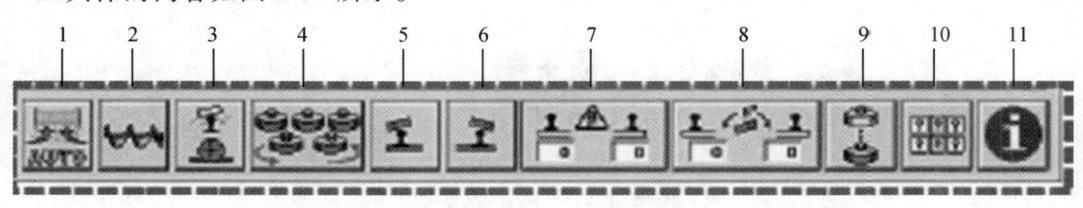

图 3-37　工具条

1—集尘器方式和诊断按钮；2—集尘器清理螺旋按钮；3—液压打磨系统按钮；4—所有电机控制按钮；
5—左侧打磨开启/关闭按钮；6—右侧打磨开启/关闭按钮；7—功率超驰按钮；8—最大角度按钮；
9—打磨电机启用/停用按钮；10—多功能工具条按钮；11—帮助按钮

PGM-48 打磨列车每节车上有两个集尘器，点击集尘器方式和诊断按钮来显示对应面板，当"AUTO"高亮显示在该按钮上时，表示集尘器处于自动模式。

如果集尘器开启了，集尘方式和集尘螺旋就会响应工作；如果集尘系统未开启，集尘器和集尘清理螺旋就不会启动，但是可以实现手动启动。点击集尘器清理螺旋按钮来手动启动清理，再次点击该按钮停止转动清理螺旋。

点击液压打磨系统按钮来显示液压打磨系统泵面板。每一节车都有一个液压打磨系统。

点击所有电机控制按钮显示所有电机的开启/关闭面板。所有打磨电机开启/关闭面板用来开启或关闭所有启用的打磨电机。

左侧打磨开启/关闭按钮用来开启或关闭左侧的打磨电机，点击该按钮关闭左侧的打磨电机，再次点击能开启左侧的打磨电机。

右侧打磨开启/关闭按钮用来开启/关闭右侧的打磨电机，再次点击该按钮可以重新开启右侧的电机。

点击功率超驰按钮来显示功率超驰面板。功率超驰面板用来设定单侧或两侧的打磨电机的超驰功率。

点击最大角度按钮来显示最大角度面板。最大角度面板用来设定打磨角度的最大值，这个功能用来设定需要的打磨角度限度。

点击打磨电机启用/停用按钮来显示打磨电机启用/停用面板。打磨电机启用/停用面板有两个主要功能：一是提供启用/停用单个打磨电机的方法，二是关闭/开启单个偏转电机。

点击多功能工具条按钮用来打开标定和诊断面板。

点击帮助按钮显示帮助面板，帮助面板显示当前面板的帮助文本信息，使用向上翻页和向下翻页键可查看帮助信息。

8. 打磨遍数面板

每次按下 PASS 开关，打磨电机放到钢轨上开始打磨，打磨遍数计数器就在该框（1）内显示打磨次数。每次按下 PASS 开关提起打磨电机，计数器都会在记录框（2）显示计数值，如图 3-38 所示。

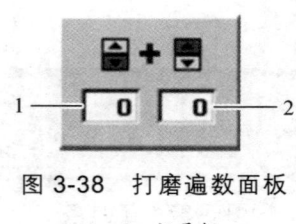

图 3-38 打磨遍数面板

1，2—记录框

复习思考题

（1）简述 Jupiter2000 计算机控制系统的组成元件及功用。
（2）"菊花链"机制的工作原理是什么？
（3）简述 PGM-48 型钢轨打磨列车计算机系统的控制原理。
（4）举例说明 Jupiter2000 计算机控制系统的故障诊断功能。
（5）走行计算机主界面上各图标的含义是什么？
（6）打磨计算机主界面上各图标的含义是什么？

单元四　动力传动与走行系统

【知识目标】

（1）了解发动机的型号及具体参数。
（2）了解发动机控制面板上的参数及其含义。
（3）掌握主发动机和辅助发动机的动力传输路线。
（4）掌握 PGM-48 型钢轨打磨列车走行系统的构成和工作原理。
（5）熟练掌握分动齿轮箱和车轴齿轮箱的结构及工作原理。

【能力目标】

（1）能够准确指认 PGM-48 型钢轨打磨列车动力传动及走行系统的各主要组成部件。
（2）能够对 PGM-48 型钢轨打磨列车动力传动及走行系统进行日常检查维护。
（3）明确分动齿轮箱、车轴齿轮箱的结构及工作原理。

PGM-48 型钢轨打磨列车采用柴油发动机作为走行驱动和打磨作业的动力源，发动机的动力经传动系统输出到各工作部分，实现其正常工作。打磨列车动力输出方式主要以液压和电力驱动两种方式为主。打磨列车的走行系统采用液压驱动，而打磨列车的打磨作业、部分工作装置采用液压传动，其他工作装置采用电力驱动的方式。

学习项目一　动力传动

一、发动机

PGM-48 型钢轨打磨列车采用三台发动机为走行和作业系统提供动力，分别为：
（1）两台主发动机，采用康明斯 KTA38 型柴油发动机，其具体参数如下。
发动机功率：1 007 kW，对应转速 1 800 r/min。
工作运转方式：怠速（900±15）r/min、高速（1 800±15）r/min。
工作缸数：12 缸，涡轮增压发动机。
冷却方式：水冷。
功用：两台主发动机主要驱动主发电机和走行液压泵，以提供作业装置所需的电能和走行所需的液压能，为整车的作业和运行提供动力，是线路打磨列车的主要动力来源。

图 4-1 主发动机控制面板

1—预警指示灯；2—关机指示灯；3—灯试验开关；4—蓄电池电压表；5—发动机转速；6—发动机油温表；7—发动机油压表；8—发动机冷却温度表；9—发动机小时表；10—急速/高速开关；11—曲轴开关；12—关/高速/启机开关；13—电路开关

图 4-1 为主发动机的控制面板。当发动机出现油压低、发动机温度高、水温低的问题时，黄色预警指示灯 1 会闪亮。当发动机超速、油压低、冷却液温度高或液位低、远程停机（在司机驾驶控制面板上的发动机紧急停止开关或发动机关机上的开关被推进去）时，黄色关机指示灯 2 会闪亮，并且发动机自动停机。灯试验开关 3 用来检查或确保所有预警指示灯和关机指示灯正常工作。试验指示灯开关向上移动，所有指示灯都该闪亮。如果任何指示灯都不亮，说明 LED 指示灯被烧毁，必须修理或换新指示灯。发动机小时表 9 显示发动机的总转数。在钢轨打磨列车的使用中，急速/高速开关 10 总是设置到急速位置，发动机会以急速（大约 900 r/min）启动并运转，在司机位的计算机触摸屏上按主发动机急速/高速按钮以提升发动机转速到 1 800 r/min，再一次按主发动机急速/高速按钮把发动机转速降到 900 r/min。关机/高速/启机开关 11 和曲轴开关 12 用来启动、高速运转和停止主发动机，启动发动机时要扳动且按住关机/高速/启机开关在启机位置，向上扳动曲轴开关合上发动机的启机启动器，发动机一启机，松开曲轴开关，继续在启机位置按住发动机关机/高速/启机开关直到启机后，发动机油压表 7 显示 48～68 kPa，这需要 5～10 s，如果发动机油压表压力在 10 s 内升不到 48～68 kPa，把关机/高速/启机开关移动到停机位置立即停下发动机。确定没油压的原因，在尝试重启前应解决这个问题（注意：不要一次运行启动器马达超过 30 s，这样做会让启动器超温。如果发动机第一次没有启动，再一次尝试前至少要等 2 min。如果发动机三次尝试后都没启动，则查看发动机手册进行故障排除）。电路

开关 13 给发动机控制面板部件提供保护。如果电路开关跳断，向里推进去重新设置，如果继续跳断，则需要检查主发动机控制面板是否有电子短路或出错部件。

PGM-48 型钢轨打磨列车的 1 号车和 3 号车的车架下，各安装有一个 3 400 L 的燃油箱。打磨列车内安装有一个日燃油箱，如图 4-2 所示，燃油从日燃油箱 1 流向主发动机。燃油关闭阀 2 能用来在更换滤芯时关掉向主发动机的燃油供应。旋转阀手柄垂直于阀体为关掉燃油供应，旋转手柄平行于阀体为开启燃油供应。在启动发动机前，要确保燃油关闭阀是开着的。

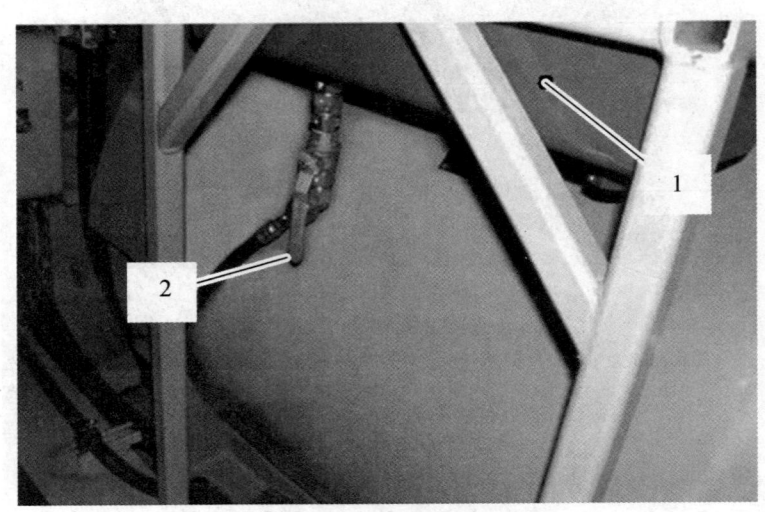

图 4-2 日燃油箱
1—日燃油箱；2—燃油关闭阀

（2）一台辅助发电机组，采用康明斯 NTA855 型发动机，其具体参数如下。

发动机功率：85 kW。

工作运转方式：高速（1 500 ± 15）r/min。

工作缸数：6 缸，涡轮增压发动机。

冷却方式：水冷。

功用：辅助发电机组由发动机和发电机及电气控制系统组成，发电机组最大功率为 85 kW，为全车提供 380 V 和 220 V 交流电，以满足走行和作业所需；同时，提供生活用电，满足车内生活设施的用电需求。

图 4-3 为辅助发电机组的控制面板。阅读辅助发电机组运转手册可以详细了解其运转说明。

在打磨车保养、校正工作或任何需要由外接电源取电时，通常是由辅助发电机提供 380/220 V 的电源。例如，由辅助发电机供电的电路有：空调、加热器、电灯、输出电等。在 2 号车的尾部附近有一个外接电源控制盒，如图 4-4 所示。外接电源控制盒用来接通从辅助发电机到外接电源的供电。开关杆是三位开关：钢轨打磨列车运转时开关杆在上位，辅助发电机给电路供电，中心位置是关的位置，下位在连上外接电源时使用。

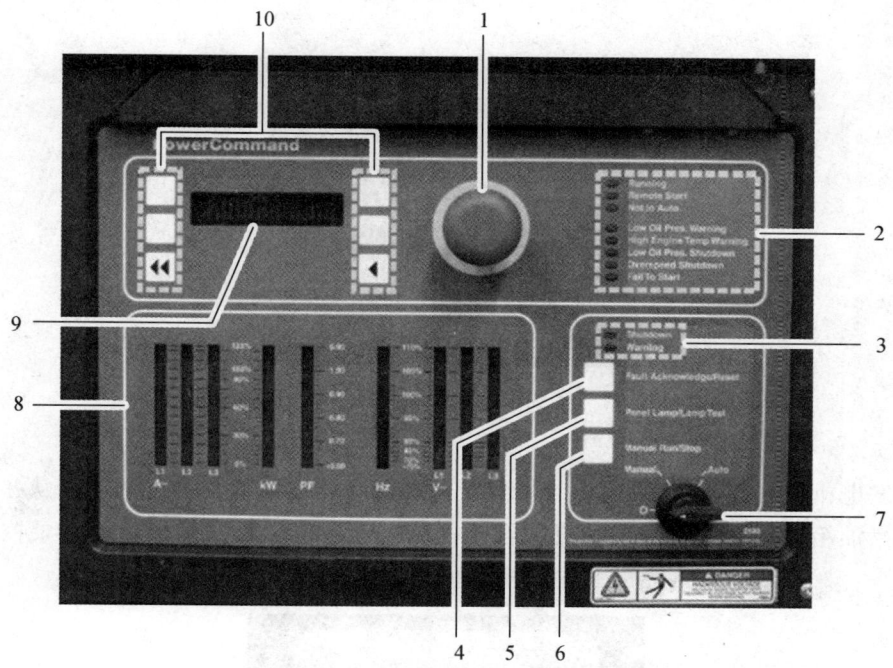

图 4-3 辅助发电机组控制面板

1—紧急停机按钮；2—运转显示器；3—关机和警告显示器；4—错误信息/重新设置按钮；5—面板灯和灯试验按钮；6—手动/停机按钮；7—关/手动/自动开关；8—模拟交流仪表面板；9—数字显示

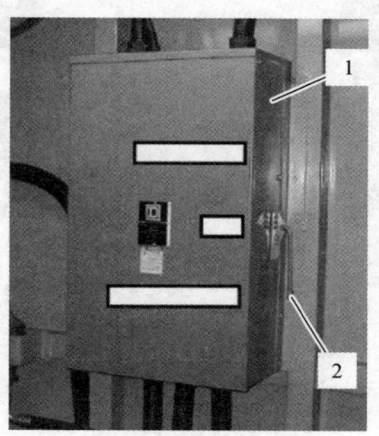

图 4-4 外接电源控制盒

1—外接电源控制盒；2—开关杆

在把钢轨打磨列车连接到外接电源前，一定要确保计算机、主发动机和辅助发电机组关机。然后把开关杆扳到关的位置，再把外接电源线连到其中的一个外接接头，如图 4-5 所示，其位于 2 号车的左或右边，靠近车尾部。接着把开关杆扳到外接电源位置以给外接电源供电。外接电源用完后，把开关杆扳到关的位置，断开外接电源线和外接接头的连接。最后把开关杆扳到发电机位置。

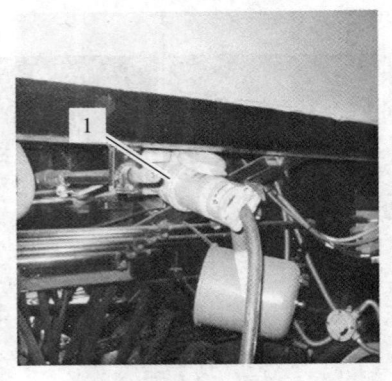

图 4-5 外接接头
1—外接接头

辅助发电机组位于 2 号车上，燃油箱位于辅助发电机组下，可用输送泵从 1 号车或 3 号车的主燃油箱向辅助发电机组的燃油箱泵油。1 号车和 3 号车的燃油输送泵控制盒如图 4-6 所示。

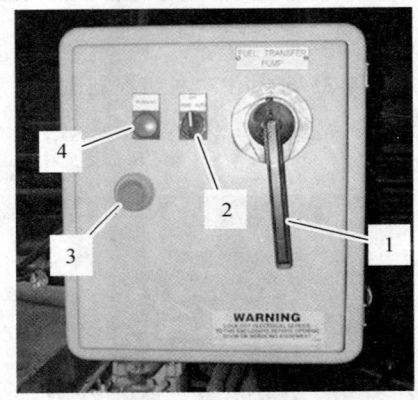

图 4-6 燃油输送泵控制盒
1—主开关 2—手动/关/自动开关；3—高速显示灯；4—电路开关杆重设按钮

当主开关在开的位置时，手动/关/自动开关在自动位置，燃油输送泵由操作员触摸屏的控制面板控制。

二、发动机动力输出方式

为了实现打磨列车各部分的正常运转，就需要将发动机的能量转换成不同形式的能量，以满足设备运转需要。动力传动系统是实现能量转换与传输的有效途径。动力传动系统是打磨列车构成的主要组成部分，此系统的合理设计是实现发动机动力合理分配，保证各工作系统正常工作的基础。

1. 主发动机的动力输出方式

PGM-48 型钢轨打磨列车的走行系统和部分作业装置采用了液压传动的方式，同时部分作业装置的正常工作还采用了电力驱动的方式。因此，全车安装了两台 KATO 8p6-1500 发电机，功率为 680 kW，对应转速为 1 800 r/min，以满足打磨电机、打磨液压泵站驱动电机和集尘系统鼓风装置等设备的用电需要。另外，主发动机所驱动的 DC 24 V 发电机为线路打磨列车提供 24 V 用电。

PGM-48 钢轨打磨列车主发动机的后端飞轮通过一个柔性联轴器带动 680 kW 发电机，前端通过分动齿轮箱带动 4 个走行液压泵和辅助液压泵。主发动机与发电机和液压泵的连接方式如图 4-7 所示。

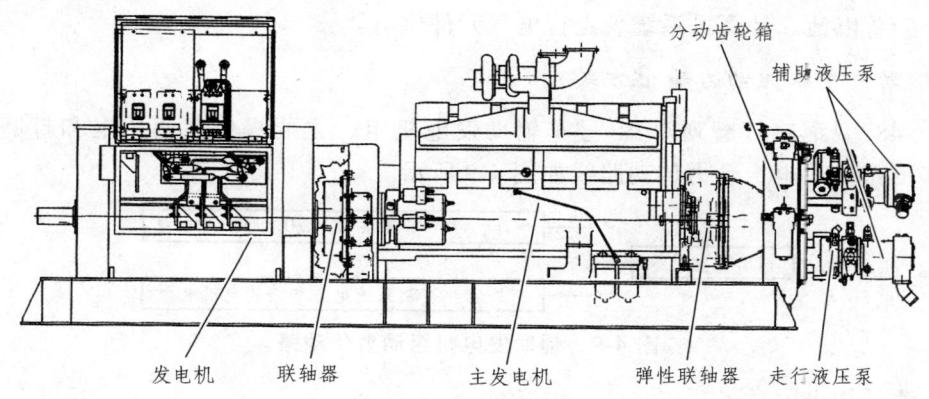

图 4-7　主发动机连接方式

打磨列车主发动机的动力分配主要包括液压部分和电力部分。从能量转换的角度来看，是把主发动机的机械能转换为发电机的电能和液压泵输出的液压能，以满足走行和打磨机构的正常工作需要。

打磨列车的主发动机动力传动路线如图 4-8 所示。

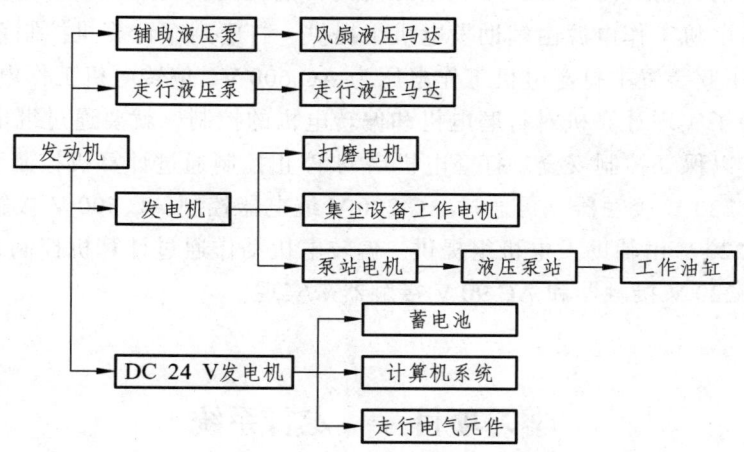

图 4-8　主发动机动力传动路线

（1）液压部分。

每台主发动机前端通过分动齿轮箱带动 4 台走行液压泵工作，同时带动 4 台辅助液压泵工作。4 台走行液压泵分别通过液压管路与安装在车轴齿轮箱上的液压马达相连接，实现能量的传递。液压马达将液压能转换成机械能，通过车轴齿轮箱，带动车轴转动。4 个辅助液压泵分别与液压油、发动机冷却液的散热风扇马达相连接，为风扇马达提供动力，以实现对液压油、发动机冷却液的冷却。

（2）电力部分。

每台主发动机的后端通过柔性联轴器与一台发电机相连，发电机主要提供 AC 600 V 工作电压，以满足打磨电机、集尘设备工作电机、泵站电机的工作需要。泵站电机主要用于驱动打磨液压泵，满足打磨液压装置的工作需要；DC 24 V 发电机通过皮带与发动机相连，主要为蓄电池、计算机系统、走行电气元件供电。

2. 辅助发电机组动力输出方式

PGM-48 型钢轨打磨列车 2 号车辅助发电机组，主要提供生活用电和打磨作业中 AC 380 V/220 V 用电，动力传动路线如图 4-9 所示。

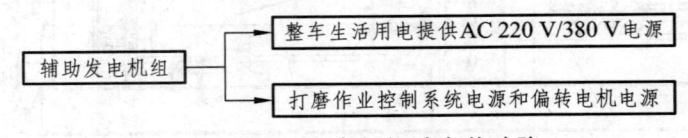

图 4-9　辅助发电机组动力传动路

（1）生活用电。

辅助发电机组（简称 APU）可以提供 AC 220 V/380 V 电源，用于整车生活用电，包括室内照明、空调、水箱加热等；同时提供车内插座电源，以方便使用。

（2）打磨作业控制系统和偏转电机电源。

打磨作业控制系统采用弱电控制强电的方式。打磨电机的偏转是通过一台 AC 220 V 偏转电机来实现的，同时需要 DC 90 V 电源为偏转电机提供制动和缓解电源，完成偏转电机的动作。偏转电机工作电源由辅助发电机组提供。打磨列车计算机控制系统工作电压为 DC 24 V，打磨作业装置中打磨电机工作电压为 AC 600 V，偏转电机工作电压为 AC 220 V 和 AC 90 V，为了实现计算机对打磨电机和偏转电机的控制，就要通过继电器和接触器来实现控制转换，以保证控制安全。打磨电机启动/停止控制通过计算机控制系统中 DC 24 V 继电器控制 AC 220 V 接触器，再通过 AC 220 V 继电器控制 AC 600 V 接触器来实现，控制过程中，AC 220 V 由辅助发电机组提供。偏转电机动作通过计算机控制系统中 DC 24 V 继电器控制 AC 220 V 接触器和 AC 90 V 接触器来实现。

学习项目二　走行系统

PGM-48 型钢轨打磨列车需要占用封锁区间进行打磨施工作业，而且在区间运行时，要利用客车和货车运行间隔时间运行到施工车站，为了保证上线运行安全，就要求施工前打磨列车能够迅速到达施工地点，并在施工结束后迅速离开封锁区段，恢复线路的正常开通，所以打磨列车必须具备高速行驶功能。同时，打磨作业速度低，要求打磨过程中以稳定速度运行，并能实现速度可调，起动和停止平稳，无冲击。因此，打磨列车的走行驱动系统不仅需要传输更大的功率，要求器件具有更高的效率和更长的寿命，还需要在变速调速、差速、改变输出轴旋转方向及反向传输动力等方面具有良好的性能。为了满足这些要求，打磨列车采用了液压走行传动系统。

一、打磨列车走行系统的特点

打磨列车的走行传动系统采用闭式液压传动系统，同时采用计算机（Jupiter系统）控制，将电子技术和液压技术相结合。

1. 闭式液压传动的特点

液压传动系统利用液压泵将发动机的机械能转换为液体的压力能，通过液体压力能的变化来传递能量，经过各种控制阀和管路的传递，借助液压执行元件（液压马达）把液体的压力能转换为机械能，从而驱动打磨列车实现运行。在闭式液压系统中，液压泵的进油管直接与执行元件的回油管相连，工作液体在系统的管路中进行封闭循环，其结构紧凑，与空气接触机会少，空气不易渗入系统，故传动较平稳。工作机构的变速和换向靠调节泵或马达的变量机构实现，避免了开式系统换向过程中所出现的液压冲击和能量损失。

2. 采用Jupiter计算机控制的特点

采用Jupiter计算机控制，将电子技术和液压技术相结合，更方便地实现了对走行系统的控制，极大地扩展了液压技术的安全性和可靠性。通过传感器监测打磨列车走行的各种状态参数，经过Jupiter计算机运算输出控制目标指令，使打磨列车在运行中实现自动化调整控制。

因此，采用闭式液压传动，结合Jupiter计算机控制系统，使打磨列车的走行系统实现了节能化、智能化。

二、PGM-48型钢轨打磨列车走行传动系统的构成和工作原理

PGM-48钢轨打磨列车1号车和3号车是动力车，每节车有4根驱动轴，分别安装在两个转向架上，全车共8根驱动轴，其控制原理相同，能够实现独立运转。下面以一根轴为例介绍走行系统的结构。

1. 液压系统组成元件

（1）走行液压泵。

每根驱动轴都有一台单独的液压泵，液压泵上都设计有单独的补油泵，来满足闭式液压系统的工作需要。

（2）液压马达。

两台液压马达，并联于走行系统回路中，由一台液压泵驱动。同时，通过走行齿轮箱

中的第一轴共同驱动齿轮箱齿轮，实现动力的输出。

（3）控制元件。

控制元件包括单向阀、梭阀、溢流阀等。它们的作用是根据需要对液压系统中液压油的压力、流量和流向进行调节控制。

（4）辅助元件。

除上述三部分以外的其他元件为辅助元件，包括压力表、滤油器、冷却器、管件及油箱等。

（5）工作介质。

工作介质采用的是 T46 液压油，具有抗磨特点。

2. 液压系统构成框图

PGM-48 钢轨打磨列车一根驱动轴液压系统构成框图如图 4-10 所示。

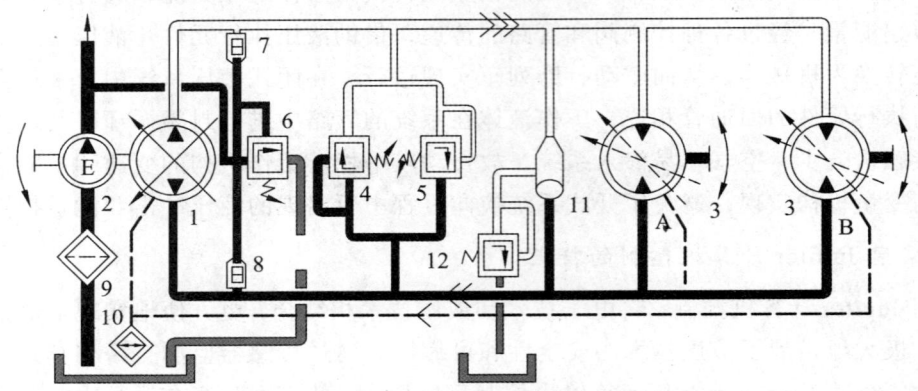

图 4-10 闭式液压系统框图

1—液压泵；2—补油泵；3—A、B 液压马达；4，5，6，12—限压阀；
7，8—单向阀；9，10—滤芯；11—梭阀

液压泵 1 通过分动齿轮箱获得发动机的动力，产生高压油液（三箭头指示），并通过液压管路输送到两个液压马达 A、B，带动液压马达工作。补偿泵主要用于向整个闭式液压系统中供给液压油，保证系统压力。液压马达 A、B 采用并联的方式，带动车轴齿轮箱运转，驱动车轴转动。液压马达与车轴齿轮箱连接方式如图 4-11 所示。

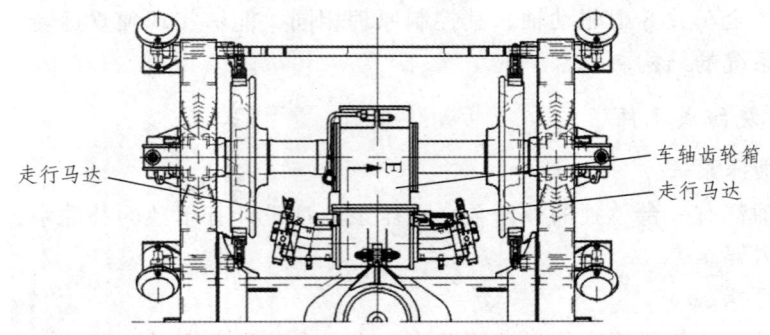

图 4-11 打磨列车马达与驱动轴箱连接方式

3. 液压系统的工作原理

如图 4-10 所示，液压泵 1 产生高压油液（三箭头指示）通过液压管路输送到液压马达，液压马达 A、B 工作运转，单向阀 7、8 关闭，限压阀 4、5 关闭，液压马达出油口的油液通过液压油管输送到液压泵的入口（双箭头指示），补偿泵输出的液压油通过限压阀 6 流回液压油箱；当高压油液压达到 31 MPa 时，此时限压阀 5 打开，部分高压油液直接进入低压端，以调节高压油液压力，维持系统平衡；当限压阀故障或不能及时调整压力，压力达到 41 MPa 时，高压管路的高压油就通过梭阀 11 和限压阀 12，将高压油液直接流入液压油箱，调节压力，维持系统平衡。液压泵和马达内部均有冷却、润滑油路（单箭头指示）。因系统泄漏造成系统低压端压力低于 2 MPa 时，补偿泵输出的油液通过单向阀 8 向低压油路补偿油液，以维持系统液压油量和压力，防止闭式系统内部产生气泡，影响系统稳定。冷却、润滑作用的液压油通过散热器流回液压油箱，这样就达到了对闭式液压系统冷却的目的。反方向工作时，只是将高压端转换为低压端，低压端转换为高压端，工作原理相同。

4. Jupiter 计算机控制结构

打磨列车的走行系统与 Jupiter 计算机控制技术结合起来，通过 Jupiter 计算机所构成的网络系统来达到控制整个液压走行系统的目的。

1 号车 4 根轴的驱动控制框图如图 4-12 所示。每台液压泵各由一块 MDSD 板（电流放大器）通过两个比例电磁阀控制排量变化和液压油的输出方向，每根驱动轴上的两台马达由一块 EDA 板（电子位移放大器）通过两个并联的比例电磁阀控制马达的排量和转速。MDSD 板和 EDA 板通过 CAN 模块（分控模块）与走行 Jupiter 计算机相连，并受计算机控制。全车的 8 根驱动轴中，1 号车 4 根驱动轴的 4 块 MDSD 板和 4 块 EDA 板通过 CAN 模块与 1 号车的 O-JAM（操作计算机）相连，并通过 HUB（集线器）与 D-JAM（走行计算机）相连受计算机控制；3 号车 4 根动轴的 4 块 MDSD 板和 4 块 EDA 板通过 CAN 模块与 3 号车的 O-JAM（操作计算机）相连，并通过 HUB（集线器）与 D-JAM（走行计算机）相连受计算机控制，1、3 号车的两台 O-JAM 通过网络信号线进行数据通信，这样全车走行系统控制构成一个网络，其中两台 D-JAM 为控制中心，1、3 车的两台 D-JAM 都可以一端控制，通过网络信号线控制另一端 D-JAM，进而控制另一台车的 4 根驱动轴的驱动状态。D-JAM 通过显示器显示 8 根驱动轴的驱动液压泵的进出油路压力、驱动马达的驱动压力和转速，操作人员可以通过显示数据监视驱动系统的工作状态。

5. PGM-48 型钢轨打磨列车走行系统的控制原理

走行 Jupiter 计算机（D-JAM）接收操作人员通过走行控制手柄（连接到 8 号 CAN 板 3 号模块）或作业时走行控制电位计输入的命令，在计算机内部分析操作人员所需的行驶速度，同时将数据转化为电信号通过 CAN7 模块和 CAN2 模块传输给 MDSD 板和 EDA 板，MDSD 板根据计算机输入的信息，通过控制安装在液压泵上的比例电磁阀控制液压泵的排量、输出的油压和方向。液压泵输出的压力油经过限压阀和安全阀之后,经液压管路输入与车轴齿轮箱相连的两个并联的液压马达。同时,EDA板也根据计算机通过2号CAN板2号模块输入的信息,控制安装在两台液压马达上的两个比例电磁阀,控制液压马达的排量和转速。这样,在液压泵输出的高压油液的驱动下,两台液压马达开始旋转,并通过驱动齿轮箱驱动车轴转动,驱动车辆行走。

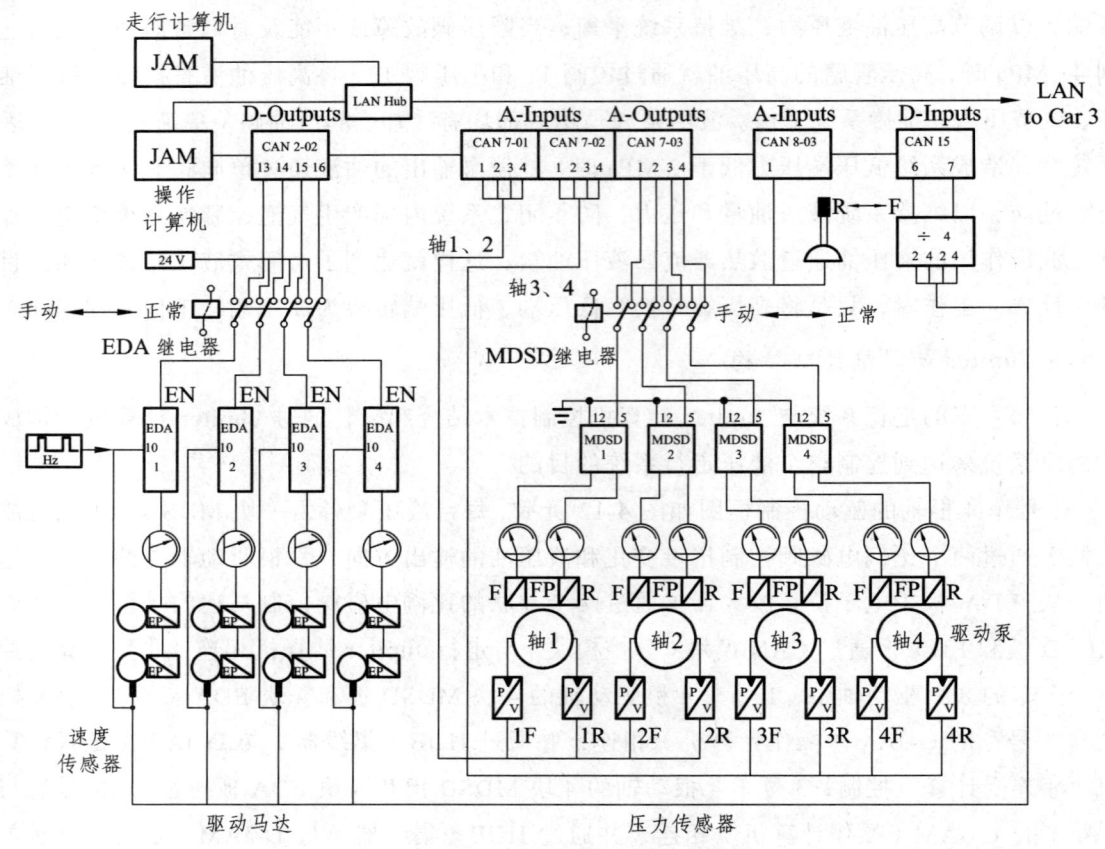

图 4-12　1号车走行系统控制框图

安装在液压泵上的两个油压传感器将测量的油压值转换为电信号,通过 CAN7-1 和 CAN7-2 模块传输到走行 Jupiter 计算机;安装在液压马达上的电磁测速器将马达的转速转换成电信号通过频率分配器输入到 CAN15 模块,并通过 CAN15 模块将数据输入到走行 Jupiter 计算机,走行 Jupiter 计算机根据输入的两种信号数据,分析对比车辆行驶速度传感器输入的数据是否达到了操作人员通过手柄给出的要求速度。如果行驶速度没有达到要求的速度,走行 Jupiter 计算机就调整输入到 MDSD 和 EDA 的电信号,通过 MDSD 和 EDA 分别调整液压泵的输出压力和液压马达的排量,继续提高车辆的行驶速度,直至达到手柄设定要求的行驶速度。

打磨列车的 8 根驱动轴结构是一样的。在走行系统电控网络中,走行 Jupiter 计算机为控制中心，通过程序自动协调各轴的运转：一是可以协调各轴的泵和马达的输出功率近似一致，避免某个马达因扭矩过大而造成损坏或损坏相关控制阀和管路。二是主要起到保护整个走行系统的作用，假如某根轴的液压泵出现故障，车辆在高速运行中难以及时停车，故障液压泵所连接的两台液压马达就会被车轴反拖，液压马达行使液压泵的功能，反向供油，极易造成马达损坏，油管破裂。由于走行 Jupiter 计算机网络的保护作用，走行 Jupiter 计算机可以及时控制降低其他驱动轴的输出功率或停止输出功率，降低车速。又如车辆在高速行驶中，遇紧急情况，实施紧急制动时，液压制动超出范围，马达会出现严重的反拖现象，极易损坏液压马达，严重时还会损坏液压泵，因此在出现上述情况时，走行 Jupiter 计算机就能够及时调整液压泵和液压马达的输出和转速，以避免反拖现象，有效地保护液压系统。三是 Jupiter 计算机还有自检功能，发现电气故障后，可以在计算机显示界面上显示故障，方便操作人员进行故障检查、排除。

打磨列车的 8 根驱动轴是独立的，通过走行 Jupiter 计算机控制系统的设定，可以实现某根轴处于关闭，即没有驱动力输出，成为从动轴。这样设计的好处在于，当某根轴出现走行驱动故障时，能够通过计算机关闭该轴，利用其余各轴实现打磨列车的运行。

学习项目三　分动齿轮箱和车轴齿轮箱

钢轨打磨列车走行传动系统中，发动机输出的动力经分动齿轮箱（分动箱）传递到走行液压泵，走行液压泵将动力传递到液压马达，液压马达将动力传递到车轴齿轮箱，驱动车轮转动。分动齿轮箱和车轴齿轮箱是钢轨打磨列车走行系统中的重要传动部分。

一、分动齿轮箱

分动齿轮箱是连接发动机与走行液压泵的重要装置，是将发动机的动力进行分配的装置。打磨列车采用液压走行系统，并且具有多根驱动轴，每根驱动轴都需要单独的一台液压泵作为液压源，因此分动箱要同时驱动多台液压泵。

1 号车和 3 号车的主发动机要实现一路输入，四路输出，以同时驱动四台走行液压泵。其外形结构如图 4-13 所示。

分动齿轮箱由箱体、输入轴齿轮、中间轴齿轮、输出轴齿轮、润滑系统等部分组成。内部齿轮机构如图 4-14 所示，剖视图 $C—C$：输入轴齿轮与两个中间轴齿轮啮合，驱动两个中间轴齿轮；剖视图 $A—A$：每个中间轴齿轮分别与两个输出轴齿轮啮合，驱动输出轴齿轮。为了保证齿轮润滑，分动齿轮箱带有自润滑系统，如图 4-14 中 $B—B$ 所示，采用了油泵泵油润滑的方式，输入轴靠近齿轮箱一端带动一台小型齿轮油泵，将分动齿轮箱底部的齿轮油输送到齿轮箱顶部润滑啮合齿轮，同时输送到各轴轴承部位，为轴承提供润滑。

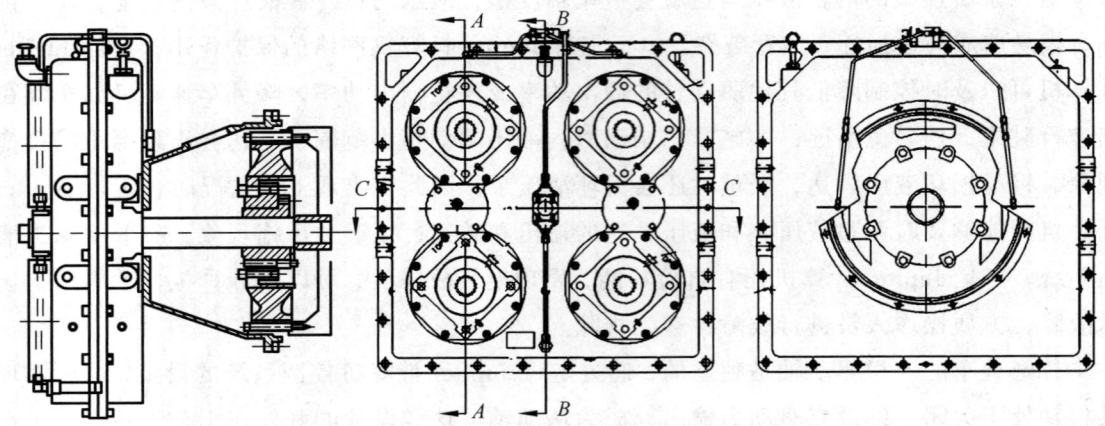

图 4-13　PGM-48 型钢轨打磨列车分动齿轮箱

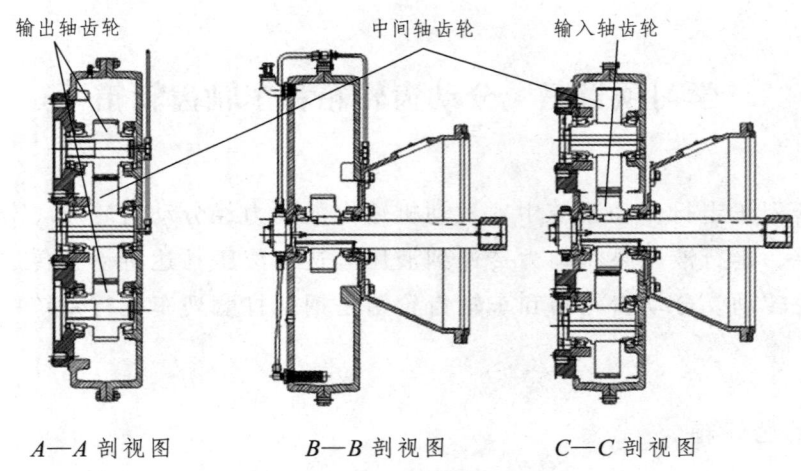

图 4-14　分动齿轮箱剖视图

二、车轴齿轮箱

车轴齿轮箱是走行传动系统的最后一环，它的作用是将液压马达传来的动力降低转速增大扭矩，使轮对转动。打磨列车在作业走行和高速走行时都是通过车轴齿轮箱来传递功率的，是打磨列车走行时功率传递的唯一方式。

1. 车轴齿轮箱外部结构

车轴齿轮箱外部结构如图 4-15 所示。

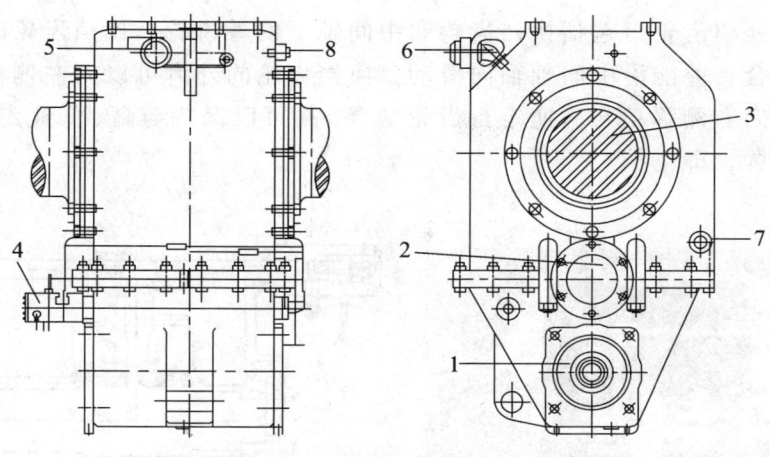

图 4-15　车轴齿轮箱外部结构

1—输入轴；2—中间轴；3—车轴；4—换档气缸；5—呼吸器；
6—加油口；7—放油口；8—油位视窗

车轴齿轮箱为双速齿轮箱，输入轴（见图 4-16）和中间轴（见图 4-17）有两组啮合齿轮，以满足低速和高速走行。低速走行齿轮为一组圆柱直齿轮；高速走行齿轮为一组圆柱斜齿轮。中间轴和车轴主齿轮为一组常啮合圆柱直齿轮。两台走行液压马达安装在输入轴的两侧，通过输入轴、中间轴和车轴实现动力传输。输入轴和中间轴通过圆柱滚针推力轴承安装在齿轮箱上。

图 4-16　输入轴

图 4-17　中间轴

2. 换档机构

车轴齿轮箱为双速齿轮箱，能够实现低速和高速之间的转换，同时还要求具有空档，所以车轴齿轮箱共有 3 个档位：高速档、空档、低速档。档位转换装置如图 4-18 所示。

中间轴上有四个齿轮：高速走行齿轮、换档齿轮组、低速走行齿轮和车轴啮合齿轮。其中高速走行齿轮和低速走行齿轮分别与输入轴的高速走行齿轮和低速走行齿轮常啮合，与中间轴通过轴承相对转动；车轴啮合齿轮与车轴上主齿轮常啮合，与中间轴转动一致；换档齿轮组包括换档齿轮和中间轴上的外齿轮，换档齿轮的内齿与中间轴上外齿常啮合，并能沿中间轴轴向滑动，换档齿轮的外齿可以向左侧移动与低速走行齿轮啮合和向右侧移动与高速走行齿轮啮合，并可以保持与高、低速走行齿轮脱离，保持在中间位置，即空档。

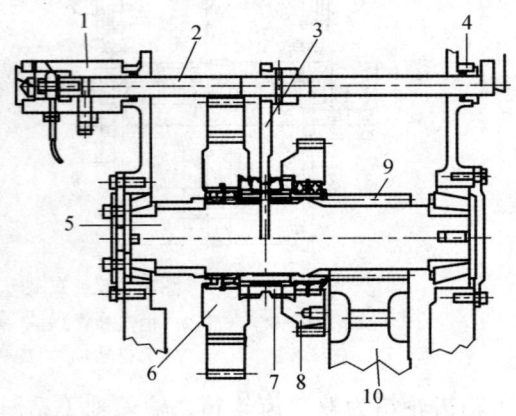

图 4-18　齿轮箱换装置结构

1—换档气缸；2—拉杆；3—换档拨叉；4—档位指示；5—中间轴；6—低速走行齿轮；
7—换档齿轮；8—高速走行齿轮；9—车轴啮合齿轮；10—车轴主齿轮

档位转换是在打磨列车停止时进行的，通过换档气缸拉动或推动拉杆，带动换档拨叉动作，换档拨叉带动换档齿轮向左或向右动作，使换档齿轮与低速或高速走行齿轮啮合，低速或高速走行齿轮与换档齿轮啮合后，当低速或高速走行齿轮转动时，换档齿轮同时转动，因换档齿轮内齿与中间轴外齿常啮合，所以中间轴转动，中间轴转动通过车轴啮合齿轮带动车轴转动，实现打磨列车的走行。

车轴齿轮箱采用飞溅式润滑，以保证各齿轮、轴承的良好润滑，因此，要经常检查车轴齿轮箱的润滑油位，尤其是打磨列车无动力回送时，车轴齿轮箱为空档位，高、低速齿轮均不旋转，只有车轴主齿轮旋转，极易出现润滑不良，所以要求停车时检查车轴齿轮箱的温度，出现异常及时处理。

复习思考题

（1）简述 PGM-48 型钢轨打磨列车发动机的型号及相关参数。
（2）PGM-48 型钢轨打磨列车主发动机动力传动系统有哪些部件组成？动力是如何传递的？
（3）简述 PGM-48 型钢轨打磨列车辅助发电机组的传动路线。
（4）简述钢轨打磨列车走行系统的特点。
（5）以一根轴为例，说明 PGM-48 型钢轨打磨列车走行系统的工作原理。

（6）打磨车走行系统的液压组成部件有哪些？

（7）PGM-48型钢轨打磨列车走行系统的控制原理是什么？

（8）简述分动齿轮箱的作用及组成。

（9）车轴齿轮箱有哪些零部件组成？各起什么作用？

（10）车轴齿轮箱的润滑方式是什么？

单元五　作业装置

【知识目标】
（1）掌握 PGM-48 型钢轨打磨列车打磨小车的结构。
（2）了解打磨小车的结构特点。
（3）掌握打磨小车的动作种类。
（4）掌握打磨液压系统的组成及工作原理。
（5）掌握打磨角度控制的原理。

【能力目标】
（1）能够准确指认打磨小车各主要组成部件。
（2）能够正常升降打磨小车及应急操作。
（3）能够分析打磨液压系统图并排除简单故障。

打磨作业装置是吊装在打磨列车底部的整体机构，又称打磨小车。打磨列车上所有的机械设备与动力机构等的配置，最终都是为了保证打磨小车能够状态良好地进行打磨作业。所以，打磨小车是打磨作业的执行机构，是打磨列车的关键组成部件。打磨列车所要求的打磨动作、质量和效率等都要由打磨小车来体现。

学习项目一　打磨小车的结构和特点

每一节打磨车装有两个打磨小车，全列车共有 6 个打磨小车。打磨小车有两个位置：提升位（上位）和作业位（下位）。不作业时处在提升位，悬挂于车体下部；在施工作业或检修需要时处于作业位，放于钢轨上。打磨小车结构相同，每个打磨小车都装有 8 个打磨电机，左右均匀分布。

一、打磨小车的结构

每个打磨小车由打磨电机及砂轮、角度偏转机构（包括调节油缸、偏转电机）、导向轮、悬挂机构（包括锁止装置）、小车架以及控制系统等部分组成。小车架是打磨小车的基础，导向轮安装在打磨小车车架的两端，起到支撑和导向的作用。每一台打磨电机及其控制装置（升降伺服油缸、锁定装置）构成一个打磨单元，全车共有 48 个打磨单元。每两个打磨单元安装在一个辅助摇架上,由一台偏转电机及一个调节油缸控制辅助摇架偏转,实现两个打磨单元角度同时变化。每个打磨小车上有 4 套角度偏转机构,每侧各两套,全车共 24 套,每套机构都可以实现独立控制。每台打磨电机上安装有一块打磨砂轮。打磨小车的结构如图 5-1 和图 5-2 所示。

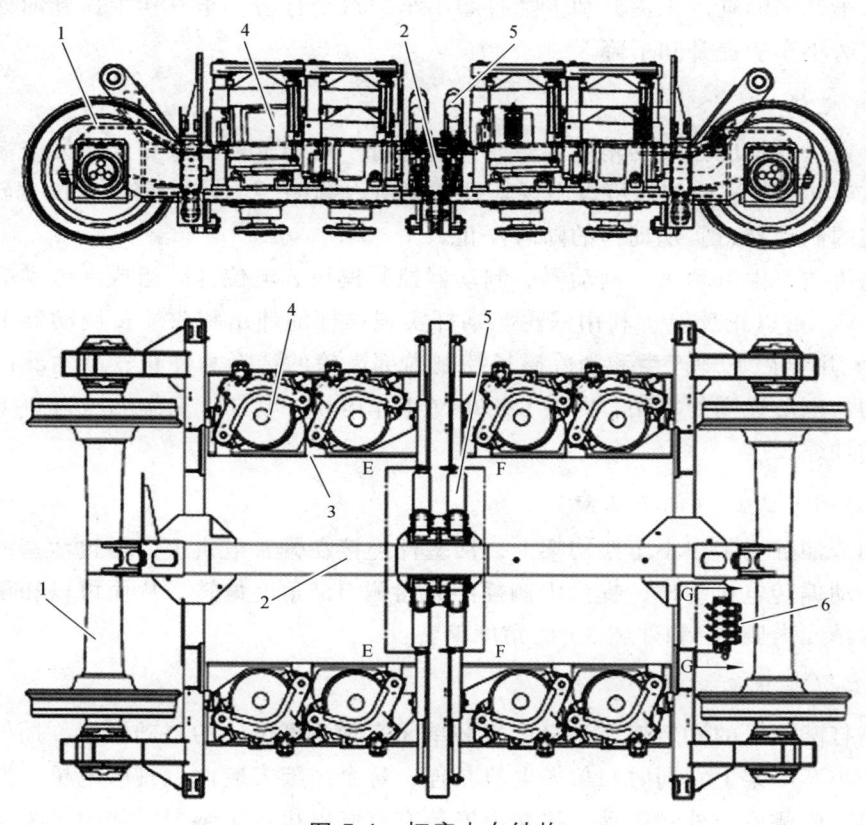

图 5-1 打磨小车结构

1—导向轮;2—车架;3—打磨电机辅助架;4—打磨电机;
5—偏转电机;6—控制阀路

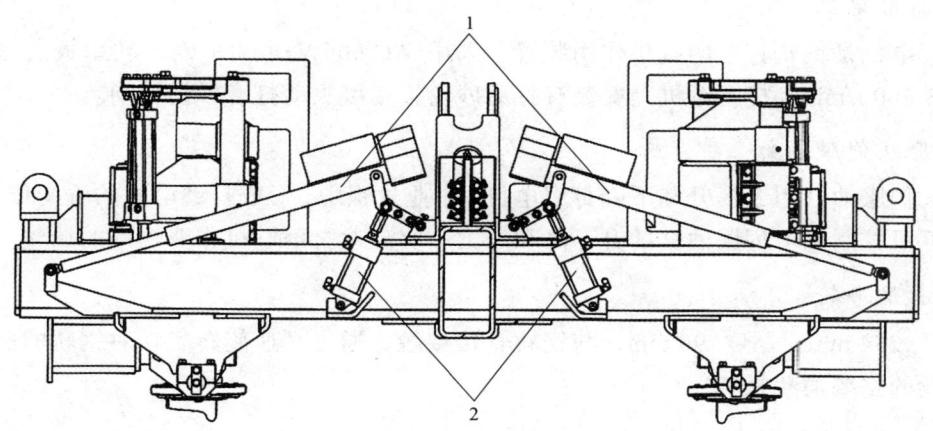

图 5-2 角度偏转机构

1—偏转电机;2—调节油缸

1. 导向轮（走行轮）

导向轮用于打磨小车的支撑和导向，承受打磨小车产生的所有载荷。

2. 打磨小车升降油缸

打磨小车升降油缸用于提升和下降打磨小车，每个打磨小车有 4 个提升油缸，同时动作，实现打磨小车的提升和下降。

3. 偏转电机

偏转电机提供辅助摇架的角度偏转，偏转电机一端与辅助摇架相连，另一端与调节油缸相连。偏转电机通过伸缩杆可以实现辅助摇架由内侧 30°到外侧 30°的角度偏转，同时通过内部安装的制动器，实现动作的随时停止。

偏转电机主要由电动机、制动器、制动器控制模块、电位计等组成。电动机工作电压为 AC 220 V，可以正反转，利用蜗轮与蜗杆实现拉杆的伸出和收缩；制动器工作电压为 DC 90 V，利用电磁原理产生和消除磁场控制内部齿轮的选择和停止；制动器控制模块用于控制制动器电磁线圈的功用，提供 DC 90 V 工作电压；电位计工作电压为 0~10 V，用于反馈拉杆的伸缩长度。

4. 辅助调节油缸（调节油缸）

辅助调节油缸安装在小车架构架上，活塞杆连接在偏转电机上，通过活塞的全伸出和全收缩，带动偏转电机动作，提供内侧摇架向内侧 15°角度偏转，从而可以和偏转电机配合实现打磨单元内侧 45°和外侧 30°的角度偏转。

5. 摇架（辅助摇架）

摇架是打磨电机的安装架，是每个打磨单元实现角度偏转的基础框架。摇架通过转轴固定在打磨小车车架上，同时与偏转电机相连，每个摇架安装两台打磨电机，通过偏转电机带动摇架向内侧或向外侧转动。摇架上安装有打磨电机锁定装置，如图 5-3 所示，以防止打磨电机在液压系统泄压后自动下落，在行车和检修、保养时对设备、人身造成损伤。

6. 打磨电机

打磨电机是钢轨打磨的直接作用装置，采用 AC 600 V 电力驱动，功率最大 30 kW，转速为 3 600 r/min。打磨电机上安装有打磨砂轮，直接驱动打磨砂轮转动。

7. 磨头伺服油缸

磨头伺服油缸用于提升和下降打磨电机。作业过程中，形成打磨电机的垂向作业压力，通过计算机控制调节伺服油缸的升、降和压力，实现对打磨电机作业功率的调整。

8. 打磨砂轮

直径 254 mm，厚度 90 mm，与钢轨直接接触，通过高速旋转实现对钢轨的磨削，是打磨作业的主要消耗材料。

9. 液压和电器控制元件

液压和电器控制元件是计算机控制系统中的命令执行元件，实现对打磨机构的监控。

(a) 打磨电机锁定销锁定位置　　(b) 打磨电机锁定销解锁

图 5-3　打磨电机锁定装置

1—锁定销；2—锁定销限位块

二、打磨小车的结构特点

（1）每节打磨列车上安装两个打磨小车，减小了单个小车的长度，提高了打磨作业时曲线的通过性能，以满足较小曲线的打磨需求。

（2）每两个打磨单元共同安装在一个辅助摇架上，一个辅助摇架由一组角度偏转机构控制，这样设计虽然减少了单侧可以设定的角度，但是两个电机在同一个辅助摇架上安装时，两个电机中心线横向成 1.5°角度安装，如图 5-4 所示，实现了一个辅助摇架角度，两个打磨单元角度，弥补了两个打磨单元用一个角度偏转机构所造成的可设角度较少的缺陷。每台打磨电机的中心线与钢轨顶面纵向成 1°倾角，如图 5-5 所示，以实现打磨砂轮与钢轨顶面为局部接触，减少打磨砂轮全端面接触时产生的火星，同时通过打磨电机旋转方向的调整，使打磨过程中产生的火星尽可能多地向打磨小车内侧喷射，以防止火星向外侧喷射伤人和引燃车体两侧的可燃物品。

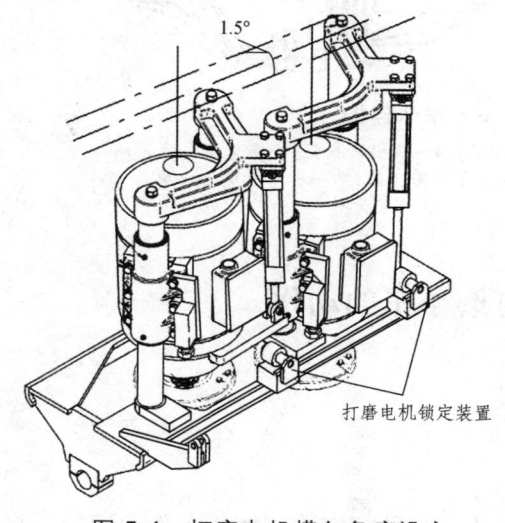

图 5-4　打磨电机横向角度设定

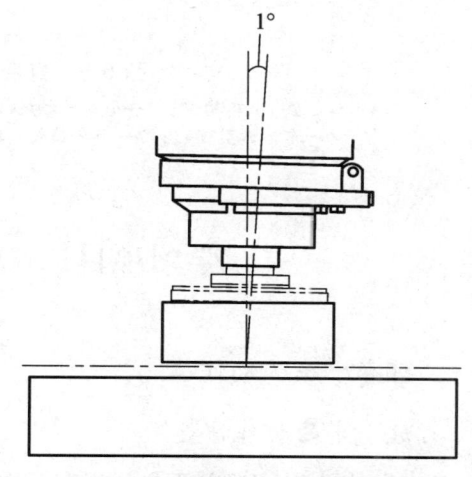

图 5-5　打磨电机纵向角度设定

（3）调节油缸的设计，增大了角度偏转的范围。若只采用偏转电机，只能实现内侧30°和外侧30°的角度偏转，通过增加调节油缸，可以实现内侧45°和外侧30°的角度偏转。该调节油缸只有两个位置：全收缩位和全伸出位。

（4）独立导向。在施工作业中，打磨小车沿钢轨线路独立导向，两端通过可具有调节长度和减振功能的牵引拉杆与打磨列车车体相连，由打磨列车提供牵引力。在小车的4个边角安装有4个升降油缸，实现小车的升降动作。打磨小车及与车体连接结构如图5-6所示。

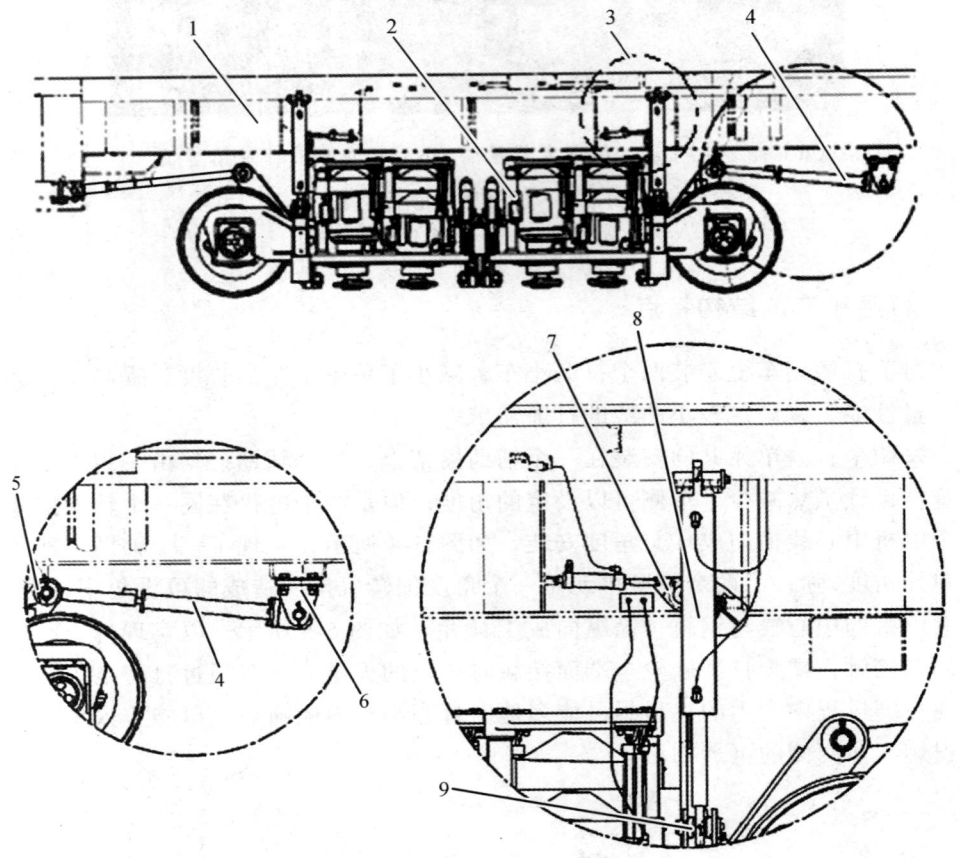

图 5-6　打磨小车与车体连接

1—车体；2—小车构架；3—小车悬挂/锁定装置；4—牵引杆；5—小车架牵引连接端；
6—车体牵引连接；7—小车锁钩；8—小车升降油缸；9—小车升降连接端

学习项目二　打磨小车的动作

一、打磨小车的动作

1. 打磨小车的动作种类

打磨小车的动作种类主要包括小车垂向起落、悬挂锁定、打磨小车作业运行、打磨电机升降、打磨单元角度变化、打磨功率调整等，通过这些动作满足打磨列车的运行和打磨作业要求。

2. 打磨小车的控制方法

打磨小车的电力、液压系统可由计算机控制。每节车上装有一台打磨控制计算机（操作计算机），控制本节车的所有打磨机构工作。

3. 打磨小车升降的控制

车体外部每个打磨小车的两侧都设有手动控制箱，用于手动控制打磨小车升、降、锁定等动作。其外部控制箱如图 5-7 所示。

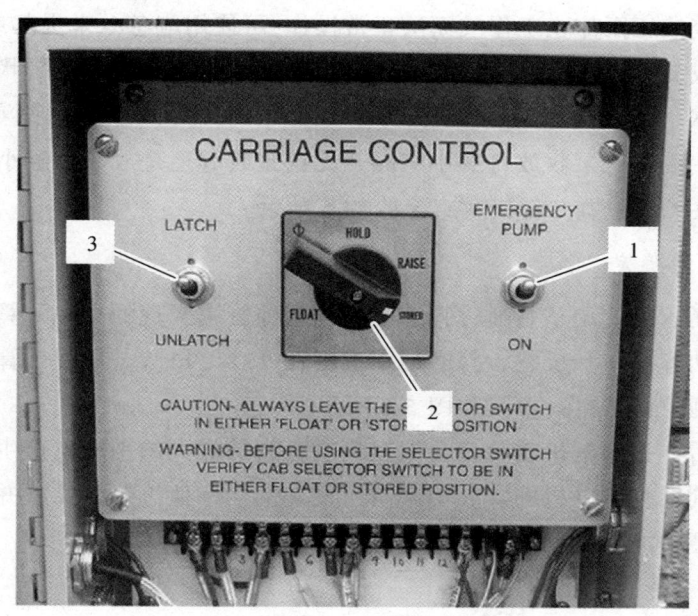

图 5-7 打磨小车控制箱

1—应急泵开关；2—控制旋钮；3—锁闭/开锁开关（LATCH 为锁，UNLATCH 为开锁）

二、操作程序

1. 正常的操作程序

（1）放下打磨小车。

将控制旋钮 2 从 STORED（存储）位置旋转至 RAISE（提起）位置，打磨小车升降油缸活塞收缩，提升打磨小车，打磨小车车架的锁定框架就从小车锁钩上移开。大约 3 s 后，将闭锁/开锁开关 3 扳到开锁位置并保持，旋转控制旋钮 2 至 LOWER（放下）位置。打磨小车升降油缸活塞伸出，下放打磨小车。在打磨小车放下过程中，注意观察导向轮的轮缘，确保 4 个车轮的轮缘都放置在钢轨内侧。将小车放到钢轨上后，松开闭锁/开锁开关，并将控制旋钮扳到 FLOAT（悬浮）位置。当打磨小车在钢轨上运行时，控制旋钮必须始终置于 FLOAT（悬浮）位置。

（2）提起打磨小车。

首先将闭锁/开锁开关 3 扳到开锁位置并保持，然后将控制旋钮 2 从 FLOAT（悬浮）位置扭转到 RAISE（提起）位置。等打磨小车车架上的锁定框架与车体接触后，将控制旋钮 2 从 RAISE（提起）位置扭转到 HOLD（保持）位置。松开闭锁/开锁开关 3，检查小车锁钩是否闭合到位。锁钩闭合到位后，将控制旋钮 2 从 HOLD（保持）位置扭转到 LOWER（放下）位置，检查打磨小车锁定框架是否完全落到小车锁钩上，完全到位后，将控制旋钮 2 扭转到 STORED（存储）位置。

2. 应急操作程序

如果打磨系统液压泵停止工作或无法正常操作，可使用应急泵来提起或放下打磨小车。使用应急泵提起或放下打磨小车时，应先将打磨作业系统转换到应急泵状态，然后将应急泵开关 1 扳到 ON（开）位置，启动应急泵，建立系统压力，再按正常操作程序收放打磨小车。注意：在使用应急泵收放打磨小车时，无论是收起还是放下打磨小车，首先应将应急泵开关 1 扳倒在 ON 位置并保持，直至收放车结束。

3. 打磨压力的确定

每个打磨单元压力的调整是通过打磨电机伺服油缸来实现的，在计算机控制系统中，通过打磨电机的功率显示和反映，打磨功率范围在 11~29 kW。通过计算机控制，可以对每个打磨电机单独控制。打磨单元如图 5-8 所示。

当打磨开始后，打磨电机的功率会根据钢轨打磨接触面的平顺度产生变化，计算机控制系统根据检测到的打磨电机的实际功率与所设定的功率值进行对比，并通过控制伺服油缸的动作调整打磨的实际功率。

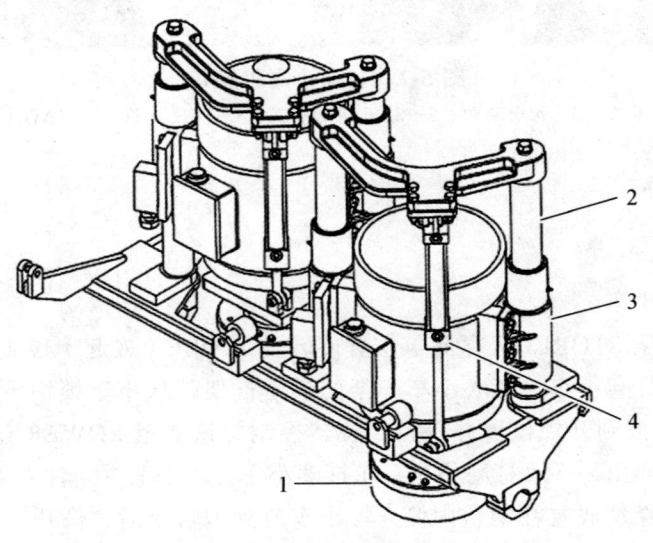

图 5-8 打磨单元

1—打磨砂轮；2—导向柱；3—导向管；4—伺服油缸

学习项目三 打磨机构的工作原理

打磨机构是打磨列车的重要组成部分，是实现打磨功能的执行机构，其机构复杂，包含机、电、液三部分。按照功能打磨机构可分为液压系统、角度控制、打磨电机开关、计算机控制等部分。它们相互关联，共同作用，实现打磨列车对钢轨各部位磨削的功能。

一、液压系统的工作原理

1. 打磨液压系统的组成

打磨液压系统包括液压泵站电机、液压泵、紧急液压泵、减压阀、蓄能器、散热器等部分，如图 5-9 所示。

（1）泵站电机功率为 37 kW，工作电压为三相 AC 600 V，频率为 120 Hz，转速为 1 785 r/min。其启动/关闭控制方式分为手动控制和远程控制（计算机控制），手动控制开关分别在每台液压泵启动控制柜里，而远程控制是通过计算机控制。液压打磨系统手动控制开关如图 5-10 所示。

当主断开/闭合开关处于 ON（开）位置，而手动/停机/自动三向开关处于 AUTO（自动）位置时，打磨液压泵站电机可通过操作员触摸屏监视器上的液压打磨工具栏按钮加以控制（远程计算机控制）。当手动/停机/自动三向开关处于 HAND（手动）位置时，可以直接闭合主断开/闭合开关，启动打磨液压泵站电机。

（2）打磨液压泵电机驱动两台串联的液压泵，分别输出 6.9 MPa 和 10.3 MPa 的压力，提供打磨电机的升降、摇架偏转辅助油缸、磨头伺服油缸的调整和打磨小车的升降等工作装置所需的液压能源。

（3）应急液压泵。

它由一台 24 V 直流电机驱动，是收放打磨小车的应急设备。三台车各有一套，由主发动机的蓄电池提供 24 V 直流电源，启动开关分别设在左右侧收放打磨小车的控制柜里。主发动机、600 V 发电机或打磨液压泵站出现故障不能提供系统压力时，扳动紧急液压泵启动开关，可以建立打磨液压系统的压力，完成打磨小车的收放。

（4）限压阀。

限制应急液压泵工作时的最高压力不超过 12.4 MPa。

（5）蓄能器。

蓄能器可以缓解钢轨高低不平而通过砂轮传递到伺服油缸所产生的冲击力，并可在液压系统出现故障时，短时间内通过释放能量来保持打磨电机在提升位。

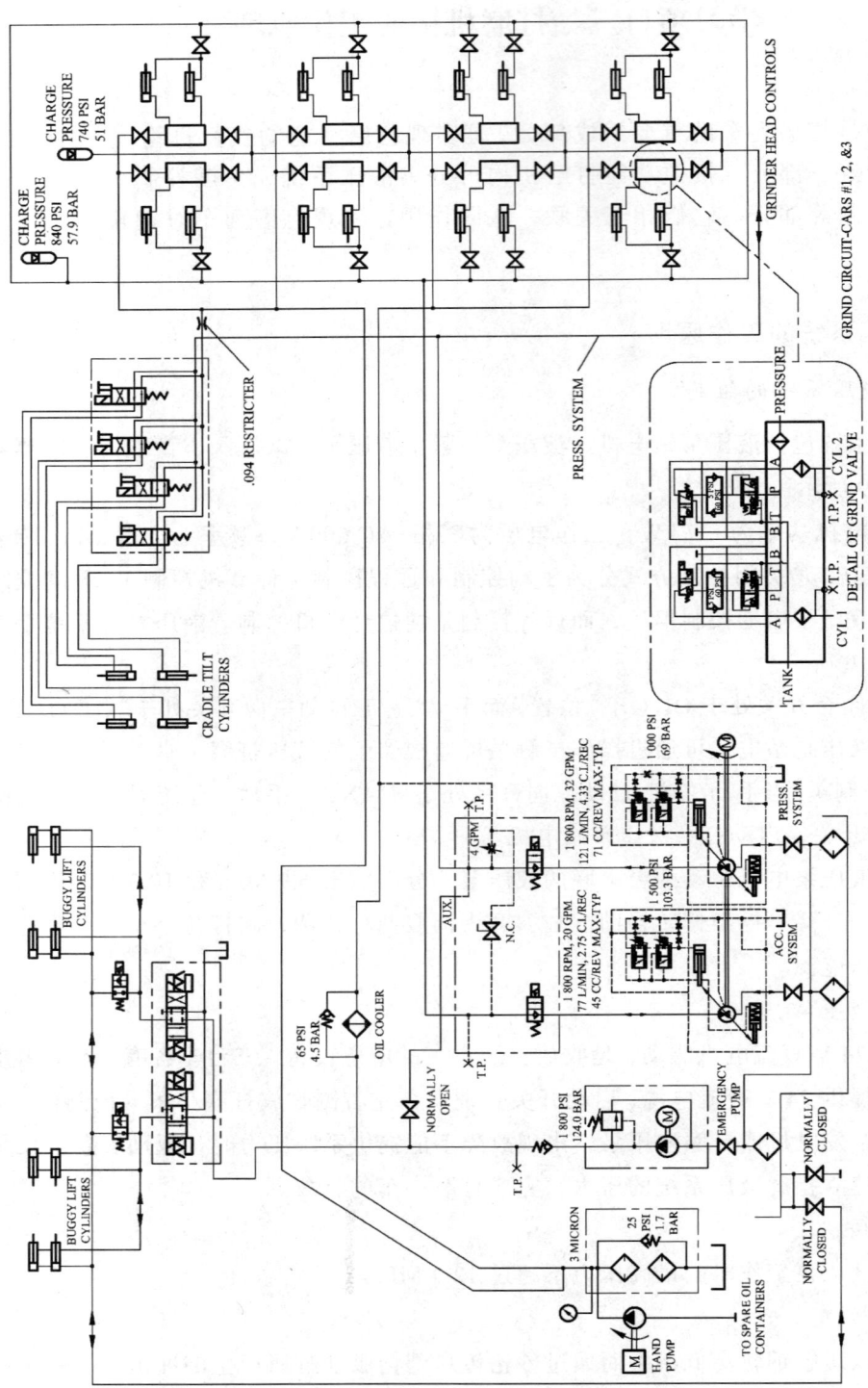

图 5-9 打磨液压系统组成

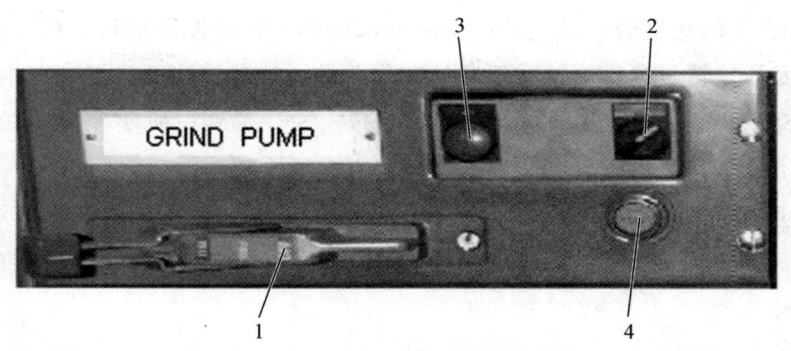

图 5-10 液压打磨系统手动控制箱
1—主断开/闭合开关；2—手动/停机/自动三向开关；
3—运行指示灯；4—断路器重置按钮

（6）散热器。

散热器包括散热箱和风扇。风扇由一台直流电机驱动，风扇旋转产生的气流吹向散热箱，流动的空气带走散热箱表面由热的液压油产生的热量，并通过液压油在散热箱内的流动，实现对系统内液压油的冷却。

2. 打磨液压系统的工作原理

第一路：液压系统液压泵站中位于上端的液压泵输出恒定 6.9 MPa 的压力，提供磨头伺服油缸上腔所需的压力，位于下端的液压泵输出 10.3 MPa 的压力，提供磨头伺服油缸下腔的恒定压力，通过打磨控制阀控制上腔压力的变化，调整打磨电机的升降位置。

第二路：液压系统液压泵站输出 10.3 MPa 的压力，到打磨小车升降油缸的下腔，上腔与液压油箱相连，通过三位四通阀控制提升油缸下腔供油，实现打磨小车升降的不同位置变化。

第三路：液压系统 6.9 MPa 的压力油通过二位四通阀控制偏转辅助油缸，实现辅助油缸的全伸出和全收缩两种动作控制。

第四路：液压系统由应急液压泵提供 12.4 MPa 的压力油连接到打磨小车的升降电磁阀，在紧急情况下用于升降打磨小车。

二、角度控制

打磨电机的实际角度（以钢轨的中心线为基准）为向内偏 45°和向外偏 30°。打磨单元的角度由两部分构成：一部分是偏转电机带动辅助摇架产生 ±30°的偏转，另一部分是由打磨电机角度偏转辅助油缸带动偏转电机产生内侧 15°的偏转。因此，当打磨单元所需角度超过内侧 30°后，就需要角度偏转辅助油缸先提供 15°的角度偏转，所差的角度再由偏转电机进行修正。

当辅助油缸处在全收缩位时，偏转电机能够实现的内侧最大角度为30°，当需要内侧大于30°（如40°）的角度时，首先辅助油缸全部伸出，带动偏转电机动作，实现打磨单元向内侧15°角度的偏转，然后偏转电机开始工作收缩，拉动打磨单元框架向内侧继续偏转，偏转角度为25°（40°－15°），即辅助油缸实现偏转15°，偏转电机实现偏转25°，共同实现了打磨单元内侧40°角度的偏转。

当所需角度为内侧30°到外侧30°范围时，辅助油缸将一直处在全收缩位。只是偏转电机带动打磨单元框架实现角度的偏转，通过偏转电机内部安装的制动器，实现动作的随时停止。

三、计算机控制系统

计算机控制系统由三台操作计算机组成。三台操作计算机的操作等级是一样的，即在三台计算机上都能够实现对打磨机构的设定和操作，如打磨方式、打磨电机功率的设置、报警参数的设置、系统调整等工作，都可以由其中任何一台计算机完成。计算机打磨控制系统如图5-11所示。

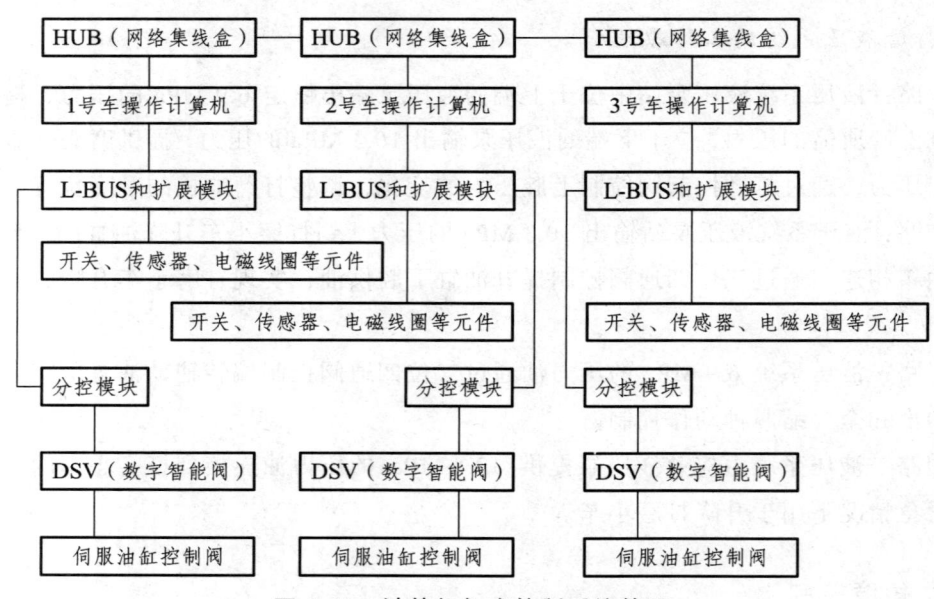

图5-11 计算机打磨控制系统简图

操作人员可以通过三台计算机中的任何一台计算机控制全车48个打磨单元，最终实现48个打磨单元的角度偏转、电机旋转、电机升降，同时还可以反馈相应的信息给操作人员，如每个打磨电机的偏转角度、旋转情况、磨石消耗情况、升降状态、打磨功率大小电机的温度、电机有无过载或短路等情况。

复习思考题

（1）**PGM-48**型钢轨打磨列车打磨小车有哪几部分组成？各部分有哪些功能？
（2）打磨小车的结构特点是什么？
（3）打磨小车的动作种类有哪些？
（4）如何正常收放打磨小车？
（5）如何使用应急泵收放打磨小车？
（6）打磨液压系统有哪些部分组成？它的工作原理是什么？
（7）**PGM-48**型钢轨打磨列车打磨单元角度控制原理是什么？举例说明角度控制的过程。

单元六 电气系统

【知识目标】

（1）掌握 PGM-48 型钢轨打磨列车供电系统的组成。
（2）掌握供电系统的供电形式及用途。
（3）掌握主发电机的构造及工作原理。
（4）熟知常见的电气元件符号。
（5）了解偏转电机及打磨电机的电路原理图。

【能力目标】

（1）熟知 PGM-48 型钢轨打磨列车电气系统的组成，并能够对电气系统进行日常检查和定期维护。
（2）能够分析钢轨打磨列车简单的电路图纸并排除常见故障。

钢轨打磨列车供电系统的主要任务是为各电气控制元件和作业装置提供电力，为计算机控制系统提供电力支撑。供电系统参与了整车各项功能的方方面面，是整车较为复杂和重要的组成系统。

学习项目一 电气系统的组成

供电系统主要由主发电机、辅助发电机组、蓄电池、各电源转换元件、各用电部件和计算机控制系统组成。供电系统的供电形式主要有三相 AC 600 V，三相 AC 380 V/220 V、DC 24 V。

一、三相 AC 600 V

三相 AC 600 V 电源来源于 1、3 号发动机间内的两台 KATO 8P6-1500 680 kW 主发电机，它在主发动机同轴带动下旋转发电。由于主发动机有怠速和高速两种运转方式，所以主发电机发出来的电也有两种。发动机转速为怠速时，发出的电为 AC 380 V、60 Hz，这时发出的电用以启动打磨电机、打磨液压泵站电机、辅助空压机和集尘器电机；发动机转速为高速时，发出的电为 AC 600 V、120 Hz，这时发出的电用以提供打磨电机、打磨液压泵站电机、辅助空压机和集尘器电机正常工作所需的电力。

二、三相 AC 380 V/220 V

三相 AC 380 V/220 V 电源来自于 Cummins 85DGDB 的 85 kW 辅助发电机组，主要用于空调、脚加热器、天花板加热器、车窗加热器、车内照明、220 V 插座、110 V 调试电源、外送电、波磨和轨廓计算机、MCC 控制（打磨操作控制）、驱动液压油箱加热器、600 V 发电机控制、打磨液压油冷却器、小车灯、梯灯、偏转电机电源、行车灯、水管加热带、计算机系统电源供电模块组、水箱加热器、消防水泵、燃油传输泵和集尘系统排灰装置驱动电机等设备。

三、DC 24 V

DC 24 V 电源的来源有两种途径：一种途径是由位于 1、3 号车储藏间内的 4 块蓄电池两两串联后再并联得到，主要用于主发动机启动马达、应急灯、打磨液压系统应急泵、走行液压油位传感器、发动机水位传感器、冷却风扇百叶窗控制、驾驶室和电器间增压器、汽笛控制、日工作油箱燃油传输泵、雨刮器、Jupiter 计算机、走行控制模块供电、紧急停机控制、列车头灯、弹簧制动控制、驱动停止/激活控制、三项设备、内部通话、顶部警灯、走廊灯和打磨小车收放控制等；另一种途径是由 4 个供电变压器并联输出后得到，主要用于打磨液压油位传感器、打磨电机应急提升控制、计算机控制模块、MCC 控制、DSV 控制器等。

1. 蓄电池提供 DC 24 V 用电

使用 4 块 12 V、200 Ah 的蓄电池，两两串联后再并联，如图 6-1 所示。

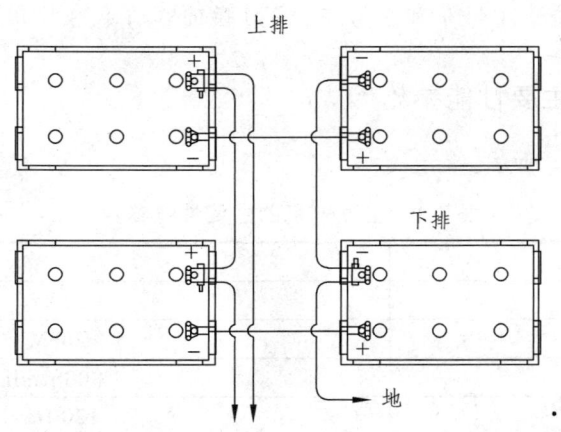

图 6-1 蓄电池提供 DC 24 V 用电

2. 变压器提供 DC 24 V 用电

打磨列车上装有4个供电变压器,外形如图6-2所示,输入 AC 220 V 电压,输出 DC 24～28 V 电压。

图 6-2　变压器提供 DC 24 V 用电

四、其他形式的交、直流电

部分元器件使用的 DC 12 V 电是由 DC 24 V 经变压器转换而来的,如液晶触摸屏等;部分设备使用的 AC 110 V 电是由 AC 380 V/220 V 经变压器转换而来的,如波磨检测计算机和配套的编码器分配盒;DC 90 V 电是由 AC 220 V 变压转换来的,如偏转电机制动器等。

学习项目二　主发电机

PGM-48 型钢轨打磨列车的主发电机是进行打磨作业的主要动力来源。打磨列车装备了两台主发电机,分别位于 1 号车和 3 号车,通过联轴器与 1、3 号车的主发动机同轴驱动。

一、主发电机的主要性能参数

其性能参数如表 6-1 所示。

表 6-1　主发电机的主要性能参数

项　目	参　数
额定功率	680 kW
额定电压	600 V
额定转速	1 800 r/min
额定频率	120 Hz
相　数	3
功率因数	0.8

二、发电机构造

发动机构造如图 6-3 所示。

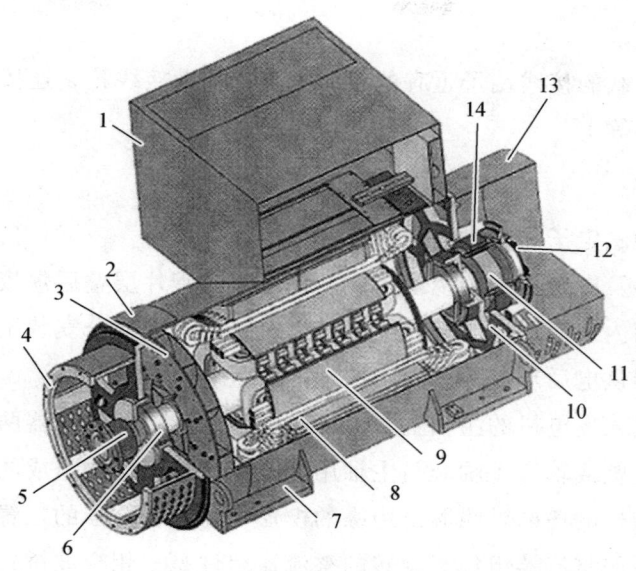

图 6-3 主发电机结构示意图

1—负载接线箱；2—防尘罩；3—风扇；4—连接盘；5—驱动轴；6—轴承；7—安装固定脚；8—定子绕组；9—转子；10—尾部轴承架；11—励磁电枢；12—整流器；13—励磁区防尘罩；14—励磁定子

1. 定 子

定子由机壳、定子铁心和定子电枢绕组组成。定子铁心由许多硅钢薄片压紧并保持于末端钢圈和定位杆间。这些定位杆和末端的钢圈被焊接在机壳内腔，属于机壳构造的一部分。整体基础的安装盘则焊接于机壳的底部，以方便整个发电机组件与发电机安装座的安装。发电机的绕组由分层的绝缘铜线绕成。这些线圈被塞入定子铁心的插槽内，最后连接在一起，装配好后涂上树脂压装。为了方便连接负载，由定子引出标准的接线柱或接线插头。

2. 转 子

转子组件就是一个旋转的磁场。它由转子铁心绕组组成，并按顺序安装于转子轴上。励磁绕组、风扇以及其他配件也一起安装在这个转子轴上。转子铁心由许多硅钢薄片分层堆叠在一起组成。转子铁心形成凸极（4个、6个、8个或10个），6个或更多的电极最后汇集到中间的集中器里。转子绕组由相互绝缘的线圈在每个磁极间绕制而成。每个磁极间的 V 形块将这些线圈固定在适当的位置。阻尼抑制绕组则由铜或铝杆经每个磁极的表面插入，并用铜或铝在每个铁心叠层的末端焊接在抑制器的端环上。而这个端环又焊接于相邻的磁极上，形成一个连续的抑制器绕组。绕组的端部由杆或铝制的极片构成。转子同样在绕组绕制过程中涂了树脂或者是用树脂真空压装。转子轴由高强度的钢材锻制后，再经机加工而成。轴上的键槽能够为励磁电枢、永磁发电机、转子部件和其他驱动回转部件精确定位。转子中轴线开有键槽和孔洞，用来放置整流器及转子电枢的引线。

3. 接线箱

接线箱有连接负载的接线端子（有的车型另设有辅助接线箱，连接温度探头和其他传感器以及气隙加热器等）。

4. 励磁系统

励磁系统包括励磁定子和励磁电枢两部分。

励磁定子由铁心及嵌入其中的绕组构成。铁心由硅钢片层叠后焊接在一起。主励磁定子线圈嵌入铁心的槽内从而形成交替的阴阳磁极，整个组成部分安装于尾部轴承架上。励磁定子由电压调节器供电后形成一个固定的励磁装置。

励磁电枢组件嵌入发电机的主轴上，由励磁电枢和旋转的整流器两部分组成。励磁电枢组件包含了嵌于主轴或轴套（轴套与主轴用键连接）上的硅钢组成的叠层结构。三相绕组则嵌入这个叠层结构的槽内。线圈由绝缘的楔形物保持在恰当的位置。线圈的引出线用带子拉出并引入旋转的整流器组件。旋转的整流器组件是三相全波桥式整流电路，它将励磁绕组输出的交流电转换为直流电并最终将其送入发电机主转子电枢绕组内。分别装有3个整流用二极管的铝铁合金盘装在绝缘集线器的两侧，形成正、负两个电极。这两个铝铁合金盘还兼作二极管的散热片。

5. 励磁系统功能

励磁机的励磁控制是通过电压调节器提供给励磁机激励电流的强度来控制的。来自于电压调节器的励磁机激励信号将决定直流电压和电流的水平，而且它受发电机输出电压和输出端负载的影响。

三、主发电机的工作原理

如图 6-4 所示，主发电机在主发动机同轴带动下，励磁电枢和转子在发电机腔内旋转。首先是外部交流电送入电压调节器，电压调节器输出一次励磁直流电到励磁定子励磁并建立磁场，励磁电枢在励磁定子建立的磁场内做切割磁力线运动，从而在励磁电枢内产生交流电。由励磁电枢产生的交流电经过整流器整流后变为直流电，再送入发电机的主转子二次励磁建立磁场。主转子建立磁场的同时还高速旋转，使主定子切割其建立的磁场，从而再次产生比之前电压大的交流电，并送往负载。同时，主定子还接到电压调节器的线，使电压调节器实时检测发电机的输出电压是否已经达到设定值。若输出电压未达到设定值，则电压调节器会调整输出到励磁定子建立磁场的一次励磁电压，从而使励磁电压发生改变，从而改变输出电压。如此一个往复的调整过程直到输出电压达到设定值。

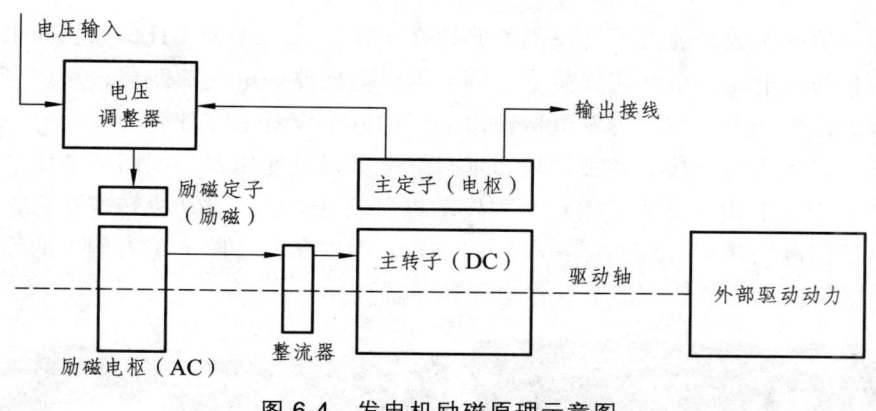

图 6-4 发电机励磁原理示意图

学习项目三 主发电机外围部件简介

发电机外围连接了诸如电压调节器、各种显示仪表、变压器、延时继电器等元件，以显示发电机工作信息和调整、控制主发电机运转。

一、电压调节器

KCR 760 电压调节器主要用于无刷同步发电机。电压调节器通过改变发电机励磁电流的大小来控制发电机的输出电压。它主要由变压器、晶体管、硅二极管、可控硅整流、集成电路、电阻器和电容器组成。它可以耐受一定的湿度、温度变化和振动冲击，并可以安装于运动部件上而不会产生较严重的磨损。KCR 760 电压调节器如图 6-5 所示。

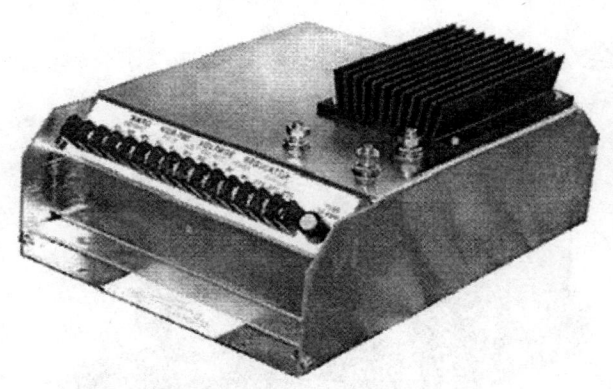

图 6-5　KCR 760 电压调节器

二、各类仪表、变压器及延时继电器

发电机控制箱如图 6-6 所示，发电机控制箱上排仪表分别是电流表、频率表和电压表，

用于显示每一项的参数。通过下排左侧的旋钮在 L1L2、L2L3 和 L1L3 三相间来回切换，查看任意两相间的电压。中间装置是电压调节器供电回路的电流断路器，对供电回路及各部件起到保护作用。下排右侧为发电机输出电压的调整设置电位计。

在发电机控制箱内还接有各种保险和延时继电器以及变压器，如图 6-7 所示。延时继电器（图 6-7 中左下角）是为了实现在主发动机启动 3 s 后，发动机转速平稳，运转正常才把发电机控制电路接通，从而保护电压调节器。而变压器（图 6-7 右侧）的作用是输入交流 220 V 电后输出 110 V 交流电，供电压调节器使用。

图 6-6　发电机控制箱仪表　　　　　图 6-7　延时继电器和变压器

学习项目四　辅助发电机组

PGM-48 型钢轨打磨列车装备了一台 Cummins 公司制造的 85DGDB 交流发电机组，如图 6-8 所示。

图 6-8　辅助发电机组

该发电机组采用重负载耐久型四冲程工业用水冷发动机，拥有较好的瞬态响应特性。

发电机部分采用匹配 2/3 节距低电抗绕组，H 级绝缘，具有超强的短路承受能力和非线性负载，电压波形畸变小。该发电机组采用 Cummins Ampsentry 保护功能，使保护曲线尽可能贴近发电机热损害曲线，充分发挥了过流能力，最大限度地给下级设备提供了调整的灵活性，并隔离故障以实现优化调整。发电机组采用智能型 PC2130 控制系统（以微处理器为核心的智能化控制系统），集成发动机调速与发电机调压功能，实现发电机组的可靠运行。辅助发电机组主要性能参数如表 6-2 所示。

表 6-2 辅助发电机组主要性能参数

项 目	参 数
额定功率	80 kW
备用功率	85 kW
额定电压	380 V
额定转速	1 500 r/min
额定频率	50 Hz
相 数	3
功率因数	0.8

学习项目五 电路原理图识图基础

由于钢轨打磨列车随机技术资料中，电路原理图采用的图形符号和电路元件符号与国内标准不一样，为了读图方便，对打磨列车中电路元件符号进行介绍，以便顺利识别图纸中各种走线顺序和线路，了解电气控制原理，方便电气故障处理。

一、常见元器件符号和画法

打磨列车电气原理图中常见的一些元器件表示符号和画法如表 6-3 所示。

表 6-3 常见元器件符号和画法

开关类								
电流断路器	旋钮开关	拨动开关		按钮开关		行程开关	
		常开	常闭	常开	常闭	常开	常闭
				HELD CLOSED	HELD OPEN	HELD CLOSED	HELD OPEN

续表

微动开关	空档启动开关	液位开关		真空或压力开关		温度开关	
		常开	常闭	常开	常闭	常开	常闭

导线					继电器		
导线未连接	导线连接	多根绞织导线	去往他处导线	来自他处导线	继电器线图	常开	常闭
OR	OR				K		

其 他

螺线管	稳压二极管	二极管	接线柱	保险管	蓄电池	接地端

喇叭	马达	灯	旋转灯	指示灯	仪表
	M	R	Y	R	T

电阻	变阻器	灯及指示灯的逻辑	仪表的逻辑
		A = 琥珀色，BU = 蓝色，G = 绿色，R = 红色；W = 白色，Y = 黄色	A = 电流表，AIR = 空压表，F = 燃油表，HR = 计时表，OP = 油压表，T = 温度表，TAC = 转速表，V = 电压表

插头插座	发射单元	可变电阻	线圈	转换器	电器箱
					OR

在打磨列车上，绝大多数液压电磁阀线圈连接处都装配有 LED 灯，用来检查和观察电磁阀是否激活。绝大多数继电器也同样装有 LED 指示灯，用来检查继电器当前是否激活。如果 LED 指示灯亮，则说明继电器已经激活，否则没有激活。

二、图中标识含意

如图 6-9 所示，为典型的电气原理图，图中标识意义如下：

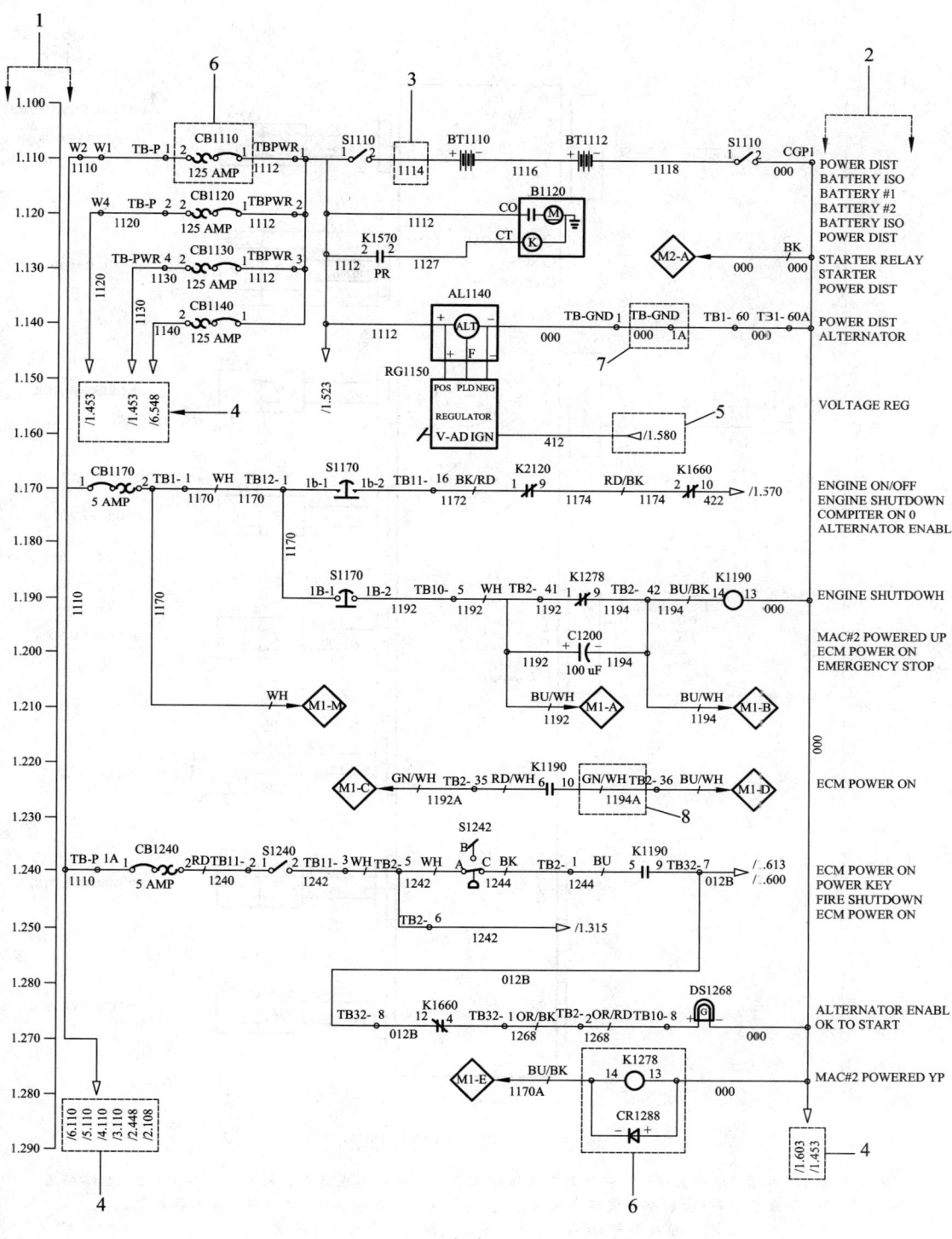

(a)

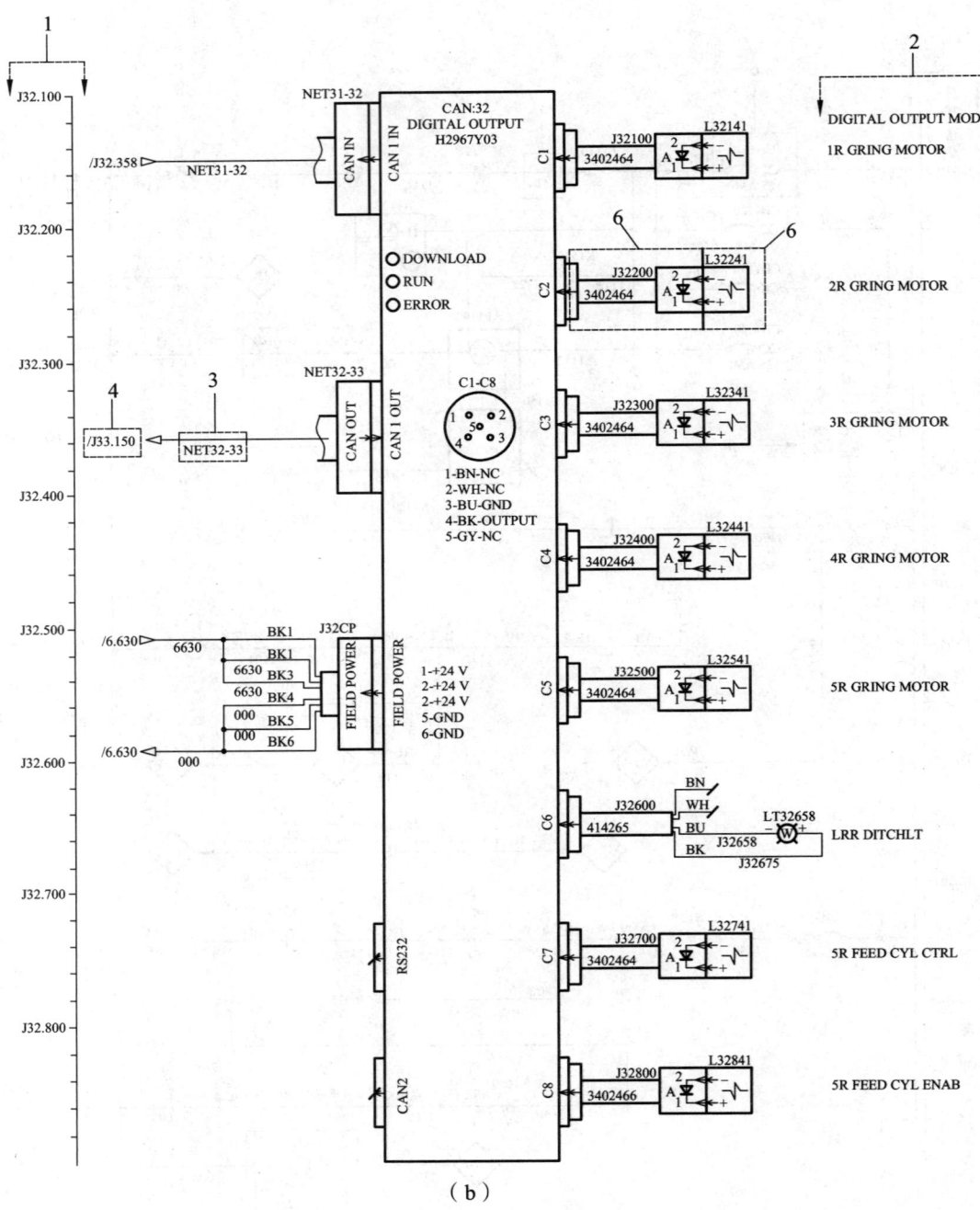

(b)

图 6-9 典型的电气原理图

1—线路查阅号（位置），句点前面的任何数字或字母都表示页码；句点后面的数字表示线号；2—电路描述；3—导线号；4—向后查阅线路查阅号；5—向前查阅线路查阅号；6—部件号和接线端；7—接线排号-接线端；8—多股交织线缆中的导线及其颜色

三、600 V 发电机发电控制原理识图

600 V 发电机电路原理图如图 6-10 所示，对这张电气接线原理图的识图要从该图的右下角开始：由线号为 8580 和 5166 的两根线开始，从辅助发电机发出的交流 220 V 电经过电流断路器后由这两根线送入变压器的原边，经变压器变压后变为交流 113 V，由线号为 38305 和 38327 的两根线输出待用。由图 6-10 中变压器标示可知 H1 和 H2 为变压器原边的抽头，X1、X2、X3 和 X4 为变压器副边的输出抽头，其中 X1 为中性线，X2 输出的为交流 120 V，X3、X4 分别为输出电压为交流 139 V 和 127 V 的抽头。由 X2 接出的线号为 38305，经过一个延时 2 s 的延时继电器 TR55605 作用后线号变为 38313，然后进入 KATO 的统一布线系统，线号变为 22。线号为 22 的线承载交流 110 V 电一部分送入电压调节器的 P1 端，另一部分则给上部的运转时间表、右侧的频率表、中间的电压表和左边的电流表供电，提供它们的工作电压。由 X1 接出的线号为 38327，最终进入 KATO 的统一布线系统，线号变为 23。线号为 23 的中性线连接电压调节器的 P2 端，同时又连接运转时间表、频率表、电压和电流表。电压调节器在 P1 和 P2 得到交流 110 V 电后，如果 2 A 的保险正常，则进入工作状态。它首先由 F1 和 F2 输出直流 50 V 左右的励磁电压，经线号为 8 和 9 的线缆通过接线板 F1 和 F2 的端子连接，线号变为 38219 和 38221 后再次进入接线板的 EF1 和 EF2 后送入励磁定子。励磁定子得到直流电产生磁场。当励磁转子由柴油机带动旋转切割励磁定子产生的磁场时产生交流电。产生的交流电又被送入一个桥式整流电路的整流器后再次变为直流电送入主转子进行第二次励磁，同时主转子转动使主定子 GEN38140 切割磁场，从而定子再次产生交流电，通过这个放大励磁电压的途径再次励磁发电，使得发出的交流电接近设定值。定子发出的交流电有部分经 ABC 接线板 G1 端、G2 端、G3 端、线 26、线 27、线 28、线 38197、线 38195、线 38193、13 A 保险 FU38285、13 A 保险 FU38287、13 A 保险 FU38289、线 38289、线 38287、线 38285、接线板 E1 端、接线板 E2 端、接线板 E3 端、线 18、线 19 和线 20 最终送入电压调节器的 E1、E2 和 E3 接线端，同时经线 18、线 19、线 20、3 个 2 A 保险、线 15、线 16 和线 17 送入变压器后，送入旋钮转换开关以备通过旋钮来查看电压表显示的各相电压。送入电压调节器 E1、E2 和 E3 的交流电是一个反馈信号，如果该电压未达到设定的输出电压，它将继续增大或减小 F1 和 F2 端的一次励磁输出电压，从而使定子发出的电压发生变化，直到达到设定输出电压后停止调整。电压调节器 R1 和 R2 间为输出电压微调电阻，用来调整输出电压的设定值。在线 22 和电压调节器 P1 端间接了电流断路器，用以检测一次励磁电压输出是否电流过大，保护一次励磁转子线圈，如电流过大，则切断电压调节器的工作供电。在主定子下面的 RTD1、RTD2 和 RTD3 为检测发电机每相转子温度的传感器接线，这些信号被送入模块后显示在计算机上。在 600 V 输出端的线 38183 和线 38185 将发电机输出电压经两个 1 A 的保险后送入 Jupiter 计算机模块显示在计算机操作界面上。发电机的输出经线 38148、线 38155 和线 38163 后，送入 3 个 400 A 的电流断路器，最后送入各电机控制中心。

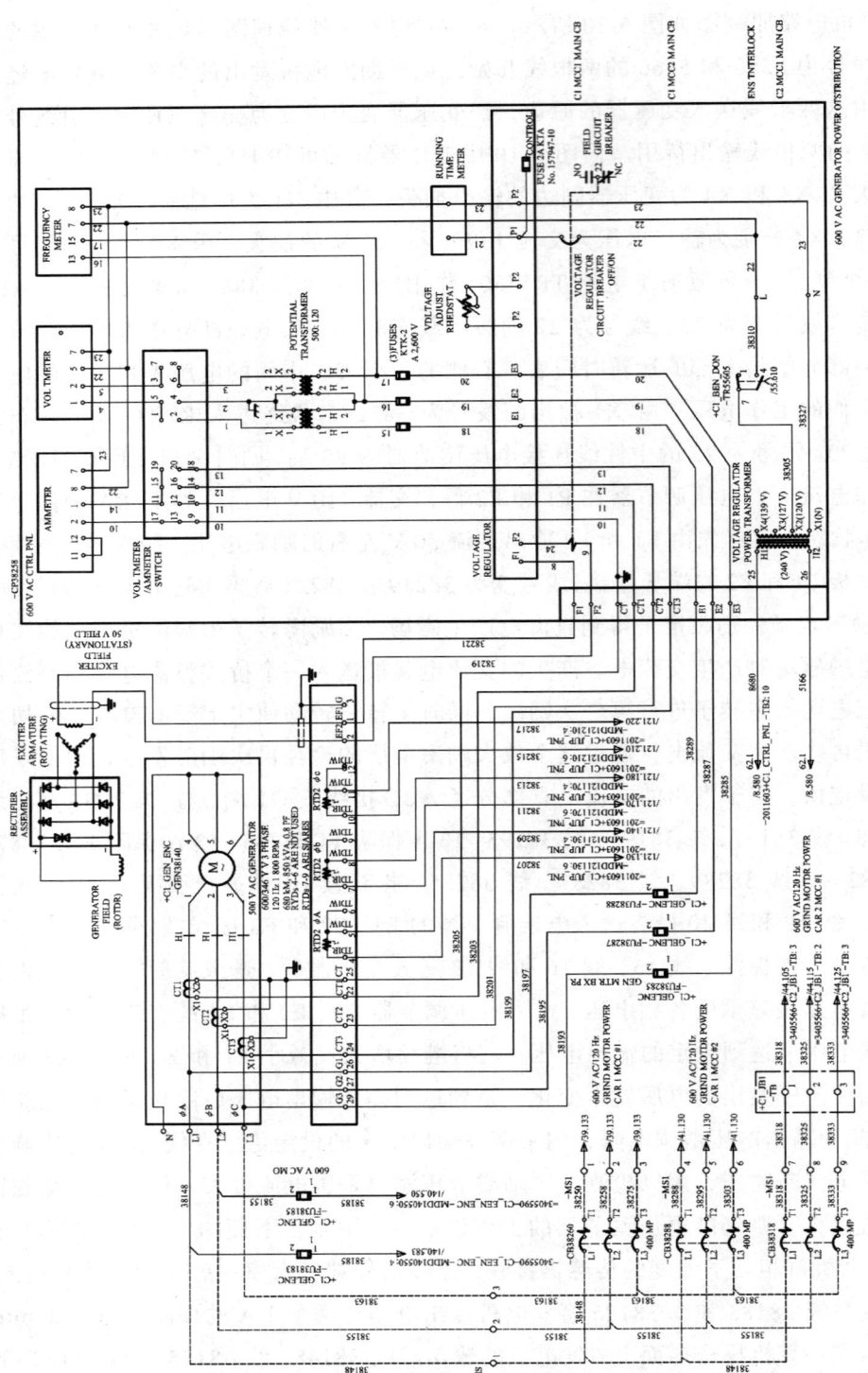

图 6-10　600 V 发电机原理图

四、偏转电机电路原理图

偏转电机电气原理图如图 6-11 所示，包括 24 V 计算机控制图和 220 V 交流图两部分。它的控制首先要从模块控制电路图部分出发。当计算机要求偏转电机动作时，会通过 L-BUS 的一个数字输出模块来控制偏转电机内偏还是外偏，同时在偏转电机进行偏转动作的同时还需要缓解它的制动。如需要 12L（左侧）偏转电机向内/外侧偏转，则计算机会在模块 MOD103103 的 1/2 号通道输出 24 V 直流电，激活固态继电器 CR103125/CR103135 的线圈，使该继电器得电，则 220 V 接线图中的该继电器控制的常开触点会闭合，接通 220 V 电至偏转电机的交流电机。与此同时，计算机还会在模块 MOD103103 的 3 号通道输出 24 V 直流电，激活固态继电器 CR103145 的线圈，使该继电器得电，则在 220 V 接线图中的该继电器控制的常开触点会闭合，接通 220 V 电至桥式整流电路的整理器整流后为直流电，给螺线管供电产生磁力，从而缓解偏转电机的制动效果，使其开始在交流电机的带动下向内/外转动。在偏转电机 220 V 电气原理图上，电容 CAP11153 的作用是使单相 220 V 电产生 90°相位偏移，使偏转电机实现正反转。

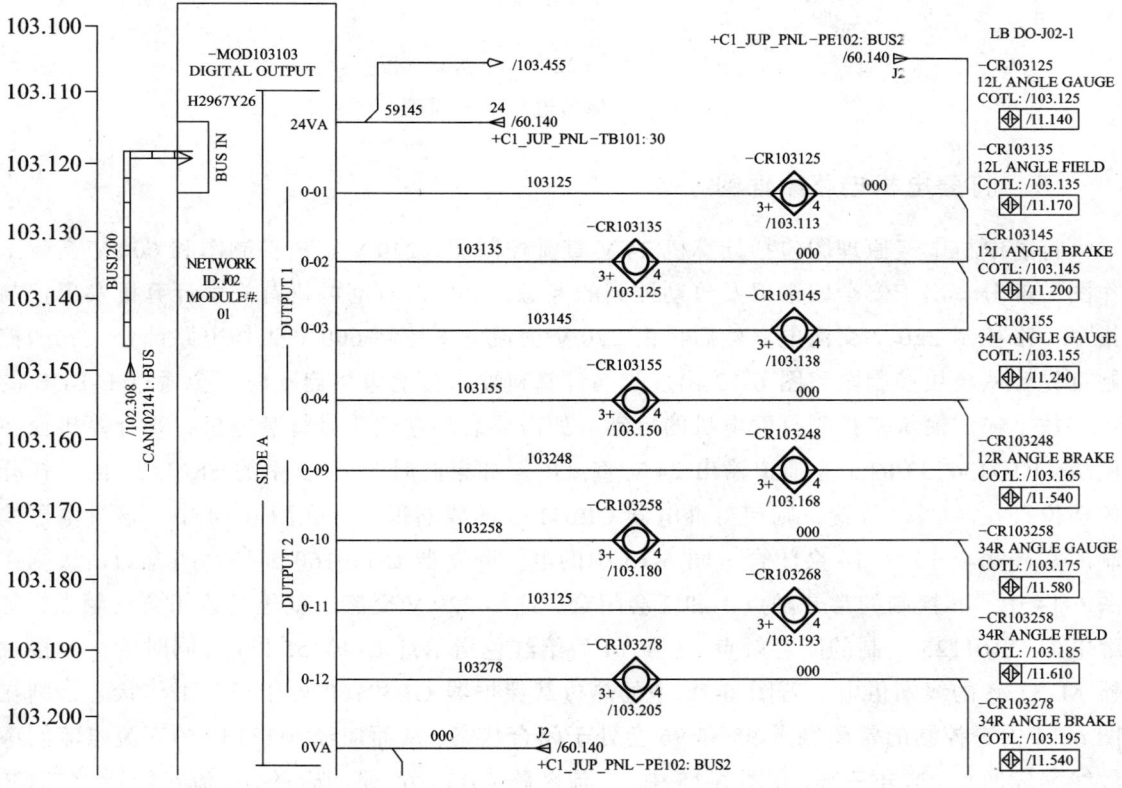

（a）偏转电机 24 V 直流计算机控制图

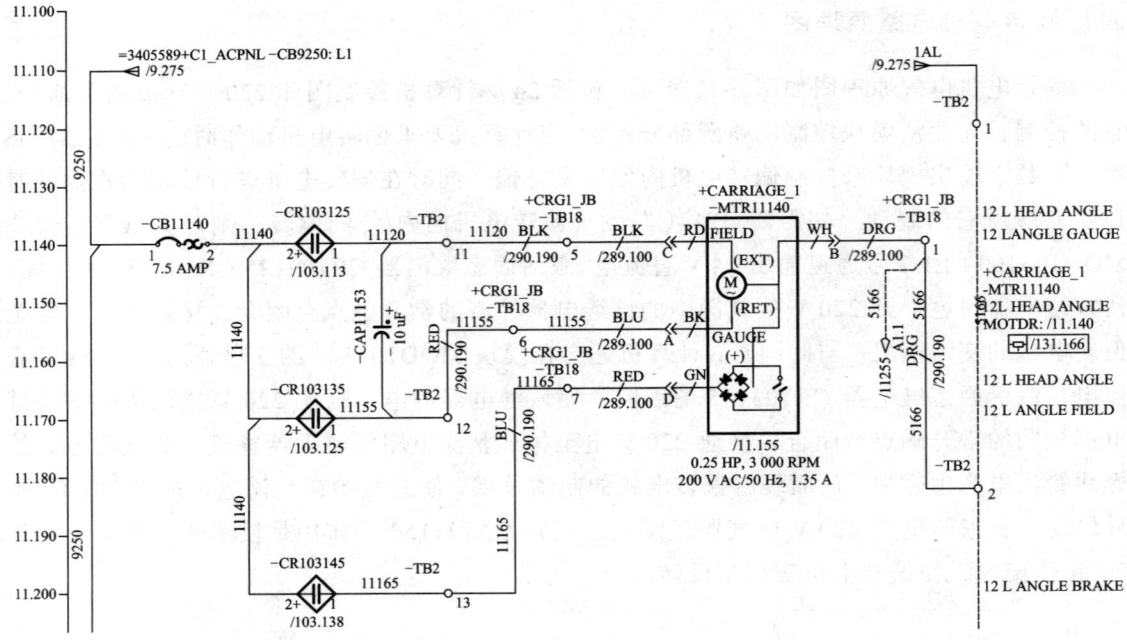

（b）偏转电机 220 V 交流工作图

图 6-11 偏转电机电气原理

五、打磨电机电路原理图

打磨电机电气原理图包括计算机 24 V 直流控制图、220 V 交流控制图和 600 V 交流工作图三部分。出于安全因素以及自动控制的考虑，600 V 打磨电机首先由计算机发出控制指令，来控制 220 V 交流电，然后再由 220 V 交流电来控制 600 V 工作电路部分。它的控制首先要从模块控制电路图 6-12 出发。当计算机要求打磨电机启动时，会通过 L-BUS 的一个数字输出模块来控制打磨电机的启动。如需要启动左侧 1 号打磨电机，则计算机会在模块 MOD134133 的 1 号通道输出 24 V 直流电。如果此时图 6-13 中的 SS61125 的选择开关档位打在 AUTO 位置，则使得继电器 CR61125 的线圈得电。在图 6-14 中，该继电器控制的常开触点 13 和 14 会闭合。图 6-15 中的电流断路器 CB39160 如果是闭合的话，则在图 6-14 中，其控制的常开触点 1 和 2 会闭合，这样 220 V 交流电就经过该闭合的触点，经继电器 CR61125 控制的闭合触点 13 和 14 后给红色指示灯 LT13155 供电，同时给交流接触器 M13130 的线圈供电。若图 6-15 中的热过载保护器 OL39160 处于正常工作状态，则在图 6-14 中它控制的常闭触点 95 和 96 会处于闭合状态，从而使经 M13130 的交流电流回中性线完成回路。这样一来，在图 6-15 中，电流断路 CB39160 是闭合的，交流接触器 M13130 的常开触点闭合，热过载保护器 OL39160 未过载，这样 600 V 交流电就被引入三相交流打磨电机。图 6-15 中的 CT39168 是打磨电机的电流传感器，感知打磨电机的工作电流强度，从而获知打磨电机的当前功率。

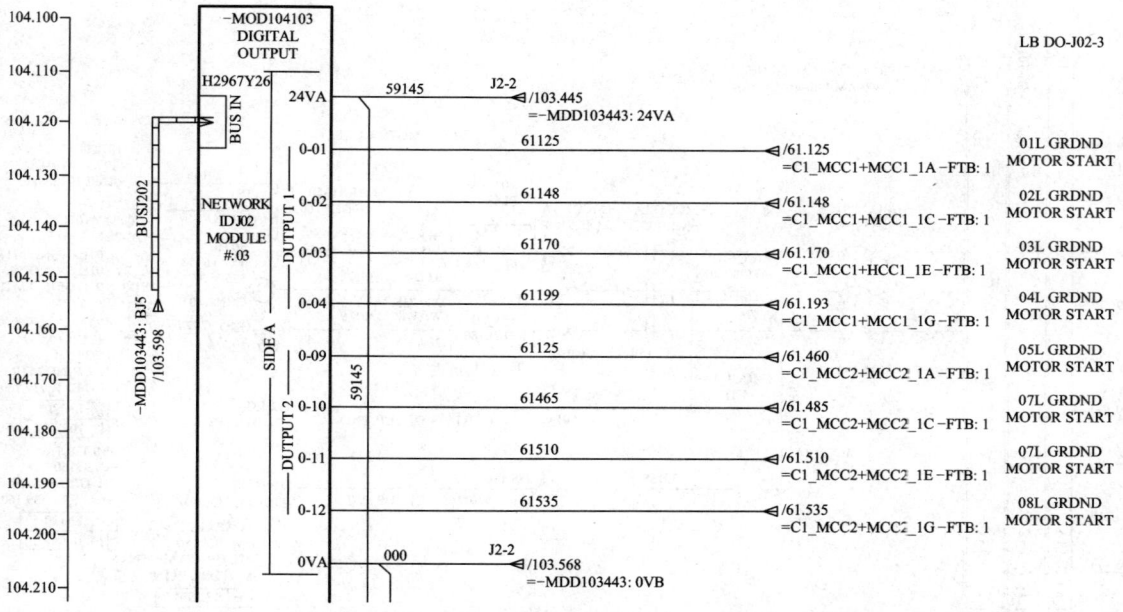

图 6-12 打磨电机-计算机 24 V 直流控制 1

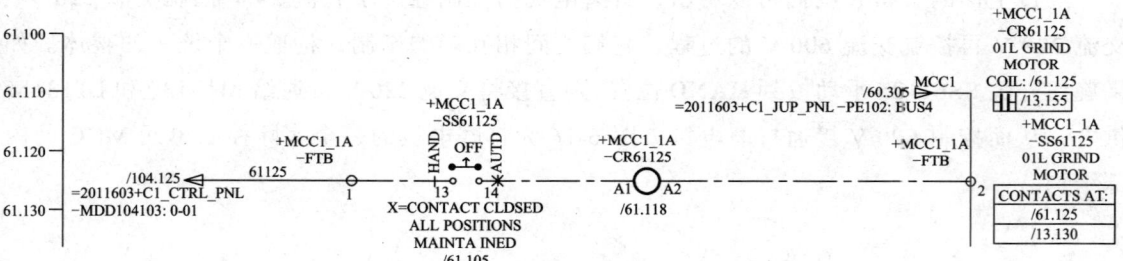

图 6-13 打磨电机-计算机 24 V 直流控制 2

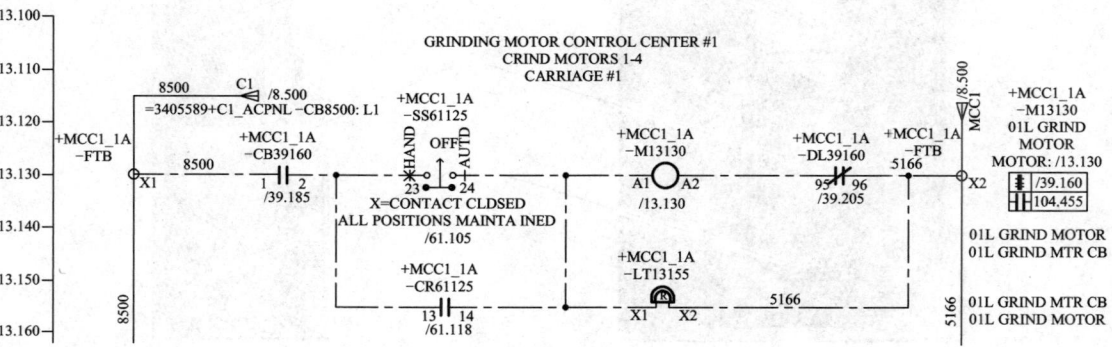

图 6-14 打磨电机 220 V 交流控制

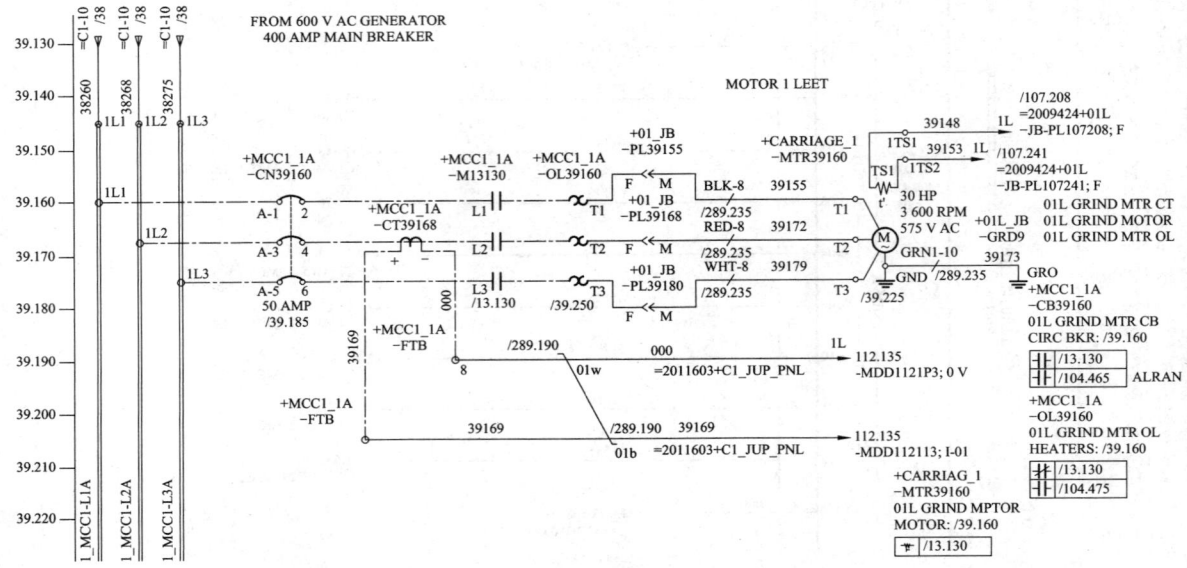

图 6-15 打磨电机 600 V 交流工作图

经过上面的分析，我们可以看出，打磨电机的控制经历了直流 24 V 控制交流 220 V，交流 220 V 再控制交流 600 V 的过程。它们之间相互影响牵制，构成一个统一的整体。如果旋钮开关 SS61125 手动扳到 HAND 位置，则直接将交流 220 V 接通给 M13130 和 LT13155 供电，从而控制 600 V 接通打磨电机。图 6-16 为打磨电机的一个实际控制单元 MCC 的内部结构。

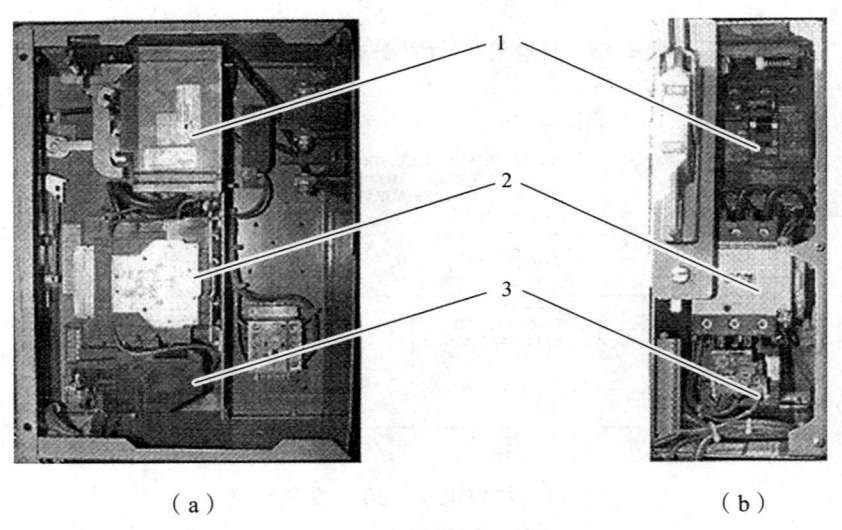

图 6-16 MCC 内部结构

1—电流断路器；2—交流接触器；3—热过载保护器

复习思考题

（1）简述 PGM-48 型钢轨打磨列车的供电类型及用途。
（2）简述 PGM-48 型钢轨打磨列车主发电机的工作原理。
（3）简述 PGM-48 型钢轨打磨列车辅助发电机组的特点。
（4）试分析 600 V 发电机的电路图。
（5）试分析偏转电机和打磨电机的工作原理。

单元七　气动系统

【知识目标】

（1）掌握制动系统的组成及主要部件的作用。
（2）了解制动系统的性能参数及工作原理。
（3）掌握集尘装置的组成及工作原理。
（4）掌握换档机构的换档原理。

【能力目标】

（1）熟知制动系统的组成，并能够对制动系统进行日常检查和定期维护。
（2）能独立完成大闸、小闸制动性能试验。
（3）熟知集尘装置的组成，并能够对集尘装置进行日常检查和定期维护。
（4）熟知换档机构的组成，并会穿插控制锁止销。

气动系统在钢轨打磨列车中的使用主要包括制动系统、集尘系统、换档机构及其他气动装置。

学习项目一　制动系统

钢轨打磨列车的制动系统包括风源、空气制动部分（制动机）、基础制动装置3个部分。基础制动装置在单元二已作介绍。本项目主要介绍风源及空气制动部分。

PGM-48型钢轨打磨列车采用JZ-7型空气制动机，如图7-1所示。JZ-7型空气制动机具有低压过充性能，中继阀具有良好的充排风功能，提高了制动机的充排风性能。该型制动机性能良好，操作灵活，检修方便。

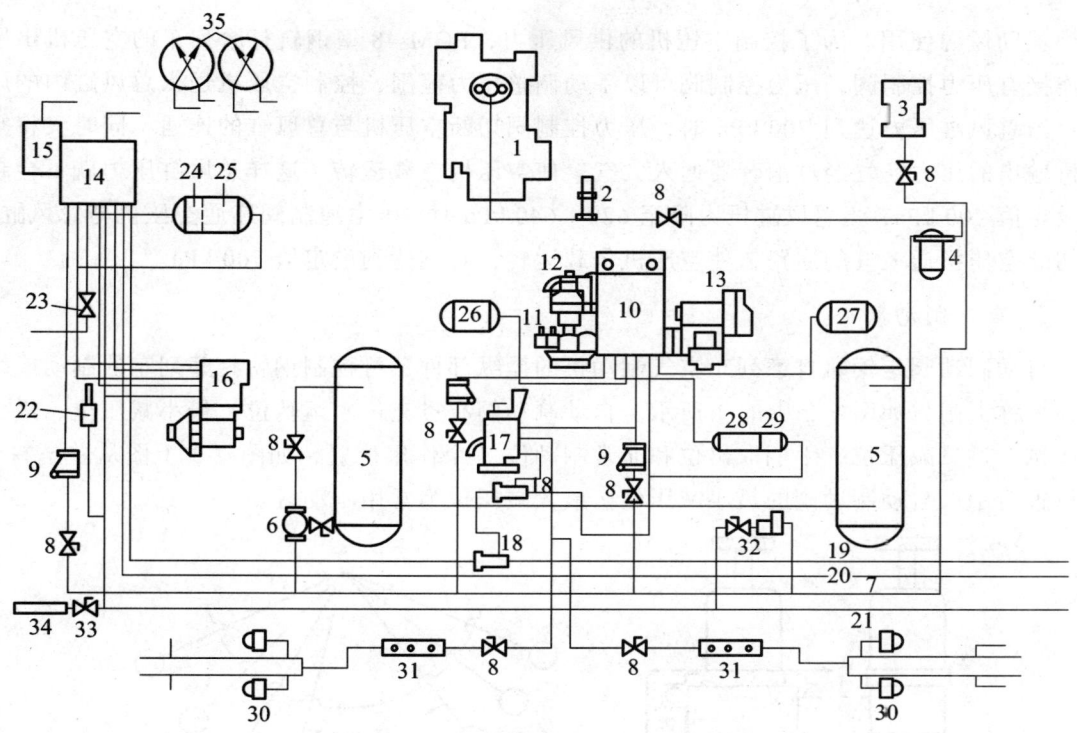

图 7-1　JZ-7 型空气制动机系统构成

1—空气压缩机；2—安全阀；3—调压器；4—油水分离器；5—总风缸；6—离心集尘器；7—总风缸管；8—截断塞门；
9—滤尘器；10—分配阀管座（中间体）；11—分配阀主阀部；12—分配阀紧急阀部；13—分配阀副阀部；
14—自动制动阀；15—单独制动阀；16—中继阀；17—作用阀；18—变向阀；19—单独作用管；
20—单独缓解管；21—列车制动管；22—紧急制动阀；23—撒砂压力开关（部分车型有）；
24—均衡风缸；25—过充风缸；26—工作风缸；27—降压风缸；28—紧急风缸；
29—作用风缸；30—制动缸；31—制动缸连接管；32—无动力装置；
33—折角塞门；34—软管连接器；35—双针压力表
[总风缸和制动缸，制动管（列车管）和均衡风缸]

一、空气制动系统的组成

空气制动（制动机）是直接受司机操纵控制及产生制动力的动力来源部分。空气制动系统主要由风源、制动机两大部分组成，同时还包括干燥器、除油装置等辅助装置。其中空气制动部分包括从总风缸至制动缸之间的一系列制动阀、中继阀、分配阀、压力表等附件。PGM-48 型钢轨打磨列车的 1 号车和 3 号车空气制动结构相同，2 号车从结构上只是没有控制制动机。空气制动系统的主要组成部件和功用如下：

1. 空气压缩机和总风缸

空气压缩机和总风缸的作用是产生、储存压力空气，供打磨列车制动系统和其他气动装置使用。空压机是打磨列车的主要风源，PGM-48 型钢轨打磨列车的 1 号车和 3 号车分别采用一台双缸、直列式空气压缩机作为整车的主风源，空压机直接由主发动机驱动，每台空压机功率为 96 m^3/h，2 号车辅助发电机组上也安装了一台空气压缩机，但功率较小，作为辅助风源使用。为了控制空压机的供风压力，PGM-48型钢轨打磨列车的空压机出风口连接有压力控制阀，压力控制阀可以手动调整压力范围，控制空压机送入总风缸内的风压：当总风缸压力达到 700 kPa 时，压力控制阀切断空压机与总风缸的连通，同时又将空压机输出的压力空气经过消音器通入大气，使空压机空载运转，这样总风缸压力就不会超过设定值 700 kPa；当总风缸压力降至 620~640 kPa 时，压力控制阀连通空压机与总风缸，而切断空压机通大气的通路，使空压机负载运转，直到达到设定值 700 kPa。

2. 自动制动阀

自动制动阀是钢轨打磨列车空气制动机的操纵部件，可控制钢轨打磨列车的制动或缓解，俗称大闸，如图 7-2 中的 1 所示。自动制动阀有过充位、运转位、最小减压位、最大减压位、过量减压位、手柄取出位和非常制动位 7 个作用位置，如图 7-3 上图从左至右 7 个位置所示。自动制动阀的最小减压位至最大减压位为常用制动区。

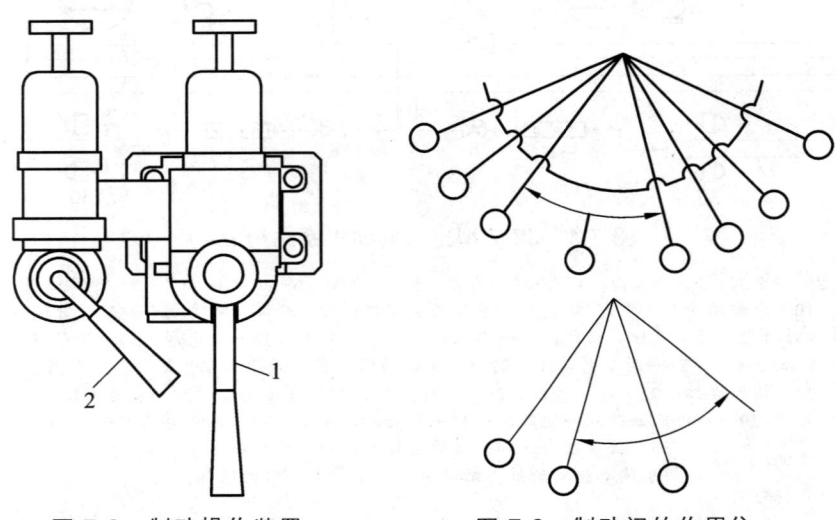

图 7-2　制动操作装置　　图 7-3　制动阀的作用位

3. 单独制动阀

单独制动阀主要用于钢轨打磨列车的单独制动与缓解，俗称小闸，如图 7-2 中的 2 所示。单独制动阀与制动管压力变化无关，属于自动保压式，还可以实现打磨列车自动制动后的单独缓解。单独制动阀有 3 个位置，即全制动位、运转位、单独缓解位。运转位与全制动位之间为单独制动区，如图 7-3 下图从左至右 3 个位置所示。

4. 制动管

制动管是贯通全列车的空气导管，连接钢轨打磨列车的每节车，通过自动制动阀对管内空气压力进行控制，可使列车产生制动或缓解作用。

5. 副风缸

副风缸设在每节车辆的制动机上，储存压力空气，作为制动时制动缸的风源。

6. 中继阀

中继阀是受自动制动阀的操纵，直接控制制动管压力变化的气动执行元件。中继阀的主要作用是根据均衡风缸的压力变化，直接控制制动管的充气和排气，从而使打磨列车产生制动、保压或缓解。其最大的特点是：当自动制动阀手柄在过充位时，可以使制动管压力得到超过规定压力 30～40 kPa 的过充压力，从而缩短打磨列车初充风和再充风的时间。当自动制动阀手柄由过充位移至运转位后，制动管的过充压力能自动缓慢地消除，且不会引起车辆的自然制动。

7. 分配阀

分配阀是空气制动的重要部件。它根据制动管内的压力变化而产生动作，控制副风缸的充气和排气。充风时，向副风缸充入压力空气；制动时，将副风缸的压力空气送入制动缸；缓解时，将制动缸的压力空气排至大气。

8. 作用阀

作用阀的主要作用是根据单独制动作用管内空气压力的变化，控制打磨列车制动缸的充风和排气，从而实现打磨列车的单独制动、保压和缓解。

9. 制动缸

制动缸将空气压力转化为机械能，是基础制动装置动作的源头。

二、JZ-7 型空气制动机的工作原理

PGM-48 型钢轨打磨列车采用 JZ-7 型空气制动机。JZ-7 型制动机的作用原理图如图 7-4 所示。

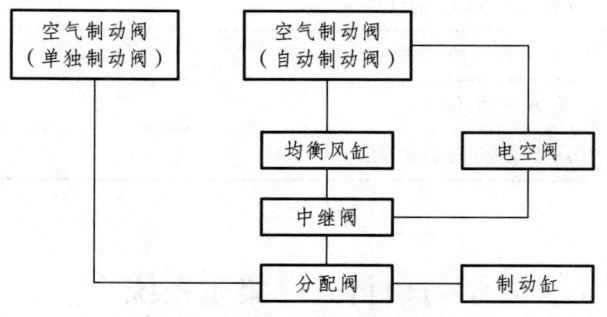

图 7-4　JZ-7 制动机作用原理

JZ-7 型制动机在自动制动作用时，自动制动阀实施均衡风缸的压力控制；中继阀根据均衡风缸的压力变化，使列车管的压力产生相应变化；分配阀响应列车管的压力变化，产生制动和缓解的控制。

JZ-7 型空气制动机在控制单机运行时，用作单独制动阀的空气制动阀实施作用管的压力控制；分配阀均衡部控制制动缸的压力变化，从而实现制动与缓解作用。

JZ-7型空气制动机的控制过程如下：

1. 控制全列车运行

空气制动阀（用作自动制动阀）→均衡风缸→中继阀→列车管压力变化→分配阀→制动缸。

2. 控制单机运行

空气制动阀（用作单独制动阀）→分配阀→制动缸。

三、主要性能参数

钢轨打磨列车JZ-7型空气制动机的主要性能参数如表7-1、表7-2所示。

表7-1 单独制动性能

技术项目	技术要求
全制动位制动缸最高压力/kPa	300
全制动位制动缸压力自零上升至280 kPa的时间/s	≤3
运转位制动缸压力自300 kPa降至35 kPa的时间/s	<4

表7-2 自动制动性能

技术项目	技术要求
均衡风缸常用减压自500 kPa至360 kPa的时间/s	5～8
常用全制动制动缸压力/kPa	340～360
常用全制动制动缸压力自零上升至340～360 kPa的时间/s	5～8
制动缸压力自340～360 kPa缓解至35 kPa的时间/s	5～7
紧急制动时，制动管压力降至零的时间/s	≤3
紧急制动时，制动缸的最高压力/kPa	420～450
紧急制动时，制动缸升压至最高压力的时间/s	4～6

学习项目二 集尘系统

为了减少打磨粉尘对环境的污染，降低铁路职工对道岔、平交道口的清扫劳动量，以及打磨火星对打磨列车工作机构的烧蚀破坏，PGM-48型钢轨打磨列车加装有集尘装置。集尘装置主要利用气流由高压区流向低压区的原理设计，同时设计有吹尘和灰尘收集装置。集尘装置的应用，在生产中对于有效保护环境和设备起到了很大的作用。

一、集尘装置的结构及组成

集尘系统主要由空压机、风缸、风扇、风扇驱动装置、集尘箱、过滤器（集尘滤芯）、灰尘收集装置和控制管路组成。RGH20C 型道岔打磨列车和 PGM-48 型钢轨打磨列车集尘装置的设计结构和工作原理相同，不同的是两者的风扇驱动方式不同：道岔打磨列车的集尘风扇采用了液压马达驱动，线路打磨列车采用了电机驱动；过滤器安装的滤芯多少不同：由于两种车型的设计空间以及打磨过程中灰尘的产生量不同，因此集尘滤芯根据需要所安装的数量不同；排灰的方式不同：道岔打磨列车采用人工排灰的方式，设有灰尘收集抽屉（集尘池），定期清理集尘抽屉，钢轨打磨列车采用自动排灰的方式，在灰尘箱底部安装有螺旋排灰通道，通过电气控制可以实现自动排灰。下面以 RGH20C 型道岔打磨列车的集尘装置为例进行介绍。

道岔打磨列车的集尘装置结构如图 7-5 所示：

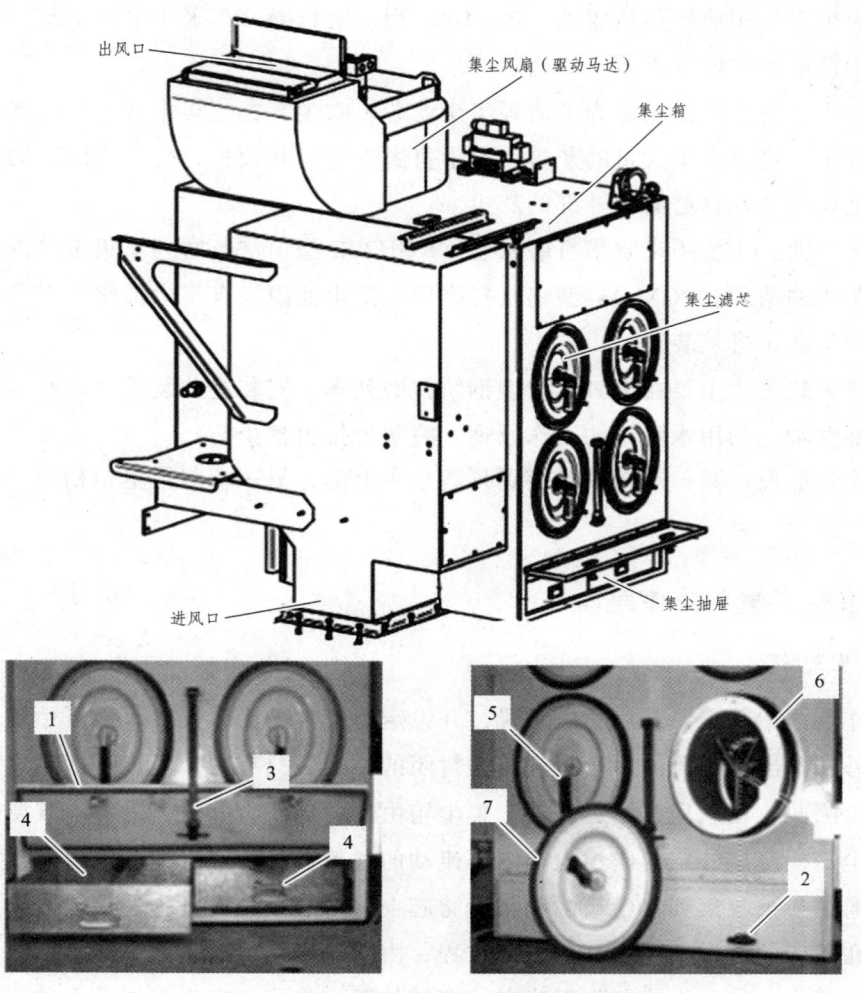

图 7-5 道岔打磨列车集尘装置结构图

1—集尘池盖；2—集尘池盖锁紧手柄；3—拉带；4—集尘抽屉；
5—滤芯压盖；6—集尘滤芯；7—密封圈

二、各部件的功用

（1）空压机、风缸：提供高压空气，以满足集尘系统工作需要。RGH20C型道岔打磨列车的集尘系统（只有两个集尘箱）与空气制动系统共同使用一个空压机和风缸。PGM-48型钢轨打磨列车由于其设计集尘箱较多（全车6个集尘箱，每个作业小车一个），所需风量较大，设有一台专用的空压机和风缸。

（2）集尘风扇：产生高压气流，将集尘箱内部的空气通过集尘滤芯向集尘箱外部抽出，使集尘箱内外部产生压力差，即集尘箱内部产生一定的真空度。

（3）集尘箱：提供气压差的箱体，内部有集尘滤芯，箱底有集灰池、吹尘管路等。

（4）滤芯：过滤打磨所产生的灰尘，将灰尘吸附在滤芯的外部，达到对空气过滤的目的。

（5）驱动装置：风扇驱动装置，由于车型的不同所采用的驱动方式也不同。RGH20C型道岔打磨列车采用液压马达驱动，PGM-48型钢轨打磨列车采用电机驱动。其共同的作用是为集尘风扇提供驱动力。

（6）吹尘装置：其作用是为了清理集尘滤芯，吹尘装置与集尘滤芯的内部相连。在打磨作业过程中，将会产生大量的灰尘，由于打磨作业时间较长，会造成滤芯的堵塞，吹尘装置主要是定时清理打磨滤芯外部的灰尘。

（7）集尘池：主要用来收集打磨灰尘。RGH20C型道岔打磨列车集尘池内部有集尘抽屉，方便灰尘的清理。PGM-48型钢轨打磨列车集尘池内没有集尘抽屉，但是设计成漏斗形，在底部加装了排灰装置。

（8）排灰装置：主要在PGM-48型钢轨打磨列车上安装有此装置，设有排灰通道，通道内有螺旋滚轴，利用水泥罐的工作原理，将灰尘排出集尘箱。

（9）集尘通道：其一端直接连接到打磨小车上部，另一端与集尘箱相通，是灰尘的收集通道。

三、集尘装置的工作原理

1. 集尘过程

打磨作业开始前，要开启集尘装置，并设定为集尘功能，集尘风扇开始旋转，由集尘箱内部向外部抽出强气流。由于集尘箱是封闭的结构，只有两个开口，即风扇排风通道、集尘通道，因此，在风扇开始运转后，集尘箱由于内部压力降低，外部空气要通过集尘通道进入集尘箱，产生外空气向集尘箱内部流动的气流，打磨产生的灰尘随着气流的流动，通过集尘通道，被收集到集尘箱内和集尘滤芯上。打磨小车内灰尘的流动方向如图7-6所示。同时在集尘的过程中还伴有吹尘的过程，由空气压缩机产生的高压空气以一定时间间隔（设定时间为10 s）由滤芯内部吹向滤芯的外部，将附着在集尘滤芯上的残尘吹下，收集到集尘箱底部的集灰池。

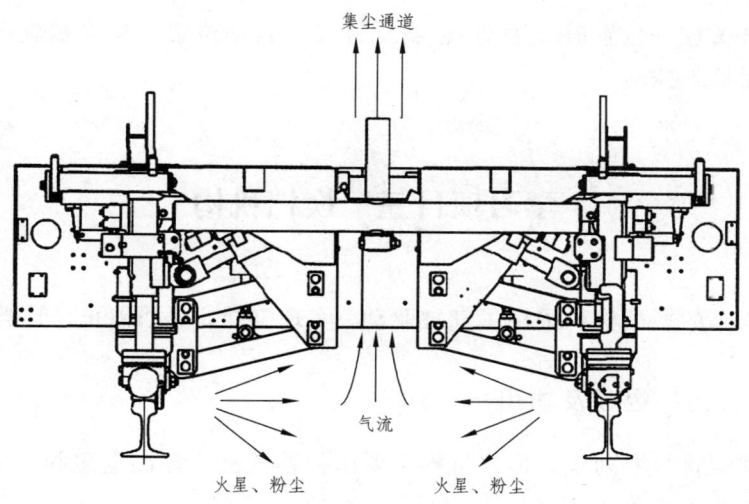

图 7-6 打磨小车内灰尘的流动方向

2. 吹尘过程

在打磨结束后,将集尘装置转换到吹尘功能,集尘风扇停止工作,由空压机产生的高压空气从滤芯内侧向滤芯外侧间断性吹出,清理集尘滤芯。通常设定吹尘时间为 15 min,即可将集尘滤芯清理干净,15 min 后,吹尘过程自动停止。

3. 排灰过程

RGH20C 型道岔打磨列车的排灰过程,即灰尘的清理是通过人工清理来实现的,将集尘抽屉从集尘池中拉出清理皆可。PGM-48 型钢轨打磨列车的排灰过程,是通过电机驱动安装在集尘池底部的螺旋滚轴,将灰尘排出车外,实现灰尘的自动清理。

四、集尘装置的控制

PGM-48 型钢轨打磨列车每个集尘装置都有一个螺旋可以清空在打磨过程中聚积的打磨残渣。螺旋能手动操作,或使用打磨操作位置的触摸屏操作面板由软件控制。集尘螺旋电机控制盒如图 7-7 所示。

图 7-7 集尘螺旋电机控制盒
1—主断路开关;2—手动/关/自动开关;3—运行显示灯;4—电路开关重设按钮

当主断路开关在开位置时且手动/关/自动开关在自动位置，集尘螺旋可使用打磨操作位置的触摸屏面板来控制。

学习项目三　换档机构

钢轨打磨列车的换档机构采用了气缸驱动，实现空档、空档锁止、低档、高档的转换。

一、换档机构的组成及功用

PGM-48 型钢轨打磨列车的换档机构主要由换档气缸、控制电磁阀、空档锁止装置、连接管路和换档拨叉组成。

1. 换档气缸

换档气缸是打磨列车实现档位变换的主要驱动机构。通过连接换档拨叉，将空气动能转换为拨叉的机械能，实现齿轮箱内高、低、空档位的变换。换档气缸外形结构如图 4-18 所示。换档气缸内部机构如图 7-8 所示。

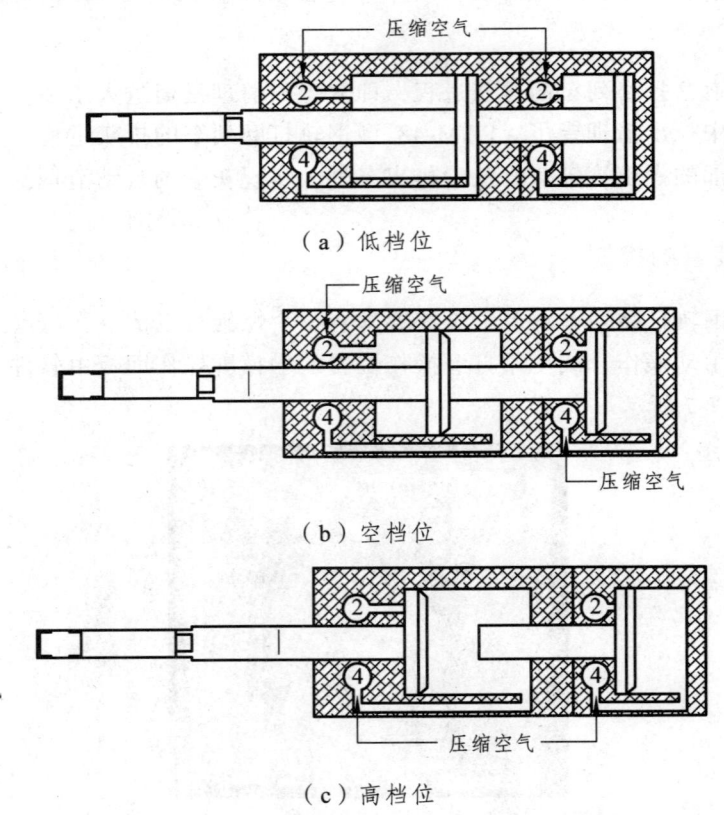

（a）低档位

（b）空档位

（c）高档位

图 7-8　换档气缸内部结构及三种工作状态

2. 控制电磁阀

控制电磁阀是换档气缸的主要控制机构。PGM-48型钢轨打磨列车的每一根动力轴的换档气缸由两个二位四通阀控制，实现高、低、空档的转换。

3. 空档锁止装置

PGM-48型钢轨打磨列车空档锁止方式采用人工穿插空档销实现。

4. 换档拨叉

换档拨叉一端与齿轮箱内的换档齿轮相连，另一端通过拉杆与换档气缸活塞杆相连，实现档位的转换。

二、换档机构的工作原理

（1）空档到低档或高档的转换。当车辆的档位在空档位时，换档气缸状态如图7-8（b）所示，换档气缸左2和右4管路通入压缩空气，右侧腔内活塞向左移动到最大值，左侧腔内活塞向右移动并与右侧活塞接触，左右两侧保持平衡。要换到低档（或高档），操纵人员拔出空档锁止销，解除对空档位的锁止，然后换档气缸控制电磁阀开启，接通换档气缸风路，换档气缸活塞动作。空档到低档如图7-8（a）所示，换档气缸左2和右2管路通入压缩空气，右侧腔内活塞向右移动到最大值，左侧腔内活塞也向右移动到最大值，左侧腔内活塞杆通过拉杆带动换档拨叉动作，换档拨叉拉动换档齿轮动作，与低位档齿轮啮合，齿轮箱挂入低档。空档到高档如图7-8（c）所示，换档气缸左4和右4管路通入压缩空气，右侧腔内活塞向左移动到最大值，左侧腔内活塞也向左移动到最大值，左侧腔内活塞杆通过拉杆带动换档拨叉动作，换档拨叉拉动换档齿轮动作，与高位档齿轮啮合，齿轮箱挂入高档。

（2）低档（或高档）到空档的转换。当车辆需要将档位转换到空档时，操作人员在控制面板上操作，首先换档电磁阀工作，接通换档气缸风路，换档气缸由图7-8（a）或图7-8（c）转换到图7-8（b）的状态，换档气缸活塞通过拉杆带动换档拨叉动作，拨叉拉动换档齿轮动作，将档位置于空档。

（3）低档与高档之间的转换。低档和高档之间的转换首先要将档位转换到空档位，然后再转化到另一档位，等同于两次档位转换。低档与高档之间的转换必须停车后才能进行，以防止齿轮转动时，不能很好地脱开或啮合，而损坏齿轮或换档机构。

当车辆需要处于无火回送状态时，就要穿插空档锁止销。空档锁止销的位置在齿轮箱上。

学习项目四　其他气动装置

其他应用气动的装置还包括风喇叭、保养时吹灰装置以及PGM-48型钢轨打磨列车打磨小车的锁止机构等，其结构和工作原理比较简单，只是简单地通过电磁阀或开关控制气路的通断，实现相应功能。

复习思考题

（1）JZ-7型制动机主要由哪几部分组成？
（2）JZ-7型制动机自动制动性能和单独制动性能如何？
（3）JZ-7型制动机的作用原理是什么？
（4）集尘装置有哪几部分组成？
（5）RGH20C型道岔打磨列车和PGM-48型钢轨打磨列车集尘装置的不同之处是什么？
（6）简述如何通过换档气缸实现空档、高档、低档的转换。

单元八　供水系统

【知识目标】

（1）掌握打磨列车水路系统的组成。
（2）了解水路系统计算机和手动控制原理。

【能力目标】

（1）能够通过计算机控制水系统。
（2）能够手动控制水系统。

PGM-48 型钢轨打磨列车设计了供水系统，供水系统的设计主要是为了消防用水、钢轨表面降温和提供生活用水。

钢轨打磨列车在作业中，由于打磨砂轮与钢轨接触会产生大量的火花，尽管采用了各种手段来减小火花的飞溅，但还是有部分火星会飞溅到车体及两侧十几米以外的地方，极易引燃线路两侧的易燃物品，危及行车安全，造成不必要的财产损失。虽然在钢轨打磨列车上都配备有灭火器，但对于突发的火情，也很难及时控制。供水系统的设计，可以在发现火情后，迅速及时地进行灭火，控制火情的蔓延，减少损失，确保行车和财产安全。

在施工作业过程中，钢轨打磨表面温度会急剧升高，为防止钢轨表面的材质（淬火层）烧伤，影响钢轨的使用寿命，就要求打磨作业中的钢轨表面温度不能超过施工前的钢轨表面温度 20°C。因此，在打磨列车施工作业中，就要对钢轨表面降温，尤其是在夏季。

PGM-48 型钢轨打磨列车 2 号车的内部设计可以根据不同用户的需要，进行不同的改造。目前，国内使用的打磨列车主要是将 2 号车进行内部改造：一种是改造成宿营车和会议车，另一种是改造成会议车和工作间（维修间）。因此，供水系统还可以提供生活用水，满足生活需要。

学习项目一　供水系统的组成

PGM-48 型钢轨打磨列车的供水系统主要由水箱、喷嘴（轨道顶喷和侧喷）、消防水带、水泵和控制系统组成。

1. 水　箱

打磨列车总共有 3 个水箱，分布在 2 号车车架两端和车架中间底部。主水箱储水量为 16 500 L，副水箱总储水量为 2 150 L。水箱分布如图 8-1 所示。

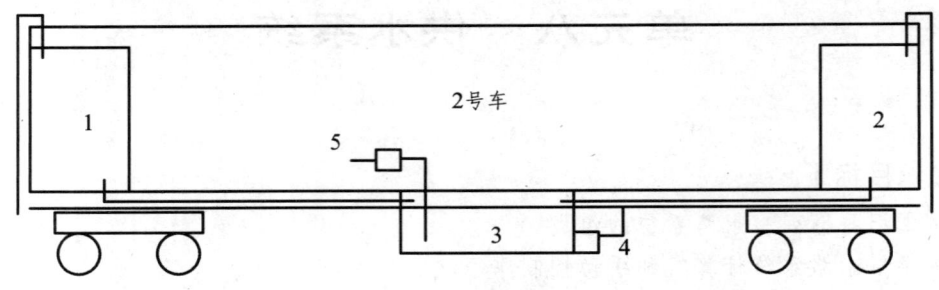

图 8-1　水箱分布图

图中，1、2、3 为水箱。其中，3 号水箱为主水箱，悬挂在车体下部，靠近一端转向架；1、2 号水箱为副水箱，分别位于车体上部两端。4、5 为水泵。其中，4 为主水泵，主要用于消防水以及轨道顶喷和侧喷供水；5 为生活水泵，主要供给 2 号车生活用水。

水箱补水方式只能通过 1、2 号水箱加水，加水管路分布在车体的两侧，1、2 号加水后通过管路给 3 号水箱加水，直至将 3 号水箱加满，最后再将 1、2 号水箱加满。

2. 喷嘴和消防水带

打磨列车主要包括以下 3 种喷水方式：顶喷（轨顶喷水）、侧喷和消防水带喷水。消防水带和可自动回转的卷盘安装在 1、3 号车前端，各有一个，消防水带长 25 m；轨道侧喷装置位于 1、3 号车的前端两侧；轨道顶喷装置位于 1、3 号车的前端车下，如图 8-2 所示。2 号车与 1、3 号车之间的水路通过橡胶管连接。

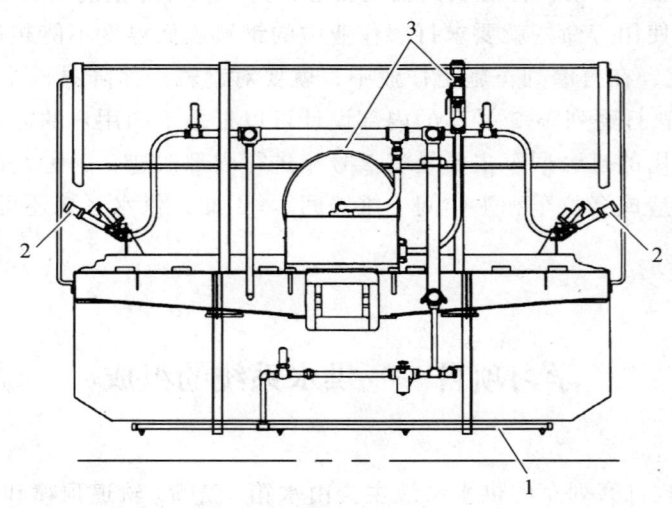

图 8-2　喷水头分布
1—顶喷；2—侧喷；3—消防水带和喷头

3. 水　泵

水泵是供水系统的动力部分，包括主水泵和生活水泵。其中，主水泵由一台 AC 380 V 电动机驱动，打水压力可以达到 400 kPa，生活水泵由一台 AC 220 V 电动机驱动，两台电动机的电源均由辅助发电机组提供。主水泵安装在主水箱靠近打磨小车的一侧，通过管路和球阀与主水箱相连；生活水泵安装在 2 号车车厢内，通过管路和球阀与主水箱相连。

同时，在主水箱靠近转向架的一侧下部安装了一个水箱加热器，与主水箱连接的水管外部还螺旋包扎有电热丝，用于加热供水系统，防止在冬天由于气温低将供水系统管路和水泵冻坏，以有效保护供水系统。

学习项目二　供水系统的控制方式

打磨列车供水系统的控制系统主要是对消防水带、轨道顶喷、轨道侧喷水系统的控制和生活用水系统的控制。

一、消防、顶喷、侧喷水系统的控制

打磨列车供水系统的启动主要可以分为手动和 Jupiter 计算机系统控制。其中，手动控制系统可以实现主水泵的开启和关闭，实现消防水带供水；Jupiter 系统控制可以实现主水泵的开启和关闭，既可实现消防水带供水，还可以实现顶喷和侧喷控制。其控制原理如图 8-3 所示。

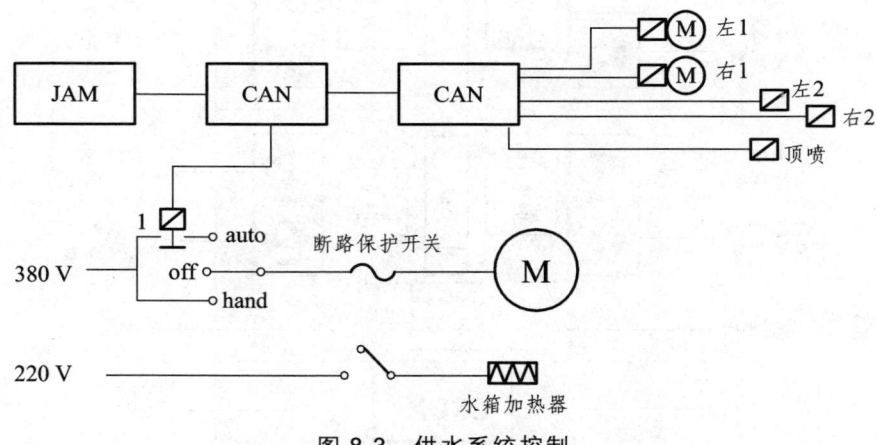

图 8-3　供水系统控制

1. Jupiter 计算机控制系统原理

正常启动 Jupiter 计算机控制系统时，转换开关应扳到"auto"位，断路保护器开关复位接通，Jupiter 计算机通过 CAN 模块输出通道控制继电器 1 吸合，接通主水泵电机的供电电路，电机开始工作。关闭主水泵电机时，Jupiter 计算机通过 CAN 模块输出通道控制继电器 1 断开，切断主水泵电机的供电电路，电机停止工作。Jupiter 计算机控制系统操作面板上主水泵停止/启动控制按钮如图 8-4 所示。

图 8-4　主水泵停止/启动控制按钮
（左侧为关闭状态；右侧为运转状态）

当主水泵开始工作后，在供水系统出水管路中将建立 400 kPa 的压力，消防水带可以通过控制球阀控制消防水的大小，手持喷头可以实现最远 8 m 的喷射距离；车体两端两侧的消防水管（侧喷）可以通过左 1（转角电机）、左 2（开关电磁阀）和右 1（转角电机）、右 2（开关电磁阀）控制，当需要开启两侧消防水管进行侧喷时，通过 Jupiter 计算机控制系统控制左 1 和右 1 调整喷头的角度，左 2 和右 2 开启喷水管路，进行侧向喷水。只需要通过左 1 和右 1 调整喷头的角度，即可实现在某一角度位置侧向喷水；顶喷通过安装在车下的一根带孔的直钢管实现，由一个电磁开关控制，如"顶喷"电磁开关，该电磁开关即可实现顶喷的开启和关闭。Jupiter 计算机控制系统控制面板如图 8-5 所示。

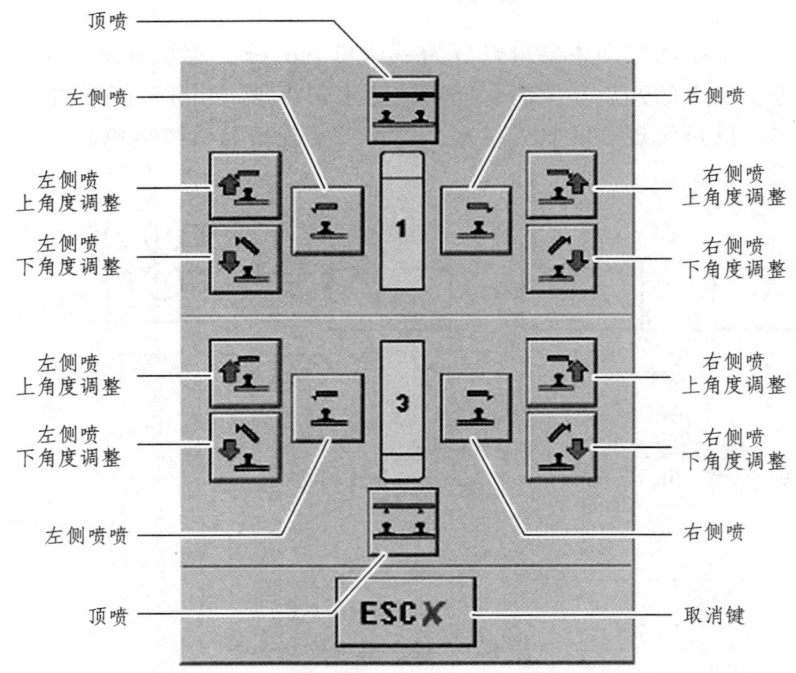

图 8-5　Jupiter 计算机控制系统控制面板

2. 手动控制原理

在未启动 Jupiter 计算机控制系统或 Jupiter 计算机控制系统出现故障时，可以通过手动模式控制主水泵的启动和停止。即断路保护器复位接通，控制转换开关扳到"hand"位，接通主水泵电机供电电源，主水泵开始运转；控制转换开关扳到"off"位，切断主水泵电机的供电电源，主水泵停止运转。

手动控制和 Jupiter 计算机控制系统控制转换开关位置如图 8-6 所示。

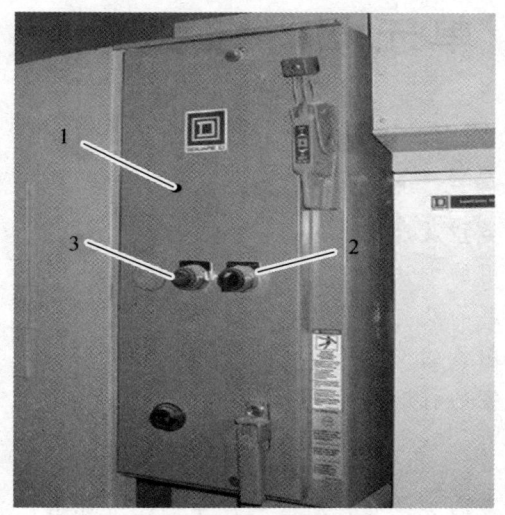

图 8-6　控制转换开关
1—复位键；2—转换开关（auto/hand/off）；3—电源指示灯

当控制转换开关在"auto"或"hand"位时，开启主水泵，指示灯均以高亮显示；在"off"位时，直接关掉 380 V 电源，指示灯熄灭。

由于 Jupiter 系统控制了顶喷和侧喷管路的角度调整和电磁开关的开启，所以在手动状态下，不能实现顶喷和侧喷操作。

二、生活用水系统控制

生活用水系统的控制主要是对 AC 220 V 电动水泵的控制。该水泵为自吸式水泵，简称自吸泵，由辅助发电机组提供工作电源。通过普通单控式墙壁开关控制水泵供电。自吸泵通电运转后为洗手池、洗澡间、洗衣机等用水设备提供生活用水。生活用水系统的结构和工作原理简单，在此不过多介绍。

复习思考题

（1）PGM-48 型钢轨打磨列车供水系统由哪几部分组成？
（2）PGM-48 型钢轨打磨列车供水系统计算机控制的原理是什么？
（3）PGM-48 型钢轨打磨列车供水系统手动控制的原理是什么？

单元九　打磨工艺

【知识目标】
（1）掌握钢轨伤损的类型及产生的原因。
（2）掌握钢轨合理使用的方法。
（3）掌握钢轨打磨的目的及打磨形式。
（4）了解钢轨打磨磨削量的影响因素。
（5）了解几种典型病害的打磨模式。

【能力目标】
（1）能够识别钢轨病害的类型并判断病害产生的主要原因。
（2）能够根据病害类型调用合适的打磨模式。

钢轨作为铁路交通和城市轨道交通的主要部件，在交通运输中发挥着重要的作用。钢轨与列车的车轮直接接触，为车轮的滚动提供连续且阻力较小的接触面，用于引导列车运行，直接承受列车的载荷，并将所承受的载荷分布传递于轨枕。

钢轨在极其复杂的工作条件下，不可避免地会产生各种伤损（病害）。其伤损的原因，既有钢轨在冶炼过程中出现的缺陷，又有在运输、使用过程中出现的破损。因此，及时发现钢轨伤损，并积极采取措施保证线路行车安全，对铁路工务部门具有极为重要的意义。

学习项目一　钢轨伤损及合理使用

一、钢轨伤损

钢轨伤损是指钢轨在使用过程中发生钢轨折断、裂纹及其他影响和限制钢轨使用性能的伤损。根据伤损在钢轨断面上的位置、伤损外貌及伤损原因等，钢轨伤损分为 9 类 32 种伤损。

钢轨折断是指有下列情况之一者：钢轨全截面至少断成两部分；裂缝贯穿整个钢轨头部截面或底部截面；钢轨顶面有长大于 50 mm、深大于 10 mm 的掉块。钢轨折断直接威胁行车安全，应及时更换。

1. 钢轨伤损类型

钢轨伤损种类很多,常见的有钢轨磨耗、肥边、钢轨接触疲劳伤损、轨头核伤、轨腰螺栓孔裂纹等。下面介绍几种常见的钢轨伤损情况。

(1) 钢轨磨耗。钢轨磨耗主要是指钢轨的垂直磨耗、侧面磨耗和波形磨耗。垂直磨耗一般情况下是正常的,随着轴重和通过总重的增加而增大。

侧面磨耗主要发生在小半径曲线的外股钢轨上。列车通过小半径曲线时,会在外股钢轨出现两点接触的情况,此时侧磨最大。并且近年来,在我国铁路提速线路中,直线钢轨出现左右股交替侧磨,形成周期性轨道不平顺,导致提速机车车辆剧烈摇晃,影响行车安全,如图9-1所示。

图9-1 直线钢轨交替不均匀侧磨

波形磨耗是指钢轨顶面出现的波状不均匀磨耗,如图9-2所示。按其波长波形磨耗分为波浪形(长波)磨耗和波纹形(短波)磨耗两种。波磨会引起很高的轮轨动力作用,加速机车车辆及轨道部件的损坏,增加了养护维修费用;此外列车会剧烈振动,旅客乘坐不舒服,严重时还会威胁行车安全。在高速铁路上,主要发生波纹形磨耗,并且主要发生在直线地段和制动区段;在车速较低的重载运输线上,主要发生波浪形磨耗,且一般出现在曲线地段。此外,城市轨道交通中,钢轨磨耗也较普遍。

图9-2 钢轨波磨伤损

（2）钢轨肥边。钢轨肥边主要是在曲线外股钢轨和直线钢轨轨顶内侧被压溃后所产生的，如图9-3所示，是由于车辆重载和轮对的不规则运动造成的。钢轨肥边会破坏轮轨关系，导致轮对的蛇形运动，增大轮对的运转阻力。

图9-3　钢轨肥边

（3）钢轨接触疲劳伤损。钢轨接触疲劳伤损主要是由于金属接触疲劳强度不足和车轮的重复作用，最终形成接触疲劳伤损。接触疲劳伤损大致分为3个阶段：第一阶段是钢轨踏面外形的变化，如钢轨踏面出现不平顺；第二阶段是轨头表面金属的破坏，表面出现微裂纹；第三阶段是轨头接触疲劳的形成，当最大剪应力作用点超过剪切屈服极限时，会使该点形成塑性区域，最终导致疲劳裂纹的形成。疲劳裂纹形式有接触疲劳裂纹和轨头掉块、剥离等，如图9-4所示。

图9-4　轨头表面剥离

（4）轨头核伤。轨头核伤是最危险的一种钢轨伤损形式，如图9-5所示。轨头核伤产生的主要原因是轨头内部存在微小裂纹或缺陷（如杂物和气泡），在重复动载荷作用下，使细小裂纹先成核,然后向轨头四周发展,直到核伤周围的钢料不足以提供足够的抵抗,钢轨在毫无预兆的情况下猝然折断,严重影响行车安全。核伤的发展与运量、轴重、行车速度、线路平面状态有关。为确保行车安全,要定期进行钢轨探伤检查。

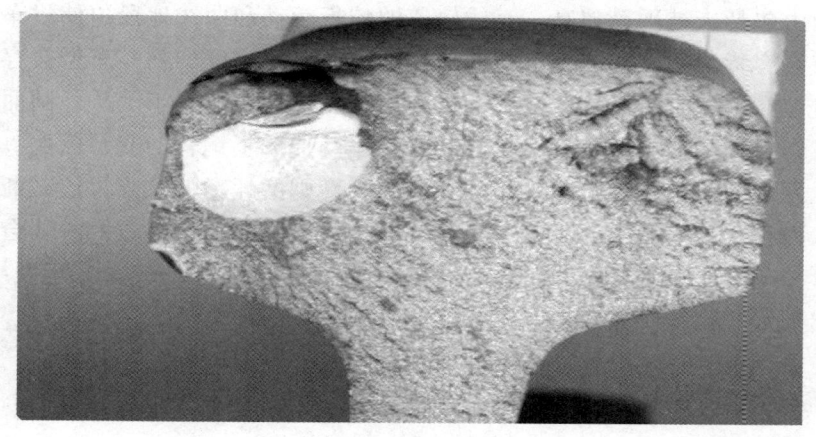

图 9-5　轨头核伤

（5）轨腰螺栓孔裂纹,如图 9-6 所示。钢轨端部轨腰钻孔后,强度削弱,在列车冲击载荷作用下,螺栓孔裂纹开始产生和发展。螺栓孔裂纹主要来自钻孔时产生的微小裂纹,养护不当又促进了裂纹的形成和发展。

图 9-6　轨腰螺栓孔裂纹

2. 钢轨病害产生的原因

列车的运行状态是一个由多种独立运动叠加而成的复杂运动,钢轨承受垂向力、横向力、纵向爬行、温度和制动力的作用,因此钢轨病害的产生主要是受钢轨作用力和钢轨材质的影响。爬行力和制动力都是摩擦力,与轮轨材料和车轮垂向载荷有关。

（1）接触应力是钢轨的局部应力,轮轨接触面积小,易造成钢轨的塑性变形,出现波形磨耗,当局部应力大并超过钢轨的屈服极限时,极易引起轨头压溃。钢轨材质脆时会产生轨头劈裂和其他种类伤损。

（2）钢轨承受的动轮载随着列车速度的提高而变大。动轮载是静轮重和动轮载增量之和,动轮载增量包括速度增量和偏载增量。动轮载可达静轮载的一倍多,异常情况甚至会达到2~3倍。钢轨承受很大的动轮载,轮轨接触关系不良时,就会产生很大的压力,造成钢轨表面出现波磨、掉块、裂纹等病害伤损。

(3)横向力包括未被平衡超高、直线轨道的蛇行运动和曲线地段迫使机车车辆转向的转向力。既有线客货混跑,速度差距大,曲线地段对不同速度的列车车型会存在不同程度的欠超高或过超高,这是造成钢轨侧磨的主要原因。在连续超高不变(长圆曲线)的情况下,也会造成钢轨的上股侧磨。直线轨道的蛇行运动造成了钢轨的交替侧磨。

(4)钢轨硬度的不同会影响病害的类型。硬度高则磨耗率低。当裂纹截断率低于磨耗率时,钢轨表面很难产生裂纹、剥落和鱼鳞纹等。只有当局部应力过大时才会造成钢轨表面的塑性变形,日积月累会出现较大的肥边。当钢轨硬度太高,磨耗率低于裂纹截断率时,钢轨表面会出现细小裂纹、剥落或鱼鳞纹等。

二、钢轨的合理使用

减缓钢轨伤损的措施有:净化钢轨,控制杂物的形态;采用淬火钢轨,发展优质重轨,改进钢轨的力学性质;改革旧轨再用制度,合理使用钢轨;钢轨打磨等。

为了更好地合理使用钢轨,应根据钢轨综合经济效益分析,确定钢轨合理的使用周期,实行钢轨分级使用制度,并积极做好旧轨的整修工作。

1. 钢轨的分级使用

钢轨分级使用包含两个方面的含义:钢轨的二次或多次使用、钢轨在一次使用中的合理倒换使用。

钢轨的二次使用是指钢轨在繁忙线路上使用以后经过旧轨整修,再铺设到运量小的铁路上再次使用,这样可以延长钢轨的使用寿命。重型旧轨的多次使用,可使整个非繁忙线路的设备得到显著加强。现代钢轨的高质量、耐久性和可靠性,为钢轨的多次再用提供了可能性。

钢轨在一次使用中的倒换使用是钢轨合理使用的另一方面。我国幅员辽阔,铁路线路的条件相差很大,即使在同一区段,由于不同的轨道结构,钢轨伤损的速率也是不一样的。在同一区段线路上将曲线轨道上下股钢轨倒换使用或直线与曲线钢轨倒换使用,是延长钢轨使用寿命的另一措施。

2. 钢轨整形技术

钢轨整修分厂内修理和现场修理。厂内钢轨修理的主要作业内容包括机械清洗、除锈、钢轨矫直、钢轨全长探伤、钢轨接触面修整、钢轨截锯、钢轨焊接及钻孔等。现场修理主要是对钢轨接头病害的整修,有磨修和焊补两种作业方式。磨修即采用砂轮打磨机(见图9-7)消除钢轨轨面的不均匀磨耗,打磨焊补掉块、剥离等缺陷后的不平顺,对于大范围的钢轨表面修理采用打磨列车作业。当轨面不均匀磨耗、掉块、擦伤等病害接近或大于1 mm时,应以钢轨的焊补作业为主。

图 9-7 内燃轨形磨轨机

3. 钢轨打磨

钢轨打磨是通过打磨装置（打磨砂轮）清除轨头表面金属的过程。钢轨打磨已成为铁路工务部门线路养护维修工作中的一项重要内容。PGM-48 型钢轨打磨列车和 RGH20C 型道岔打磨列车以及其他钢轨打磨设备的使用，极大地提高了钢轨打磨作业的效率和打磨精度。

学习项目二　钢轨打磨技术

一、钢轨打磨的目的

其目的在于消除钢轨的波形磨耗、侧磨、肥边和控制钢轨的接触疲劳等病害，恢复轨廓形状，改善轮轨关系。合理进行钢轨打磨可以延长钢轨的使用寿命，延长钢轨的更换周期，降低钢轨的使用成本，改善轮轨的接触关系，减小轮轨的动力作用，提高列车运行的平稳性和乘客的舒适性，降低轮轨的噪声，减少对轨道结构和机车车辆的伤损，降低轨道线路和机车车辆的维修成本。

二、钢轨打磨形式

钢轨打磨形式分为修复性打磨、预防性打磨和钢轨断面打磨（钢轨廓形修正打磨）3 种。

1. 修复性打磨

修复性打磨主要是消除病害，恢复轨廓形状。修复性打磨可分为矫正性打磨和维护性打磨。矫正性打磨：钢轨打磨列车以一定的速度反复对钢轨进行打磨处理，打磨掉钢轨表面的缺陷，消除波形磨耗等病害，同时恢复轨廓形状，改善轮轨关系。维护性打磨：其主要目的是阻止钢轨表面的病害进一步发展，多用于重载运输线路。

修复性打磨在病害形成后进行，消除已有病害和缺陷；包括轨面波纹、轨头烧伤、轨头塌落、钢轨不平顺、磨耗、钢轨塑性变形（肥边）、高低不平、开裂、剥落、接触疲劳等病害。打磨一般要经历三道工序：第一道工序就是清除钢轨表面已有的缺陷，第二道工序是将变形的轨头整形，第三道工序是将轨头打磨成所要求的形状。

2. 预防性打磨

预防性打磨是将轨头打磨成适应线路运行条件的形状（不同线路根据使用情况的不同需要打磨成的轨头形状也不同），即对轨头的指定部位磨削掉不等量的少量金属，改善轮轨的接触关系，维持一个优化的钢轨断面轮廓，最大限度地控制钢轨疲劳和磨耗等病害的产生和发展。预防性打磨是根据需要将轨头打磨成一个特殊形状，而不是简单地恢复到原来的外形。对于新铺设的钢轨，进行一次预防性打磨，将钢轨打磨成磨耗型轨面，会明显减少钢轨的接触应力，减少疲劳伤损和磨耗。对于一般在用钢轨，如果经常进行预防性打磨，钢轨病害不易出现或发展缓慢。预防性打磨可以有效减小钢轨的横向振幅和侧向轮轨的作用力，控制侧磨；可以通过采取适当的措施使侧磨和接触疲劳平衡发展；还可以有效地减少波形磨耗。

预防性打磨是在缺陷形成前进行的经常性维护，对于不同的病害要采取不同的处理措施。控制侧磨：对于曲线地段，打磨曲线上股外侧、下股内侧，使上股钢轨与轮对的大半径滚动圆接触，下股与轮对的小半径圆接触，改善导向。对于直线上的交替侧磨，可以打磨两股内侧，使之不发生两点接触。控制疲劳：打磨内侧轨头，使一点接触变为两点接触，改变应力集中的区域，减小应力集中。控制波磨：打磨曲线下股外侧，避免轮对踏面反向凸缘接触钢轨。对于直线地段的波磨，可采取全端面打磨，通过去峰平谷的方式控制波磨。

3. 钢轨断面打磨

钢轨断面打磨是通过钢轨打磨控制或保持轨头的断面形状，以改善轮轨接触状态，从而最终达到控制病害发生和发展的一种钢轨打磨方式。通过断面打磨可以起到控制钢轨侧磨、改善轮轨横向力的作用。但某种特点的打磨断面只适合某一类线路条件，不同的线路条件需要不同的打磨断面，不存在一种适合所有问题的钢轨打磨断面形式。

在三种打磨形式中，钢轨侧磨病害和疲劳病害控制是相互矛盾的，控制侧磨必然会加重疲劳，反之亦然。控制波磨同时可以消除侧磨或疲劳。在打磨时，要根据实际情况确定打磨工艺，找准需要解决的主要问题，如某曲线侧磨是钢轨伤损的主要原因，就要采取控制侧磨的打磨方式，适当牺牲接触疲劳。

现在提速线路和高速线路正逐步向钢轨预防性打磨方式转变，但仍需根据实际情况制定最佳打磨工艺，以满足实际运用需要。

三、钢轨打磨周期

同一地点钢轨打磨完成后到下一次再进行钢轨打磨之间的时间间隔称为钢轨打磨周期，合理制定打磨周期可以有效控制钢轨病害的产生和发展速度，延长钢轨的使用寿命。

由于钢轨材质、路基状况、列车运行速度和载重等线路实际情况的不同，所采用的打磨形式和打磨工艺也不相同，打磨完成后，钢轨病害的控制情况和再发展时间也不相同，要制定合理的打磨周期就需要对不同线路病害的发展速度有一个准确的了解，对病害的种类和严重程度以及需要解决的主要问题精确掌握，在经过一定时间观测钢轨运用和病害发展情况后，再制定打磨周期。

目前，国内铁路营业线路分布区域广，各地区的地形情况、路基状况、温度差异以及钢轨的材质、硬度和使用需求都不相同，如既有线和客运专线、客货混合线路和运煤专线等，制定打磨周期也要因地制宜、因时制宜，决不能以偏概全，否则会造成资源的浪费和极大的经济损失，甚至会发生事故。

学习项目三　钢轨打磨工艺

为了充分发挥钢轨打磨列车的打磨效能，取得良好的打磨效果，就要制定合适的打磨工艺，并根据线路钢轨的实际使用状况，结合钢轨打磨列车的性能，制定适合的最佳打磨工艺。

一、钢轨打磨中的金属磨削

钢轨打磨是通过打磨砂轮清除轨头表面金属的过程。通过金属磨削可以去除钢轨瑕疵（剥离、掉块、疲劳裂纹）、波浪磨耗、钢轨表层的塑形流动、钢轨接头和焊接接头处的凸起部及马氏体、新钢轨的表面脱碳层，形成最佳钢轨廓面形状。在能达到打磨目的基础上，将磨削量最小化是钢轨打磨不可忽视的。钢轨打磨的金属切削如图9-8所示。

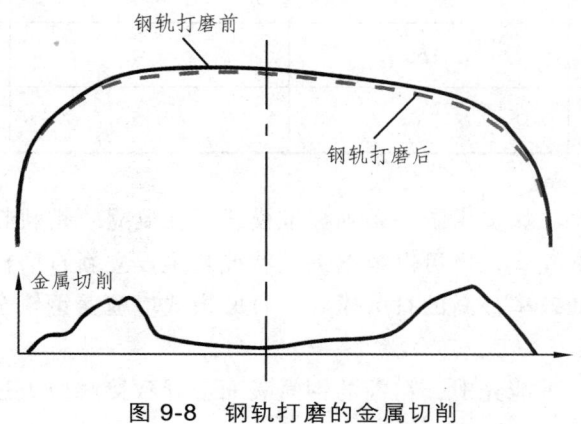

图9-8　钢轨打磨的金属切削

钢轨磨削量 MR 与电机功率、钢轨硬度、打磨行进速度、速度指数、经验调整系数有关，即

$$MR = \frac{KP}{Hv^n}$$

式中　K——经验调整系数；
　　　P——电机功率，kW；
　　　H——钢轨硬度（BHN）；
　　　v——打磨行进速度，km/h；
　　　n——速度指数。

从上式可以看出，如果其他因素不变，金属磨削量与电机打磨功率成正比，金属磨削量随打磨行进速度的增加而减小，与钢轨的表面硬度成反比。

二、钢轨打磨模式

对钢轨打磨模式的设定，就是对打磨砂轮角度、横向位置、功率的设定。打磨模式的实例如表 9-1 所示。

表 9-1　打磨模式实例

电机编号	电机功率/kW	磨头角度/(°)	横向位置/mm
1-2	16	8	20
3-4	16	7	20
5-6	16	4	20
7-8	16	3	20
9-10	16	0	20
11-12	16	-1	20
13-14	16	-4	20
15-16	16	-5	20

钢轨打磨车的生产厂家提供了一系列标准模式，在确立了钢轨打磨的磨削量之后，使用者可以直接调用标准模式，也可以根据钢轨状况自主设立新打磨模式，在钢轨打磨的实施过程中，摸索最佳和效率最高的打磨模式。打磨模式应覆盖钢轨全表面，以避免遗漏打磨不到的局部区域。

打磨后的钢轨应尽可能光滑，粗糙的钢轨表面会导致接触应力过高和初始疲劳裂纹的

形成，还会在钢轨表面产生过量热量，以致改变钢轨的金属特性。钢轨表面的光滑受到砂轮和打磨模式的影响。

学习项目四　打磨实例

在第六次大提速以后，既有线提速到 200 km/h，货物列车提速到 120 km/h。随着线路允许运行速度的提高，一些过去被忽视、认为不太重要的问题逐渐暴露出来，如列车的"蛇形运动"、列车的"跳跃运动"、机车共振和晃车等，这些问题在车辆速度低于 120 km/h 时反应不明显，但随着车速的增加，问题会越加突出。在对问题线路的钢轨的调查过程中，发现钢轨并没有明显可见的表面缺陷，但却发现这些钢轨都存在一定的共性问题，如轮轨关系光带较宽、轮轨接触面靠近轨距角一侧、钢轨的顶面趋于平面化、原始的顶面弧度已经不明显。观察光带的走向不是一条直线，出现了忽内侧忽外侧的情况。在对钢轨顶面进行测量时，发现都有不同程度的波浪磨耗，1 000 mm 范围内达到 0.5 mm 左右。

一、原因分析

（1）光带就是轮轨接触的痕迹。光带变宽，分析其原因是当线路在通过一定的车辆总重后，钢轨顶面的垂直磨耗加大，使钢轨顶面与车轮踏面的接触面由原来的点接触发展到面接触。此时的轨顶失去了弧形，变成了一个平面。严重的地段，光带会发展到钢轨最外侧。如果用磨耗仪测量，还会发现钢轨轨头被压溃变宽 1~2 mm，垂直磨耗 2~3 mm，轮轨接触面变成了不规则的形状。经观察这种线路情况的钢轨一般都会伴生有较严重的波磨、肥边等表面缺陷。

（2）光带集中靠近轨距角（作用边）的情况一般是在新铺换的钢轨或者是垂直磨耗还没到一定程度的线路。轮轨之间是一点接触。轮轨一点接触时，轮轨接触点附近应力高度集中，容易造成轨头疲劳、裂纹和剥落，就是经常可见到的钢轨轨距角范围出现的鱼鳞纹。严重的还可以发展到断轨，危及行车安全。

（3）钢轨的光带不直、不平顺的一个原因是由于客货混跑，货车车轮和客车车轮的踏面磨耗程度不同，造成车轮与钢轨接触面位置的变化。另一个原因是钢轨不同位置的垂直磨耗不同而引起光带的变化。当光带在轨距角附近时，车轮的作用点是靠近轮缘的，车轮的滚动圆半径较大，会造成转向架高度增加。当光带在钢轨的中心或者是外侧时，车轮的滚动圆半径较小，转向架的高度又会降低，就会出现车辆在运行过程中时而左边高时而右边高的情况。当车辆达到一定速度后，这么小的偏差就会被成倍地放大而表现出来。再一个原因是车轮的滚动圆半径不同会造成两侧车轮轨迹线长度的不同，而火车车轮没有差速器，就必然出现车轮有时滚动有时滑动的情况。以上这些原因在同一时间可能会叠加在一起出现，而表现出来就是列车的蛇形运动、跳跃运动、机车共振和晃车等现象。

根据以上原因分析，不仅要消除钢轨波浪磨耗等病害，还需要通过打磨把光带控制到一个合适的、固定的位置，并且光带要保持平直和一定的宽度，以消除列车的蛇形运动、跳跃运动、机车共振和晃车等，提高车辆通过时平稳性、安全性，并能够很好地预防钢轨轨距角的肥边、鱼鳞伤、表面剥离掉块等病害的产生。通过多次打磨试验，得出钢轨打磨后，在钢轨踏面中部形成 15~25 mm 宽的光带，能够有效地消除轨距角处轮轨接触的概率，使两侧车轮滚动圆半径相等，从而减缓了列车的"蛇行运动"。当轨距角不发生接触以后，就可以有效地避免钢轨作用边疲劳而出现的鱼鳞伤和肥边等缺陷。打磨前的轮轨接触关系属于 1 点接触，打磨后形成的是两点接触如图 9-9 所示。

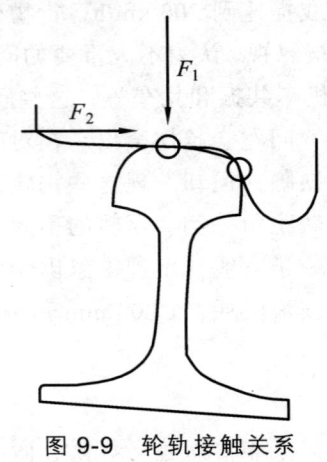

图 9-9　轮轨接触关系

二、打磨方案

根据上述理论分析和 PGM-48 型钢轨打磨列车的作业性能，通过试验制定了以下几种常用的打磨模式。

图 9-10 中的 GAUGE（+）表示是钢轨的轨距角一侧（内侧），FIELD（-）表示是钢轨的外侧。0°~45°表示从钢轨的中心线 0°到偏向钢轨内侧 45°的范围，这也是打磨车的打磨单元向内侧偏转的最大角度。相反，0°~-45°表示钢轨的中心线 0°到钢轨外侧 45°的范围。PGM-48 型钢轨打磨列车外侧打磨角度为 30°。

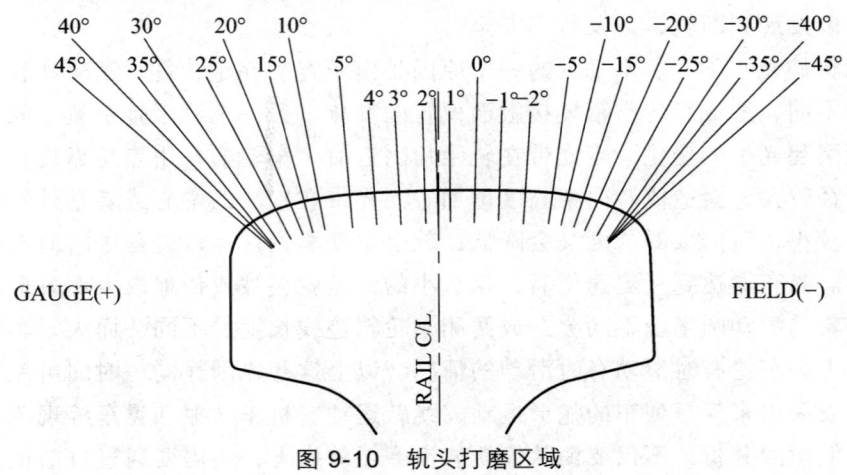

图 9-10　轨头打磨区域

1. 1#模式（消除肥边模式）

24个打磨单元全部为45°，主要用于直线和曲线下股较大肥边的切削。肥边情况不是很严重时应用2#模式。用1#模式打磨后，由于棱角比较突出，必须用2#模式进行修复，确保打磨后钢轨内侧的弧度圆滑。

2. 2#模式（消除鱼鳞纹模式）

单侧24个打磨单元均匀分布在内侧20°~内侧45°角度范围内，主要是打磨掉轨距角范围高的部分，如图9-11所示。打磨后轨距角不再与车轮发生接触，一方面使光带趋向中心的0°范围，另一方面也消除了轨距角范围的接触应力，预防和消除了鱼鳞伤的产生和发展。

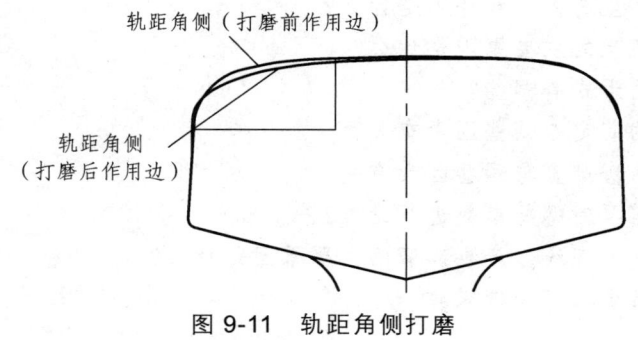

图9-11 轨距角侧打磨

3. 3#模式（消除波磨模式）

从内侧25°~内侧9°均匀分布有24个砂轮。此模式可以消除钢轨顶面一定量的波磨，改善车轮踏面和钢轨接触，在钢轨顶面中心形成15~25 mm宽的光带，减缓了列车的"蛇行运动"，同时还消除了打磨轨距角时产生的棱角。通过控制作业速度，可以使打磨后的钢轨轨面粗糙度不大于6.3 μm。经过多次试验，长波打磨速度越快越好，一般为12~18 km/h。

4. 4#模式（外侧模式）

24个打磨单元分布在外侧15°~外侧30°之间，主要是针对垂直磨耗较严重、光带变宽的钢轨。结合3#模式，使打磨后光带居中，同时宽度不超过25 mm。实际应用中，可以根据钢轨的状况随时进行角度调整。当钢轨外侧的切削量不需要很大时，可以调整部分打磨单元角度为内侧，配合2#模式进行轨距角的打磨校正。

5. 5#模式（顶面模式）

24个打磨单元分布在内侧15°~外侧15°之间，主要针对钢轨顶面波磨、细小裂纹及鱼鳞伤病害的打磨。

打磨作业时，可以根据线路的实际情况确定每种模式的打磨遍数，以消除不同程度的钢轨病害。

不同线路由于使用情况不同，产生的病害也不相同，因此在打磨作业时，各种模式的设定都是可以随时更改的，以上模式只是一种参考。在实际打磨作业中，首先要对线路病害的发展速度有一个深入的了解和确切的认识,对病害的种类和严重程度以及钢轨的主要问题做到心中有数,并根据实际情况制定打磨模式,优化打磨方案,以适应不同线路和病害的打磨治理。

 复习思考题

(1)钢轨损伤的类型有哪些?
(2)轨头核伤产生的内因和外因是什么?
(3)钢轨病害产生的主要原因是什么?
(4)钢轨打磨的形式有哪些?
(5)打磨周期的制定与哪些因素有关?
(6)钢轨打磨的磨削量与哪些因素有关?
(7)打磨模式需要对哪些参数进行设置?
(8)光带不是一条直线,产生波磨的主要原因是什么?
(9)列出几种常用的打磨模式。

单元十 运行与作业

【知识目标】

（1）熟悉钢轨打磨列车运行前的准备工作。
（2）掌握钢轨打磨列车区间运行的条件、操作内容。
（3）掌握钢轨打磨列车施工作业的条件和程序。
（4）掌握打磨机构的标定方法。
（5）熟悉并掌握各号位的岗位职责。

【能力目标】

（1）能够协同做好打磨列车运行前的各项准备工作。
（2）能够做好运行前的工作装置检查、制动系统检查，正确进行运行操作。
（3）能够协同做好施工前准备工作，并根据现场作业要求及时准确地进行操作。
（4）会对打磨机构进行标定。

经考试合格并持有操作证者，方准进行操作。操作者必须严格遵守有关安全制度，随时注意人身及设备安全。

学习项目一 运行前检查

一、运行前的常规检查准备

（1）按照钢轨打磨列车保养制度或手册的要求对钢轨打磨列车各部件进行润滑保养，保证钢轨打磨列车处于良好的润滑状态。同时，对钢轨打磨列车进行必要的擦拭，清除各部位的油污、打磨粉尘，保持良好的清洁。在接触网区域进行擦拭时，不允许登上车顶或用水管向车顶部或两侧上方喷水清洗。
（2）及时排除钢轨打磨列车出现的故障，严禁钢轨打磨列车带病运行和作业。
（3）对钢轨打磨列车外露且容易松动脱落的螺栓、螺母、销等紧固件和锁紧件进行定期检查，以保证机械各部件保持良好的紧固和锁止状态。
（4）定期检查制动系统各部件的状态及性能，不符合规定的要及时调整。
（5）检查所有工作装置、检测装置的安全锁定机构，保证锁定机构处于可靠状态。

（6）检查各油箱油位及水箱、散热器液面高度，做到及时补充或更换。检查项目包括：

① 燃油油箱油位。

② 液压油箱油位（包括走行液压油箱油位和打磨液压油箱油位）。

③ 分动齿轮箱油位。

④ 车轴齿轮箱油位。

⑤ 空压机机油油位。

⑥ 发动机机油油位。

⑦ 发动机散热器冷却液液位（接触网区域不得登上车顶检查，可以通过报警传感器显示有无报警检查）。

⑧ 消防水箱水位。

⑨ 蓄电池电解液液位。

（7）检查必备的随机工具、随机关键备件。要求齐全，状态或功能良好。

（8）检查钢轨打磨列车随机配备的安全备品和装置。要求处于良好状态。如信号旗、响墩、火炬、信号灯、复轨器、灭火器等，严格按照铁路有关安全行车规章办理。

（9）对于闲置已久或新启用、大修后的钢轨打磨列车，严格按照铁路有关设备管理规章进行功能、状态检查或试验。

（10）对三项设备进行功能试验。

（11）检查电气系统各连线，要求连线无松动或脱出。

（12）检查两车连接部位，要求连线、管路无断裂，牵引销及锁定装置良好。

（13）检查各仪表状态，要求校验合格、无破损，连接管路、线路良好。

（14）检查发动机油水分离器，要求内部无积水，有积水时应及时排出。

（15）检查发动机空气滤芯指示器，要求指示位在绿色区域，异常时，及时清理滤芯或更换。

（16）检查车下储藏箱锁闭情况，要求车体两侧储藏箱必须锁闭。

（17）检查车钩三态作用，要求三态作用良好，车钩润滑良好。

二、运行前的机械准备

1. 检查各控制开关及手柄等

（1）空气制动系统处于规定的工作模式。

（2）驻车制动装置处于制动位。

（3）前后司机室内的驱动手柄处于中间位。

（4）计算机启动/关闭开关处于关闭位。

（5）波磨及轨廓系统计算机开关处于关闭位。

（6）液压系统各管路和控制阀手柄处于规定位置。

（7）消防水带手柄开关处于关闭位。

（8）车体两侧侧门应锁闭。

（9）发动机紧急熄火开关处于拔出位。
（10）两车连接部位塞门处于打开位。
（11）空档锁销处于拔出位。
（12）主发电机控制箱内复位开关处于按下位，断路保护开关处于断开状态。
（13）打磨液压泵站电机控制开关处于自动位，开关处于闭合位。

2．车内物品

（1）司机室内物品摆放整齐，不影响司机驾驶。
（2）操作间和储藏间内物品排放牢固，且无偏载。
（3）生活车内物品摆放牢固，运行时不可随意移动。

学习项目二　区间运行

一、启动发动机

按检查要求对打磨列车进行检查，确认各状态良好后，可以启动发动机。

（1）接通辅助发电机组的启动电源，启动辅助发电机组。待发电机组运转稳定、无异常报警后，闭合供电电源开关。

辅助发电机组有一个线路电路开关，如图10-1所示。如果载荷超过发电机额定载荷，电路开关1会打开，阻止发电机超载。如果电路开关跳断，找到超载的元件，然后排除故障，重新设置电路开关，再把载荷连接到发电机。

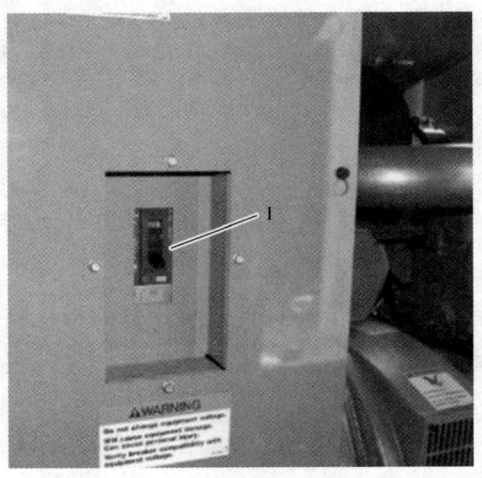

图 10-1　辅助发电机组电路开关
1—电路开关

（2）先后接通 1 号车和 3 号车主发动机的启动电源，在司机室内按下禁止运行开关（DRIVE STOP），指示灯被点亮。

（3）分别按下 1 号车和 3 号车主发动机启动按钮，启动 1 号车和 3 号车主发动机。主发动机启动后，确认无异常报警，并确认仪表显示：

① 发动机转速表指示为（900±10）r/min。

② 机油压力指示表指示在 10 s 内达到 48~68 kPa。在发动机正常怠速运转后，机油压力为 138 kPa，高速运转时，机油压力为 310~483 kPa。如果 10 s 内机油压力未达到 48~68 kPa，应立即关闭发动机，检查并确定原因。

③ 发动机电压指示表显示 24~28 V。

④ 机油温度表显示最高不超过 121 ℃。

⑤ 发动机冷却液温度显示表指针显示升高，正常工作温度为 82~94 ℃。

⑥ 风缸压力指示表指针显示压力升高，并能达到设定值。

主发动机的控制面板如图 10-2 所示。

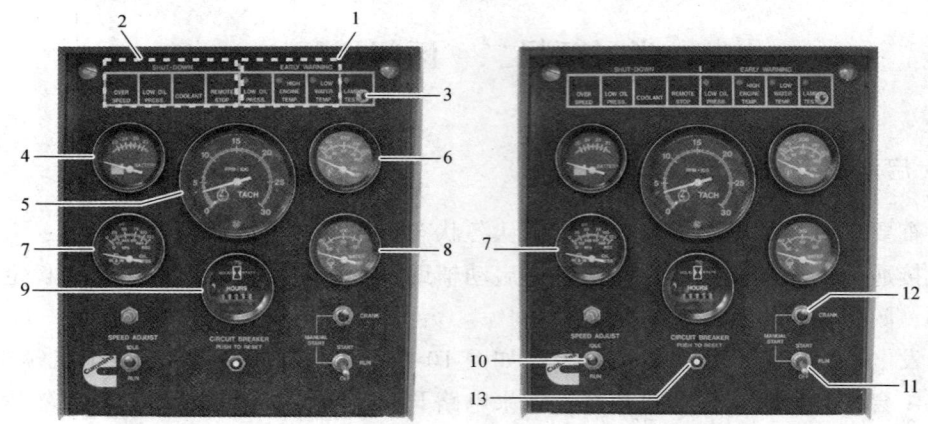

图 10-2　主发动机控制面板

1—预警指示灯；2—停机指示灯；3—指示灯测试开关；4—电池电压表；5—发动机转速表；6—发动机油温表；7—发动机油压表；8—发动机冷却液温度表；9—发动机运行小时表；10—怠速/高速开关；11—关闭/高速/启机开关；12—曲轴开关；13—电路断路器

二、启动控制计算机

（1）在 1 号车或 3 号车任意一端司机室内开启计算机启动/停止开关，启动计算机控制系统。

（2）计算机正常启动后，操作人员通过计算机操作面板检查整车各相关参数是否与实际值相符或正常，包括各油位、电源、发动机运转参数，故障报警等。

三、启动主发电机

待发动机正常怠速运转 3~5 min 后，启动 1 号车和 3 号车主发电机。

（1）打开主发电机电气控制柜，将断路保护开关置于开启位置。

（2）待主发电机输出频率和电压稳定后，检查仪表显示值：输出电压为 230 V，频率为 60 Hz。

图 10-3 为主发电机的控制盒。

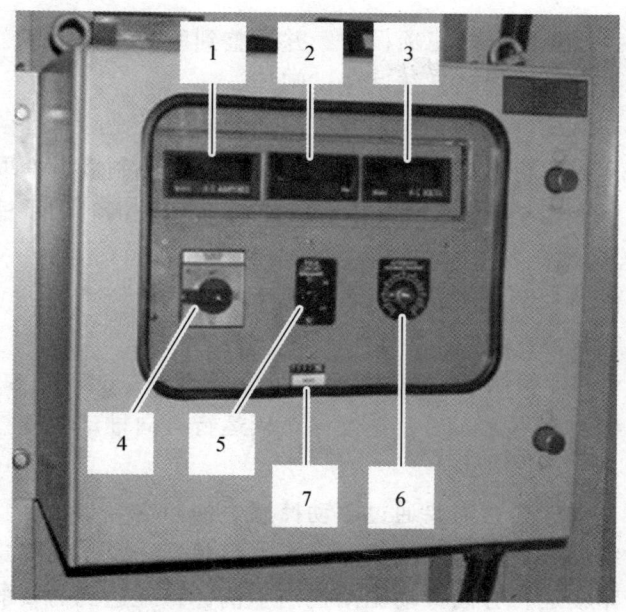

图 10-3　主打电机控制盒

1—电流表；2—频率表；3—电压表；4—电压表选择开关；5—主电路开关；6—电压自动调整；7—发电机小时表

当主发电机启动或运转时，在控制盒上没有任何电流、频率或电压显示，主电路开关 5 极有可能跳断了。如果是跳断，要检查且重设电路开关。

在主发电机的侧面上有 600 V 电路开关，如图 10-4 所示。盒子里的这 3 个电路开关是接通打磨电机电路的，其中两个是开断本车两个打磨小车的 600 V 电路．另一个是开断靠近本车的 2 号车上的一个打磨小车的 600 V 电路。如果其中一个开关跳闸，要找到跳闸的原因，然后排除故障，再重设电路。电路重设时，要把电路开关移到 OFF 位置后，再移到 ON 位置即可。

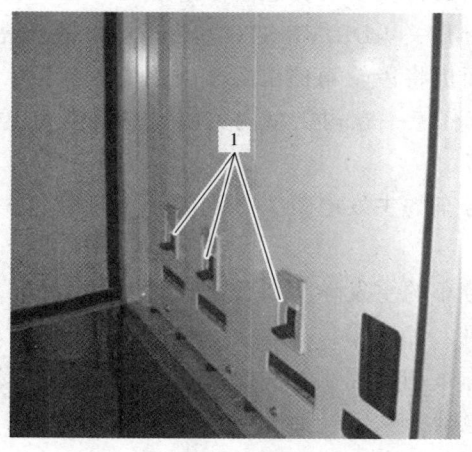

图 10-4　600 V 电路开关

1—电路开关

四、运行操作

（1）运行操作前，按规定开启三项设备，并调整到所需模式。

（2）按规定方式进行空气制动系统试风试闸。

（3）确定空气制动系统良好后，实施空气制动，制动后撤除车辆两端的止轮器。

（4）根据打磨列车的运行方向，在驾驶一端的计算机控制面板上取得控制权，并将齿轮箱档位置于高档位（根据需要设定所需运行档位）。非驾驶端制动手柄处于制动系统规定位置。

（5）在计算机操作面板上将主发动机转速置于高速运转位。

（6）按规定鸣笛一长声。

（7）缓解空气制动和弹簧制动，再次按下禁止运行开关（DRIVE STOP），指示灯熄灭。

（8）确定车辆两侧及车下无人后，缓慢向车辆运行方向推动驱动控制手柄。打磨列车缓慢起步。

（9）车辆起步后，根据运行需要通过驱动控制手柄和空气制动装置对车辆速度进行控制，监视运行时各系统参数，并按照《铁路行车组织规划》及相关规定要求行车。

①加速：继续向车辆运行方向推动驱动控制手柄，直至达到需要的运行速度。

②减速：通过空气制动系统实施制动，降低车辆的运行速度。同时，根据走行液压系统的驱动压力，向车辆运行方向的反方向拉回驱动控制手柄。

③停车：减速操作直至车辆停止，驱动手柄最终回到中位。

（10）运行停止，车辆完全停止（运行速度为零）后，通过计算机控制面板将主发动机转速置于怠速运转位。

五、停机及停放

（1）在驾驶端实施空气制动。

（2）通过计算机控制面板将发动机转速置于怠速运转位置。

（3）再次按下禁止运行开关（DRIVE STOP），指示灯被点亮。

（4）通过计算机控制面板将齿轮箱档位置于空档位。

（5）在1号车或3号车任意一端司机室内关闭计算机启动/停止开关，关闭计算机控制系统。

（6）关闭1号车和3号车的主发电机，分别断开1号车和3号车主发电机电气箱内断路保护开关。

（7）关闭1号车和3号车的主发动机，分别通过1号车和3号车发动机启动控制面板上的控制开关关闭主发动机。

（8）通过任意一端的弹簧制动控制开关，实施弹簧制动，按钮指示灯点亮。

（9）关闭主发动机蓄电池开关。

（10）分别在车轮两端设置止轮器。

（11）断开辅助发电机组供电，同时关闭辅助发动机和蓄电池开关。

（12）通过各风缸的排水口，排出风缸内的水分。
（13）关闭各门窗，并上锁。
（14）按照相关规定，设置停留防护。

学习项目三　现场打磨作业

一、打磨作业前的工作

（1）检查打磨液压油油位，应在指示刻线以上。
（2）运行至作业地点停车，实施空气制动，发动机转速置于怠速位。运行到作业地点按照运行操作步骤进行。
（3）操作端副司机位操作人员启动打磨液压泵站电机，并检查1号、2号、3号液压泵站是否都已启动。
（4）车下撤掉打磨小车安全链和安全绳，拔出打磨电机锁止销。
（5）放下打磨小车至钢轨，检查导向轮是否完全卡入钢轨内，打磨电机是否都在提升位。
（6）操作端副司机位操作人员激活打磨按钮，启动打磨电机。
（7）操作端副司机位操作人员开启集尘装置到吸尘模式。
（8）操作端副司机位操作人员输入打磨方式，并激活。根据需要调整打磨功率、打磨巡航速度和打磨电机升降控制的最低提起速度。
（9）操作端副司机位操作人员打开轨廓和波磨计算机，调整到可用模式（仅1号车有）。
（10）操作端副司机位操作人员启动打磨电机。
（11）操作端司机位操作人员激活打磨巡航速度控制。
（12）操作端司机位操作人员在显示器上调出打磨作业界面，等待施工开始。
（13）操作要求。
① 启动打磨电机和打磨液压泵站时，发动机应置于怠速位。
② 打磨电机升降控制的最低提起速度设定不得低于4 km/h。
③ 启动打磨电机前，必须确保打磨电机都在提升位，车体两侧没有人员站立。
④ 不得在邻线一侧放车，放车时，两端要做好防护。

二、打磨作业

（1）操作端司机位操作人员通过发动机怠速/高速转换按钮，将发动机转速置于高转速，按照运行操作步骤进行。
（2）操作端司机位操作人员向前推动走行控制手柄，按照运行操作步骤进行，车辆开始巡航走行。
（3）当打磨车行驶速度高于4 km/h且开始作业点、标示线和人眼视线成一线时，操作端司机位操作人员同时按下左侧和右侧"障碍跳跃"按钮，开始打磨作业。

（4）操作端司机位操作人员根据线路情况，在不需打磨地段通过按下两侧"障碍跳跃"按钮跳跃线路障碍。

（5）邻线一侧来车时，操作端副司机位操作人员提前关闭打磨激活按钮，提升打磨电机，确定打磨电机全部提起后，通知操作端司机位操作人员停车。

（6）操作端司机位操作人员接到副司机位操作人员的停车通知后，将走行控制手柄回到中位，并实施空气制动。

（7）停车后，操作端司机位操作人员缓解控制制动，向后推动走行控制手柄，倒车至打磨电机提起位置，再向后端运行一段距离停车（具体距离根据需要确定），待邻线列车通过。

（8）邻线列车通过后，操作端司机位操作人员向前推动行走手柄，并按下"擦除提起点"按钮，擦除停车提起点（只在第一遍打磨时需要进行擦除，记忆打磨模式启用后，不需要进行此操作）。

（9）当打磨车速度高于 4 km/h 后，操作端副司机位操作人员激活打磨激活按钮，放下所有打磨电机。

（10）进入曲线地段打磨前，操作端副司机位操作人员分别输入左右股钢轨所需要的打磨模式。

（11）打磨列车即将进入曲线地段时，操作端司机位操作人员分别点按左侧和右侧模式转换按钮，转换打磨模式，进入曲线段打磨。

（12）打磨列车即将离开曲线地段进入直线地段时，操作端司机位操作人员再分别点按左侧和右侧模式转换按钮，转换打磨模式，进入直线段打磨。

（13）到达打磨结束点时，操作端司机位（1号或3号位）按下"障碍跳跃"按钮，提升打磨电机，待打磨电机全部提起后停车，结束第一遍打磨。

（14）打磨电机全部提起后，操作端副司机位操作人员输入下一遍打磨模式，并激活，调整功率和巡航速度。设定好后，通知操作端司机位（1号或3号位）可以开始打磨。

（15）作业过程中，根据需要开启消防系统（顶喷、侧喷和消防水带）。

（16）操作端司机位操作人员接到通知后，向后拉动走行控制手柄，车开始向后方巡航走行，并记忆打磨，操作人员除了进行走行控制操作外，不需要进行其他操作，打磨列车会根据第一遍打磨时，打磨电机起落点的位置自动升降打磨电机进行打磨作业，直至打磨到预期效果。

（17）作业要求。

① 作业速度通常设定为 10~16 km/h，特殊条件下最高速度不得超过 20 km/h。

② 当打磨列车运行速度高于打磨电机升降控制的最低提起速度后，方可开始打磨，当走行速度低于设定的最低提起速度时，点按"障碍跳跃"按钮，打磨电机会一直处于提升位，而不会下落，待速度高于最低提起速度后，才开始下落。

③ 正常打磨作业时不得随意停车，应在列车驶出打磨区域，并确认所有打磨电机已完全提起后，方能停车。

④ 设定打磨功率不得低于 11 kW。

⑤ 波磨深度小于等于 0.5 mm、肥边厚度小于 1 mm 时，采用预防性打磨；波磨深度大于等于 0.5 mm、肥边厚度大于 1 mm 时，采用修复性打磨。

⑥ 使用消防系统时，要求消防水带的喷头必须从保持架上取下后，喷头朝下，然后打开手柄开关，再根据需要进行喷水。喷水时不得向上或朝接触网区域进行喷水，以防水流导电发生触电事故。

⑦ 作业过程中邻线来车，根据相关规定确定，不需要停止作业时，不进行（5）~（9）操作。

⑧ 随车防护员要与驻站联络员密切联系，及时通报施工作业地段邻线来车情况，确保施工和人身安全。

⑨ 打磨作业过程中，非操作端司机位和副司机位人员负责监控打磨列车的各项参数、正向来车、线路状况工作，发现异常状况及时通知操作端停车。

⑩ 打磨作业过程中，要安排专人在车内进行巡视，发现问题及时与操作端联系处理；车下要安排专人负责察看打磨状况和打磨效果，以便及时调整打磨模式。

三、结束作业

（1）实施空气制动，制动打磨列车，将自动制动阀手柄和独立制动阀手柄放到施加制动的位置。

（2）点击主发动机转速按钮，将发动机转速调至怠速。

（3）通过打磨电机启动/停止按钮停止打磨电机，关闭打磨激活按钮，输入并激活 0°角度模式，将打磨电机位置转换成垂直位（打磨电机 0°位置）。

（4）擦除打磨记忆，关闭巡航控制。

（5）将集尘器吸尘模式转换到吹尘模式（吹尘模式工作 15 min 后，自动关闭）。

（6）关闭轨廓和波磨计算机。

（7）车下提升打磨小车，挂好安全链和安全绳，将打磨电机锁止销放到锁止位。

（8）操作端司机位操作人员将打磨界面调回到运行界面，做好动车准备。

（9）作业要求。

① 打磨作业结束后，应确认各装置锁定到位，所有人员全部上车，方可动车。

② 动车前，应确认所有动力车轴都置于高档位。

学习项目四　联挂运行

一、联挂前要求

（1）打磨列车编挂到列车尾部联挂运行，允许最大速度为 100 km/h。

（2）确认所有打磨单元和打磨小车提升到位并锁定，各安全装置（安全链、安全绳、安全销）锁定到位。

（3）打磨列车与机车或其他车辆联挂时，要连接风管并打开折角塞门。

（4）联挂运行/自轮运行转换阀转换到联挂位。PGM-48 型钢轨打磨列车包括 2 个转换阀，分别在 1 号车和 3 号车上，位于整车两端转向架的左侧。

（5）缓解驻车制动。PGM-48 型钢轨打磨列车每节车上都有一个单独的弹簧制动控制阀，1 号车和 3 号车控制阀位于司机室左侧下部，2 号车位于检修操作间内。控制阀包括常开位和电控位：自轮运行时弹簧制动控制阀为电控位，以实现两端司机室内的远程控制；联挂运行时弹簧制动控制阀为常开位，以保证主风缸风压不低于 415 kPa 时，弹簧制动能够自动缓解。联挂运行时，三节车的弹簧制动控制阀都必须在常开位。

（6）车轴齿轮转换到空档位，并锁定。PGM-48 型钢轨打磨列车通过计算机操作面板上的档位转换按钮将档位转换到空档，空档指示高亮显示。确认 8 根驱动轴都在空档位后，分别将每根轴的空档锁止销插好并锁定，如果不在空档位，锁止销不能插进锁止孔内，锁止销和锁止孔位于换档装置上。

（7）打磨列车两端的制动机应取下常用制动和单独制动手柄。机车试风试闸时，检查打磨列车的制动、缓解是否与机车同步，各项性能是否符合要求。

（8）除了必须使用的走行灯和指示灯，关掉所有电子附属设备。

二、联挂运行

（1）长途挂运时，有专人负责，并有不少于两名押车人员。

（2）长途挂运时，押车人员须在两端驾驶室内，关好车门，注意倾听走行部分有无异响，观察制动缓解是否正常。PGM-48 型钢轨打磨列车押车人员还要观察弹簧制动是否完全缓解和车内巡视检查。有异常时，及时通知押车负责人，以采取应急措施。

（3）停车时要检查和记录轴头、齿轮箱温度。

三、联挂后

（1）按规定与列车分离。

（2）旋转联挂运行/自轮运行转换阀到自轮运转位。

（3）实施驻车制动。

（4）设置止轮器，并按规定设置防护。

学习项目五　打磨机构标定

为了保证打磨列车的打磨作业精度和打磨质量，要求对各个工作系统进行标定。在打磨列车的操作手册中，对液压系统的标定有明确的说明，在 Jupiter 计算机控制操作界面帮助选项中对电气控制元件的标定也有明确的说明，如驱动手柄的标定、发动机转速控制手柄与发动机转速的标定等都有明确的说明，在此不再赘述。在本学习项目中，主要介绍打磨机构的标定。

打磨机构的标定主要是对打磨单元0°位置的标定。

PGM-48型钢轨打磨列车共有48个打磨单元，但每两个打磨单元安装在一个偏转摇架上，打磨单元的角度偏转是通过偏转摇架偏转实现的，因此打磨单元垂直0°的标定即偏转摇架相对转轴水平0°的标定。偏转摇架0°标定主要包括两个内容：一是辅助偏转油缸全收缩时，偏转摇架水平0°的标定；另一个是偏转油缸全伸出时，偏转摇架水平0°的标定。

1. 标定的目的

标定的目的主要是提供计算机控制系统实现角度偏转变化的基础数据。

2. 使用工具

Q-Term（计算机控制盒）和数字角度仪，如图10-5所示。

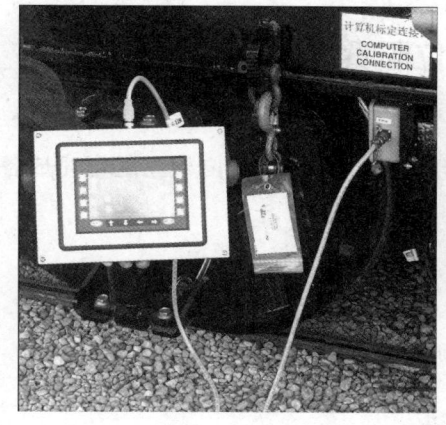 

图10-5　计算机控制盒（左）和数字角度仪（右）

3. 标定方法

PGM-48型钢轨打磨列车打磨机构的标定只能在车下使用Q-Term（计算机控制盒）操作。

（1）将打磨列车停放在标准直线线路上，一般为已开通的正线线路。

（2）按照停车方法将打磨列车停放好，实施弹簧制动。要求：辅助发电机组正常运转和主发动机怠速运转，主发电机正常工作，计算机开启。

（3）启动液压泵站，启动后在计算机控制面板上不做任何操作。

（4）按照正常操作放下打磨小车。

（5）将计算机控制盒（又称标定盒）通过连接线连接到车体上的计算机控制系统连接接口（与打磨小车最近的连接接口为通过标定盒控制该小车的连接接口，每个打磨小车的左侧和右侧都有一个连接接口，左侧连接标定盒只控制左侧4个打磨单元动作，右侧连接标定盒只控制右侧4个打磨单元动作）。此时，计算机控制盒的显示屏上就会显示计算机控制盒的操作屏幕。

（6）将数字角度仪放在要标定的打磨单元所在偏转摇架的一个平坦的表面（准备调整水平的平面）上。注意：此时辅助偏转油缸一般在全收缩的位置。

（7）在计算机控制盒的显示屏幕上，选择标定模式。

（8）选择需要标定的打磨单元所在的偏转摇架。

（9）使用角度调整箭头按钮来调整偏转摇架的水平角度（向内侧或向外侧），同时观察数字角度仪的数字显示，直至显示数字为0°，停止调整。

（10）按住标定零按钮 3 s 以上来存储标定信息。

（11）点按辅助油缸位置变换按钮，控制辅助偏转油缸全部伸出。

（12）进行步骤（9）、（10）操作。一个偏转摇架的标定结束。

（13）按步骤（5）~（12）对其他需要标定的打磨单元（偏转摇架）进行标定。

（14）标定完所需标定的打磨单元后，断开计算机控制盒的连接，标定程序将自动退出，将计算机控制盒放回存储地以防损坏。

学习项目六　工作号位职责

根据钢轨打磨列车运行和打磨作业操作规程，划分工作号位，各号位相互配合完成各项工作。

一、PGM-48 型钢轨打磨列车工作号位划分

PGM-48 型钢轨打磨列车工作号位划分如图 10-6 所示。

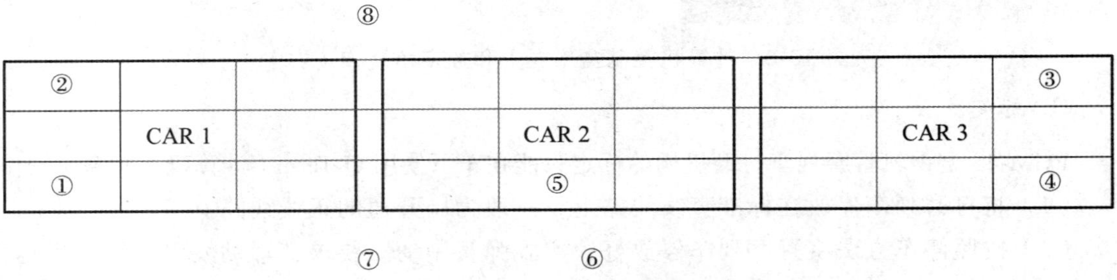

⑧

②									③
	CAR 1				CAR 2			CAR 3	
①					⑤				④

⑦　　　　　　　　　　⑥

图 10-6　PGM-48 型线路打磨列车工作号位划分

1号位：一号车司机位。

2号位：一号车副司机位（操作位）。

3号位：三号车司机位。

4号位：三号车副司机位（操作位）。

5号位：施工中车内巡视人员。

6号位：施工现场车下线路察看人员。

7号位：施工现场车下左侧监视人员。

8号位：施工现场车下右侧监视人员。

二、各号位岗位职责

1.1号位岗位职责

（1）严格按照操作规程进行操作，根据检查规定完成设备检查项目。

（2）启动发动机前，负责检查APU（辅助发电机组）、1号车主发动机的机油油位、冷却液液位、蓄电池电解液液位。

（3）启动发动机前，和2、3、4、5号位共同检查全车的走行系统、电气系统、液压系统、制动系统和打磨装置，发现问题及时处理。

（4）启动APU（辅助发电机）、1号车主发动机，并通知3号车启动发动机和开启控制计算机开关。

（5）动车前，撤掉本端防溜装置（止轮器），并确认3号车防溜装置已撤销。

（6）运行中，作为控制驾驶端时，负责车辆的调车、区间运行、联挂作业，严格执行"十六字令"，确保行车安全；作为从控端时，负责监控车辆的运行情况，监控各种信息，发现问题及时通知3号车采取处理措施。

（7）作业中，作为控制驾驶端，负责机械车辆的作业走行、开始/结束打磨作业和障碍点的跳跃，并与2号位加强沟通，确保施工安全；作为从控端时，负责监控车辆的运行情况，监控各种信息，发现问题及时通知3号车采取处理措施。

（8）作业结束，返回驻地后，负责做好本端的防溜、防护措施，并组织人员对机械车进行保养工作。

（9）擦拭驾驶室，打扫1号车驾驶室和电气间卫生。

（10）根据当天的机械运转情况，认真填写机械运转日志和日常保养记录。

2.2号位岗位职责

（1）严格按照操作规程进行操作，根据检查规定完成设备检查项目。

（2）启动发动机前，和1、3、4、5号位共同检查全车的走行系统、电气系统、液压系统、制动系统和打磨装置，发现问题及时处理。

（3）启动发动机，控制计算机启动后，负责启动液压泵站，监控打磨电机的提起状态，发现问题及时处理。

（4）通过计算机显示，检查APU（辅助发电机组）油箱油位，若缺油应及时开启燃油转换油泵给APU（辅助发电机组）油箱补充燃油。

（5）运行时，作为控制驾驶端时，行使副司机职责，确保行车安全；作为从控端时，负责监控车辆的运行情况，监控各种信息，发现问题及时通知3号车采取处理措施。

（6）作业时，作为控制驾驶端时，开始前负责启动打磨激活开关，开启集尘装置，设定巡航速度、打磨功率、最大角度限制，开启轨廓和波磨计算机，并调整到可用状态；作业中，负责输入打磨模式，调整打磨功率、巡航速度，同时监控打磨电机的状态和其他设备的参数显示，并保证和1号位的良好沟通；作业结束后，负责关闭打磨电机、转换集尘装置为吹尘状态，将打磨电机角度调整到垂直位置，关闭轨廓和波磨计算机。作为从控端时，主要负责监控车辆的运行情况，监控各种信息，发现问题及时通知3号车采取处理措施。

（7）作业结束后，返回驻地，确定车辆不动后，关闭控制计算机，并通知1号位将发动机熄火。

（8）擦拭控制计算机显示器和控制台。

3. 3号位岗位职责

（1）严格按照操作规程进行操作，根据检查规定完成设备检查项目。

（2）启动发动机前，负责检查3号车主发动机的机油油位、冷却液液位、蓄电池电解液液位。

（3）启动发动机前，和1、2、4、5号位共同检查全车的走行系统、电气系统、液压系统、制动系统和打磨装置，发现问题及时处理。

（4）得到1号位启动发动机的通知后，启动3号车主发动机，并开启控制计算机开关。

（5）动车前，撤掉本端防溜装置，并确认1号车防溜装置已撤除。

（6）运行中，作为控制驾驶端时，负责车辆的调车、区间运行、联挂作业，严格执行"十六字令"，确保行车安全；作为从控端时，负责监控车辆的运行情况，监控各种信息，发现问题及时通知1号车采取处理措施。

（7）作业中，作为控制驾驶端，负责机械车辆的作业走行、开始/结束打磨作业和障碍点的跳跃，并与4号位加强沟通，确保施工安全；作为从控端时，负责监控车辆的运行情况，监控各种信息，发现问题及时通知1号车采取处理措施。

（8）作业结束，返回驻地后，负责做好本端的防溜、防护措施。

（9）擦拭驾驶室，打扫3号车驾驶室和电气间卫生。

（10）根据当天的机械运转情况，认真填写机械运转日志。

4. 4号位岗位职责

（1）严格按照操作规程进行操作，根据检查规定完成设备检查项目。

（2）启动发动机前，和1、2、3、5号位共同检查全车的走行系统、电气系统、液压系统、制动系统和打磨装置，发现问题及时处理。

（3）启动发动机后，监控打磨电机的提起状态，发现问题及时处理。

（4）运行时，作为控制驾驶端时，行使副司机职责，确保行车安全；作为从控端时，负责监控车辆的运行情况，监控各种信息，发现问题及时通知1号车采取处理措施。

（5）作业时，作为控制驾驶端时，开始前负责启动打磨激活开关，开启集尘装置，设定巡航速度、打磨功率、最大角度限制，开启轨廓和波磨计算机，并调整到可用状态；作业中，负责输入打磨模式，调整打磨功率、巡航速度，同时监控打磨电机的状态和其他设备的参数显示，并保证和3号位的良好沟通；作业结束后，负责关闭打磨电机、转换集尘装置为吹尘状态，将打磨电机角度调整到垂直位置，关闭轨廓和波磨计算机。作为从控端时，主要负责监控车辆的运行情况，监控各种信息，发现问题及时通知1号车采取处理措施。

（6）作业结束后，返回驻地，擦拭控制计算机显示器和控制台。

5.5号位岗位职责

（1）严格按照操作规程进行操作，根据检查规定完成设备检查项目。

（2）启动发动机前，和1、2、3、4号位共同检查全车的走行系统、电气系统、液压系统、制动系统和打磨装置，发现问题及时处理。

（3）运行中，负责车内状况的监控和检查，主要包括发动机、液压系统、电气系统、工作装置，工作中是否有异响、漏油现象等。

（4）作业中，负责车内状况的监控和检查，主要包括发动机、液压系统、电气系统、工作装置，工作中是否有异响、漏油现象等。发现问题，及时通知操作端并采取处理措施。同时，接到1、2、3、4号位发现的问题后，迅速察看并采取处理措施。

（5）作业结束后，返回驻地，负责检查整车电气系统、液压系统、走形系统和工作装置有无异常。

（6）负责擦拭2号车内会议室。

6.6号位岗位职责

（1）施工前，负责与作业配合人员交流察看线路状况，并做好记录，上报施工负责人。

（2）施工中，负责察看每遍打磨后的线路情况，对病害线路做好记录，并通知车上人员采用不同模式、打磨功率、巡航速度进行打磨。

（3）施工结束后，负责签写验收单。

7.7号位岗位职责

（1）在车下负责监控左侧打磨装置是否工作正常，重点监视打磨电机是否正常提起、是否正常打磨，根据检查规定完成设备检查项目。

（2）配合1、3号位收、放打磨小车，放车后负责检查小车导向轮是否完全卡入钢轨内，电机是否都在提升位，确定都正常后，通知1、3号位；收车后，检查小车锁钩是否完全锁止到位。

（3）作业中，监视砂轮的磨损情况，异常时及时通知1、3号位。

（4）监视挡火板、防火帘是否破损、脱落，如有异常，及时通知1、3号位。

（5）监视左侧线路两旁是否有着火现象，如有，及时通知1、3号位停车灭火。

（6）检查线路上是否有漏油的痕迹，如有，及时通知1、3号位停车检查。

（7）作业结束后，及时检查砂轮的磨耗情况，并及时更换需要更换的打磨砂轮。

8.8号位岗位职责

（1）在车下负责监控右侧打磨装置是否工作正常，重点监视打磨电机是否正常提起、是否正常打磨，根据检查规定完成设备检查项目。

（2）配合1、3号位收、放打磨小车，放车后负责检查小车导向轮是否完全卡入钢轨内，电机是否都在提升位，确定都正常后，通知1、3号位；收车后，检查小车锁钩是否完全锁止到位。

(3)作业中,监视砂轮的磨损情况,异常时及时通知1、3号位。
(4)监视挡火板、防火帘是否破损、脱落,如有异常,及时通知1、3号位。
(5)监视右侧线路两旁是否有着火现象,如有,及时通知1、3号位停车灭火。
(6)检查线路上是否有漏油的痕迹,如有,及时通知1、3号位停车检查。
(7)作业结束后,及时检查砂轮的磨耗情况,并及时更换需要更换的打磨砂轮。

 复习思考题

(1)钢轨打磨列车运行前常规检查项目有哪些?
(2)列举 PGM-48 型钢轨打磨列车主发动机启动后所需检查的发动机内容。
(3)钢轨打磨列车联挂运行前,应做好哪些准备?
(4)打磨作业装置的标定要用到哪些工具?
(5)PGM-48 型钢轨打磨列车包括哪几个工作号位?如何划分?
(6)1号位在启动发动机前有哪些岗位职责?

单元十一　检查与维护

【知识目标】

（1）掌握钢轨打磨列车维护的基本方法。
（2）掌握主发动机日常维护的内容。
（3）掌握PGM-48型钢轨打磨列车日常维护的内容。
（4）掌握PGM-48型钢轨打磨列车定期维护的内容。
（5）掌握针对性维护的内容。

【能力目标】

（1）能够对主发动机进行日常维护和定期维护。
（2）能够对PGM-48型钢轨打磨列车的各系统进行日常维护。
（3）能够对PGM-48型钢轨打磨列车的各系统进行定期维护。
（4）能够对PGM-48型钢轨打磨列车的各系统进行针对性维护。

钢轨打磨列车经过运用后，往往会造成零件损坏。零件的损坏直接影响到钢轨打磨列车的寿命和行车安全。因此，要求机组人员应按有关规定认真检查维护。检查维护是为了使钢轨打磨列车保持良好的技术状态，防止或减少破损以发挥最大效能。根据钢轨打磨列车工作时间及时进行检查、维护，可以减少零部件的磨损，延长其使用寿命，避免过早地更换能够继续使用的零部件，降低使用成本。

学习项目一　检查的基本要求和方法

机组人员必须了解打磨列车的性能，熟悉运用状况。进行检查时应做到：明确检查要求、检查顺序，检查方法合理。

一、检查的基本要求

使用人员应非常熟悉钢轨打磨列车的构造原理、部件名称、位置及工作状态，掌握该车的特点及容易出现故障的部件和关键部件，了解常见故障的现象与检查方法，正确使用各种检查工具，根据声音、形态、颜色、温度、气味，准确及时地判断故障位置及故障程度。

（1）各螺母、销子不能有松缓、脱落；各电动机、电器与导线不应有断裂或虚接等不良现象。

（2）燃烧、冷却、制动、润滑、电器及仪表部分等工作状态良好。

（3）各保护装置作用良好，并不得任意改变其动作参数。对于加铅封部件，观察是否良好，有无变动。

（4）在检查中发现不良现象时，要及时处理，因故不能及时处理，而又不影响行车安全的，则应做好记录，以便在定期检查或年修时处理。

（5）检查完毕后，必须恢复至规定位置或恢复原状。

二、检查注意事项

（1）检查作业前必须先确认打磨车已经制动，做好安全防护工作。

（2）检查带电及转动部件时，禁止手触，以防触电和挤伤。

（3）机械动力间禁止烟火，上、下车时，手应把牢，脚应站稳，并注意人身安全。

（4）禁止反方向敲击螺栓、螺母，或击打螺栓、螺母的棱角。

（5）检查摩擦工作面和表面粗糙度值较低的部件时，禁止使用锤子敲击。

（6）各部件检查完毕后，必须恢复正常状态和原始位置，并需防止异物落入电器、阀、泵等装置内部。

（7）对加封的零部件（如铅封、漆封），严禁随意破坏。各保护装置，不得随意改变参数。

（8）进行各种试验时，必须执行联系和呼唤制度，与本机组人员密切配合，保证安全。

（9）禁止用检查锤触、拨电器部件。

三、检查常用的方法

检查方法很多，一般有锤检法、手检法、目视法、测量法等。

1. 锤检法

锤检法分为锤击、锤触、锤撬，所用工具为检查锤。

（1）锤击。锤击是靠检查锤敲击零部件时发出的音响及手握锤柄的振动感觉来判断螺栓的紧固程度或部件是否发生断裂。锤击适用于检查 M14 以上的紧固螺栓、弹簧装置，以及适宜用锤击判别发生断裂的部件。使用锤击检查时，应根据螺栓的大小、部件的状态和位置，用力适当，掌握好"轻重缓急"，不可用力过大，以免损伤部件。敲击螺栓或螺钉时，应向拧紧的方向敲击，以免把紧固的螺栓敲松。不准敲击带有压力的管接头。M14 及以下的螺栓、螺钉禁止用锤击法检查。

（2）锤触。对于一些较细的管路、卡子和脆弱部件，以及不宜锤击（M14 以下）的螺栓、螺钉，可用检查锤轻轻触动，检查是否泄漏、松动或裂损。

（3）锤撬。用锤柄或锤尖拨动、撬动一些零件，以检查零部件间的跳动量、横动量及间隙等。

2. 手检法

手检法分为手动检查法和手触检查法两种。

（1）手动检查法。对锤击容易损坏的部件应用手动检查，如较细的螺钉、管接头、各种阀门及仪表、电器等。手动检查包括晃、拍、握、拧等方式，采用"晃动看安装、手拧看松漏"的方法，检查是否有松缓、泄漏、安装不牢固等现象，并判断各油、水、风路中阀门的位置是否正确。

（2）手触检查法。用手掌、手指或手背触及部件，用感觉来判断部件是否正常，适用于检查有关部件的温度、管路的振动、高压油管的脉冲等。在运行中不能进行手触温度检查的部件，应在停车后马上进行。手触时应先用手指感觉温度，温度允许用手触时，再用手背判断温度。检查时应注意避免烫伤或碰伤。

3. 测量法

使用塞尺、钢直尺、游标卡尺、卷尺及专用工具测量有关部件的间隙、距离、行程等尺寸限度；使用万用表测量电压、电流、电阻的数值；使用密度计测试蓄电池电解液的密度。

4. 耳听法

凭听觉判断部件的运装，或借助锤柄、听振棒等倾听部件的音响是否正常。

5. 鼻嗅法

通过嗅觉检查判断部件有无发热、烧损现象，可用于检查当摩擦件发热严重，橡胶部件、电器线圈、电动机绕组烧损时所发出的异味。

6. 目视法

目视法是使用手电筒、检查灯等工具，用眼睛进行检查判断的方法。主要用于检查各种仪表显示是否正确，各种部件有无裂纹、变形、折损、丢失、脱落、擦伤、老化、剥离、泄漏、磨损、缺油等。在使用锤检和手检的同时，也要进行目检，做到手、眼、锤、灯配合协调，动作一致。

学习项目二　PGM-48型钢轨打磨列车的日常维护

日常维护是指操作大机之前、大机运转中和运用后，对大机设备进行的润滑、检查、调整及清洁等工作。因此，设备操作者应每日对PGM-48型钢轨打磨列车进行维护。日常维护应做到"四勤""二净"。所谓"四勤"，是指勤清洗、勤检查、勤紧固、勤调整；所谓"二净"，是指油净、空气净。其目的在于检查和调整机械各部间隙，改善各部润滑，减少零件的磨损。每天的工作流程开始于一个日常检查，检查包含如下内容：

（1）开启所有发动机间的锁和车上所有储存箱的锁。

（2）巡视设备，查看是否有损坏或丢失的部件，如果需要，则应及时修复。

（3）检查是否有泄漏的液体，查找泄漏点或泄漏原因，如果需要，则应修复或更换部件。

（4）检查车辆连接的车钩，确保车钩连接销和闭锁装置都完好，确保所有管道和电线都已经连接好。

（5）绝不允许在没有安全防护的情况下操作打磨列车，及时更换丢失、磨损或者损坏的部件，更换备件的号码在设备零件手册中可以找到。

（6）检查空气管道和液压管道，查看接头和部件是否有损伤、磨损或泄漏，及时更换损坏磨损缺失的部件。

（7）检查电气间是否有损伤、磨损或发热等部件，如果检查到这些故障，要及时更换修复。

（8）目视检查打磨石的磨损情况，依照 ANSI B7.1 安全码检查，如果磨石不能满足 ANSI B7.1 安全码或 EN12413:99，就不能使用该磨石，需要更换磨石。

（9）各部件的维护参考下面的日常维护项目标准，确保所有的项目都正常完成。

（10）处理好所有检查过程中发现的故障后再启动设备。

一、主发动机的日常维护项目标准

（1）燃油箱加油。

使用推荐的燃油种类加油。燃油箱加油口位于燃油箱的左右两侧，如图 11-1 所示。加油过程中，注意不要溅出柴油，加油量要确保设备出去打磨以后能使发动机和辅助发电机持续运行。确保燃油油位到达小窗，确保油箱底部的燃油阀开启，电池开关必须处于开启的位置，当主发电机启动后，主油箱的燃油泵就开启了，确保主燃油箱的油能及时转换到日常使用的小油箱。

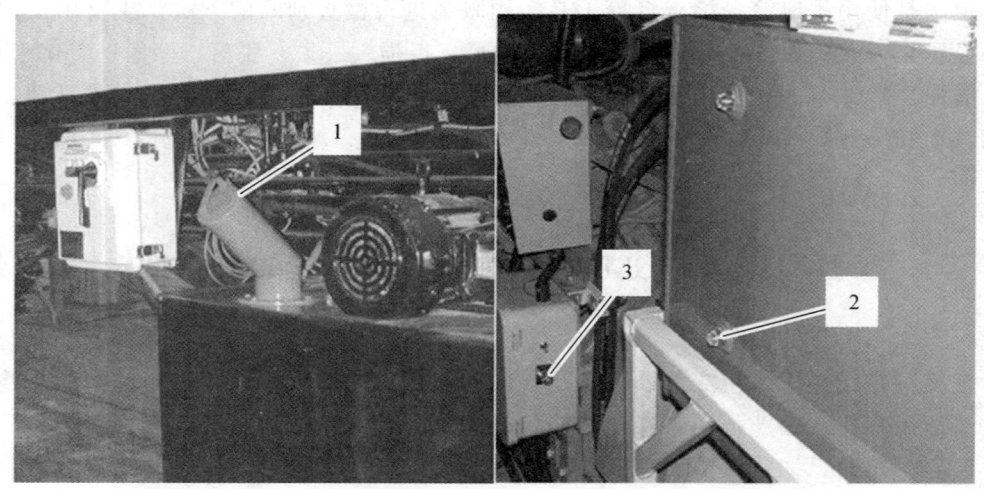

图 11-1 燃油箱加油口（左）日燃油箱（右）

1—加油口；2—油位窗；3—电池开关

（2）检查发动机润滑机油油位。

抽出发动机上机油标尺，用无纤维的擦布将机油标尺擦净，重新插入油底壳，插到限制位置后抽出，此时，机油油位应在标尺上、下油位刻线之间。低于下油位刻线时，按规定加入润滑机油，至标尺刻线规定范围；高于上油位刻线时，通过放油口放掉部分润滑机油，至标尺刻线规定范围。

（3）检查发动机曲轴箱通风管有无堵塞。

曲轴箱通风管是发动机曲轴箱与大气连通的主要装置，如有油污等淤积物，要及时清理，避免因曲轴箱通风不良，导致发动机故障。

（4）检查燃油油水分离器，排除积水及沉淀物。

（5）检查发动机和散热器之间的管路及连接有无冷却液泄漏。

认真检查连接软管有无渗漏、破损、磨损和扭曲变形等情况，检查各管路连接装置有无松动，焊接点有无开焊，并进行必要的紧固、修理或更换。

（6）检查发动机冷却液液位。

发动机散热器位于车厢顶部，可以在车下观察指示窗内液位高度，如图 11-2 所示。如果在侧油窗内能够看到液面，说明冷却液量足够；如果看不到液位，需要加注冷却液。严禁在接触网区域登上车顶检查或加注冷却液。需要加注冷却液时，将打磨列车运行至无接触网区域，通过车顶上的加注口加注冷却液至规定液位。加注冷却液前，要确定发动机温度降至 48.9 ℃ 以下，才可以打开加注口盖，以防止由于温度过高，冷却液喷出伤人。

图 11-2　发动机散热器

1—侧油窗；2—注油口

（7）检查散热器散热片有无异常变化。

检查散热器是否有堵塞的地方，检查是否积累有灰尘或污物。用软刷或软布擦拭散热器外表，小心清理污物，避免损坏散热器片。使用高压空气反向（与散热器风扇产生的风向相反）吹散热器表面，以去除积聚在散热片缝隙内的尘土和碎屑等污物。要求高压空气压力不得超过 210 kPa，气流方向垂直散热器表面，避免高压气流吹坏散热片。

（8）检查发动机空气滤芯指示器指示。

指示器指示绿色为正常。当指示器指示红色时，需要清理或更换空气滤芯，清理或更换后，要将指示器复位。发动机滤芯维护面板如图 11-3 所示。

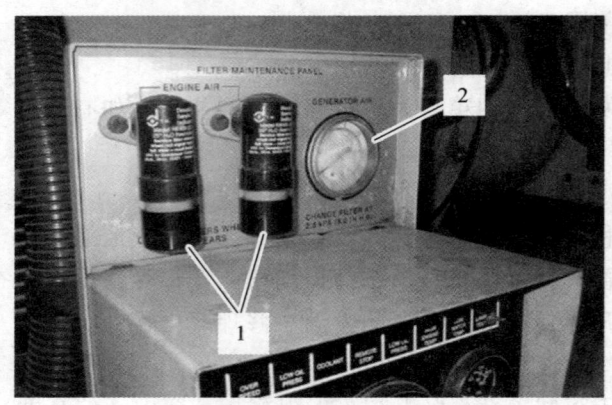

图 11-3　发动机滤芯维护面板

1—空气滤芯指示器；2—节流表

（9）检查空气滤筒与发动机连接管路是否良好。

检查空气滤筒及连接管道有无破损，紧固管箍有无松动。如有异常，进行修理或更换，以防止未经净化的空气进入发动机而导致发动机故障。

（10）检查发动机的电气连线有无破损、断裂或松动。

更换破损电线，紧固电线接头，避免因短路或连接不良而发热造成线路烧毁。

（11）检查发动机机体上有无渗油。

及时更换磨损或泄漏的燃油管路，紧固连接螺栓或更换密封件，避免发动机燃油泄漏、供油不足，影响正常运转。

（12）检查发动机安装座紧固螺栓及其他螺栓有无松动。

二、辅助发动机的日常维护

（1）检查发动机润滑机油油位。

拔出机油油位尺，擦净后，重新插入油底壳内，再拔出，检查油位，油位应该位于油位尺指示刻线范围。如果不在指示刻线范围，根据需要添加或放掉润滑机油。

（2）检查发动机冷却液液位。

冷却液液位应在散热器颈口处。千万不可在发动机热的时候取下散热器盖，以避免发动机冷却系统存在压力将热的冷却液喷出伤人。待发动机温度降至 48.9 ℃ 以下，再打开散热器盖。

（3）检查燃油油水分离器，排出积水和沉淀物。

油水分离器排水时，发动机必须关闭。如图 11-4 所示，用手逆时针旋阀 1 四整圈直到阀落下约 25 mm。排掉过滤脏水直到看见清洁燃油。向上推阀且顺时针转动关闭阀。不要把阀拧得过紧，否则会损坏螺纹。

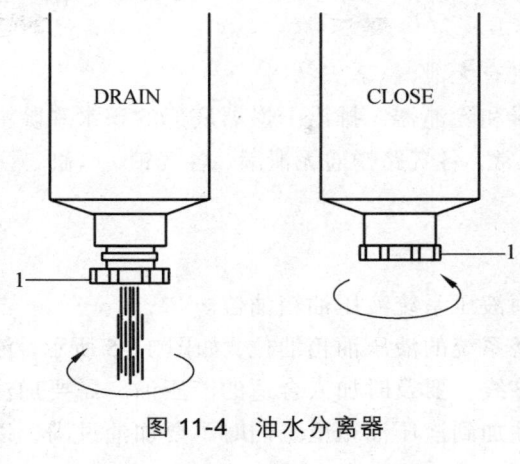

图 11-4　油水分离器
1—阀

（4）检查空气滤芯有无堵塞。

辅助发动机空气滤筒没有指示器，因此需要打开空气滤筒，检查空气滤芯。如果空气滤芯堵塞，则清理或更换。个别车辆安装有指示器，可以根据指示器显示判断滤芯情况。

（5）检查空气滤筒与发动机的连接管路及连接部位有无异常。

（6）检查发电机组上的电气连线有无异常磨损、破皮、断裂及松动。

如发现有烧蚀或外皮破损露线，要及时更换相关电线或接点。

（7）检查发动机机体有无机油、燃油、冷却液渗漏。

（8）检查驱动皮带磨损情况。若不需更换，再检查驱动皮带的张紧力是否良好，如需要应及时调整。

（9）检查发动机底座、机体各安装部位有无异常，紧固螺栓有无松动。如松动应及时紧固。

三、动力传动系统及走行机构

（1）车钩三态作用良好，缓冲装置及制动风管正常。

（2）各传动轴无裂纹，连接法兰、连接螺栓无松动。

（3）各传动轴转动时无异常。

（4）启动发动机，检查动力换档变速箱无异响，变矩器的油位在正常范围。

（5）检查各齿轮箱（包括分动箱、减速箱、过桥箱）箱体无裂纹、漏油现象，螺栓连接良好。各齿轮箱工作时无异响，每次运行停止时，检查其表面温度应符合规定要求。

（6）液压减振器和橡胶减振器的作用正常。

四、气动系统

（1）检查辅助空压机油位。油位应该在油箱上窥镜的中心。如果油没有到上窥镜中心，则需要加油。

（2）检查辅助空压机有无泄漏。

（3）检查空气干燥器和除油器，排出干燥器底部的积水和除油器底部的油污杂质。

（4）气动系统压力正常，各气路畅通无泄漏，各气锁、气缸、气阀动作灵敏，状况良好。

五、液压系统

（1）检查走行及打磨液压系统液压油箱油位。

检查走行系统和打磨系统的液压油箱油位，如图 11-5 所示。液压油油位必须在油窗底线以上。如果没有到达该线，要及时加入合适的液压油。需要加注液压油时，必须通过手动传输泵和滤芯把液压油加到液压油箱里。同时不要加油过满，以当所有设备部件提起且在走行位置上锁闭时可以在油位观察窗上看到液压油即可。注意：两个系统需要的液压油种类不同，不能混用。

图 11-5 液压油箱

1—走行系统油窗；2—打磨系统油窗

（2）检查走行及打磨液压系统液压系统管路、接头、安装座、液压阀、通断塞门有无磨损、泄漏。

（3）检查走行及打磨液压系统液压油散热器有无泄漏，表面有无污物堵塞。

（4）检查走行及打磨液压系统各滤芯指示器是否在正常指示范围，滤芯有无堵塞。

启机后，检查走行系统回路滤芯指示器。当滤芯插进去时，滤芯顶部的指示器会显示红色。如果指示器显示红色，把指示器上对应的按钮按下去，重新设定。如果拔出滤芯时，指示器变红，更换该滤芯。检查回油滤芯指示器。回油滤芯和指示器位于走行液压油箱的顶部。如果回油滤芯指示器在红色区域,更换该滤芯。

六、电气系统

(1) 检查各电气连接线有无异常。
(2) 检查主发电机外观有无异常,连接及紧固是否良好、无松动。
(3) 作业灯、照明灯及标志灯作用良好。

七、作业装置

(1) 打磨小车的锁定机构的工作状况正常。
(2) 检查导向轮对有无裂纹、缺损,或磨损严重。
(3) 检查打磨电机伺服油缸连接是否良好。
(4) 检查偏转电机连接销、轴是否良好。
(5) 检查打磨小车各连接部位有无磨损、松动及异常变形。
(6) 检查打磨小车升降各种动作是否良好。
(7) 检查防火帘有无破损,安装是否牢固。
(8) 清除打磨小车各部位的打磨灰尘及渣子。
(9) 检查打磨砂轮磨耗情况,并更换磨耗严重或有裂纹、破损的打磨砂轮。

八、其 他

(1) 检查两车的连接是否良好。
(2) 检查运行监控装置等三项设备是否良好。
(3) 检查车体有无损伤或零部件的丢失,并擦拭车体。
注:每日维护工作,由机组长根据施工情况组织机组人员按检查部位分工协作认真做好维护工作,维护后机组长要认真填写日维护记录。

学习项目三 定期维护

定期维护包括月度维护、季度维护和年度维护。发动机每运转约 100 h 进行月度维护,约 300 h 进行季度维护,每年进行一次年度维护。

一、月度维护

月度维护应在发动机每工作 100 h 后进行,维护项目应完成日维护的全部内容,重点做好月度维护的项目。各机组长和施工队设备主管人员按维护项目和标准进行复查验收并填好月检记录。

1. 发动机（含主发动机和辅助发动机）

（1）取样化验发动机机油油样，需要更换时必须在热机状态下放净机油并加注新机油。

（2）清洗发动机、变矩器油散热器的外表面，特别是风冷发动散热片，通道间应保持畅通和清洁。

（3）进气管及气缸盖上的排气管密封状态良好。

（4）清洗燃油滤清器的滤芯和滤体，必要时应更换。

（5）清洗或更换机油滤筒和滤芯。

（6）清洁内部空气滤芯。

（7）检查散热器风扇齿轮箱的润滑油位，不足时应加注。

（8）检查发动机打气泵工作状态正常、无异响或漏气。

（9）冷却风扇转动灵活，连接紧固，风扇皮带张紧状况正常。对风扇轴承加注润滑油。

（10）启动电机，工作状况正常，连线无松动。

（11）蓄电池和连接线的紧固情况良好，蓄电池表面清洁。

（12）每周检查一次电解液的密度情况，液面太低时应及时补充蒸馏水。冬季当发动机停止运转后，应将蓄电池拆下放入室内保存。

（13）发动机紧急停机装置的作用灵活可靠。

2. 走行系统

（1）走行系统各连接螺栓牢固可靠。

（2）分动齿轮箱的油位不足时应加注。

（3）清洗轴箱呼吸器，保持清洁畅通。

（4）过桥传动轴箱油位按要求补油。

（5）各传动轴的万向节无松脱并加注润滑油脂。

（6）车轴齿轮箱的端盖密封情况良好。

（7）轴头橡胶减振无老化失效。

（8）车轴齿轮箱无异响，箱体无裂纹。

（9）挂脱档操纵机构，动作灵活、可靠，作用良好。

3. 制动系统

（1）空气压缩机工作正常，制动压力显示正确。

（2）制动系统的螺栓紧固，必要时进行紧固调整。

（3）制动闸瓦磨损超限时更换。

（4）弹簧制动灵活可靠，对手制动传动齿轮加注润滑油。

（5）杠杆机构的铰接处加注润滑油。

（6）气动控制系统排净油水分离器的积油和积水。

4. 液压系统

（1）油泵、油马达牢固，运转时无异响，泵体温度不应超过规定值，更换泄漏处的相关密封件。

（2）各液压控制阀安装牢固，各控制阀在连续运转 1 h 以上时阀体温度应小于 50 ℃。

（3）各液压油缸的活塞杆无拉伤，缸体无裂纹，活塞杆无弯曲变形，活塞油缸连接无松动。

（4）各系统压力达到系统工作要求，压力调定值发生变化时要重新标定调整。

（5）液压油滤清器进行清洗或更换滤芯。

（6）按规定取油样进行化验，检查油质的污染程度。

（7）各液压管路管接头无漏油，更换失效的密封件。

（8）液压系统主要部件的性能良好。

5. 工作装置

（1）对 6 个打磨小车润滑油嘴加注润滑油脂。

（2）对偏转电机的偏转轴加注润滑油脂。

（3）对制动连动机构加注润滑油。

（4）维护波磨小车的探测轮，确保转动灵活。

（5）打磨小车车轮磨损超限时应进行更换。

（6）应急泵的工作正常。

（7）测量小车各工作风缸的工作情况正常，各管接头连接牢固可靠。

（8）打磨小车及挡火板的自动及手动提升动作正常。

6. 电气控制系统

（1）各电气设备、控制计算机的功能正常。

（2）各线路板块插装可靠，接触良好。

（3）清除各电气控制箱内的灰尘杂物。

（4）继电器接触器可靠，各接线端线头连接牢固。各限位形状闸刀开关作用正常。

（5）各指示灯、报警显示正常。

（6）照明灯、信号灯正常。

7. 车体及其他部件

（1）彻底清洁擦拭车体的油污灰尘，司机室内外保持清洁。

（2）雨刷器、喇叭和通话器等工作状态良好。

（3）清洁空调及取暖器。

（4）车体及运动部件的焊接部位牢固，无裂纹。

（5）车钩、缓冲装置和连接风管可靠，作用良好。

（6）随车工具及信号备品齐全有效。

二、季度维护

季度维护应在发动机每运转 300 h 后进行,在完成月度维护的项目后,要对重要部件进行重点维护,同时根据对设备的定期状态检测发现的问题及隐患实施针对性维护,并做好检修记录。

1. 动力传动系统

(1)发动机每工作 300 h 后在完成月度维护项目外,应在冷机状态下用厚度为 0.2～0.3 mm 的塞尺检查气门间隙并进行适当调整。
(2)气缸盖温度报警器作用不良时,拆下并进行动作值的测试。
(3)拧紧发动机上各紧固螺栓。
(4)启动电机,直流发电机的工作不良时,按要求清洁整流器,更换超限炭刷。
(5)对进、排气总管连接螺栓进行紧固。
(6)检查动力换档变速箱液力传动油的滤清器,必要时进行更换。
(7)化验液力传动油、分动差速箱的润滑油和车轴齿轮箱的润滑油,必要时进行更换。
(8)向各连接杆件的活动铰接处加注润滑油。
(9)向手制动齿轮箱加注润滑油。更换泵驱动齿轮箱的润滑油。
(10)向液压油缸、气缸的安装处和铰接处加注润滑油。

2. 工作装置

(1)完成季度维护各项工作。
(2)更换磨损超限的打磨小车车轮。
(3)给打磨框架轴心轴承加注润滑油。
(4)更换烧损严重的挡火板。
(5)更换有故障的打磨电机。
(6)灭火吸水管的安装及功能正常。
(7)调整砂轮的卡装紧固装置。
(8)气动控制系统各部的连接状态及各控制阀的功能正常。

3. 液压系统

(1)完成季度维护的各项检修内容。
(2)调整各液压回路的压力,使其达到标定值。
(3)电磁换向阀、电液换向阀功能不良的要进行解体清洗。
(4)更换伺服油路的高压滤清器滤芯。
(5)液压蓄能器的氮气压力不足时应补充氮气。
(6)按规定取油样化验液压油,污染程度超标时应及时更换。

4. 电气控制系统

(1)完成季度维护的各项内容。

（2）对直流发电机整流子进行清洁，更换超限炭刷。
（3）清除各限位形状上的油污灰尘，使之动作值正确。
（4）用酒精清洗各继电器的触脚。
（5）计算机系统工作正常。
（6）速度传感器能保证测量时的运行速度。
（7）更换绝缘不良的导线，调整电气控制系统的主要参数。

5．车体及其他部件

（1）完成季度维护的各项检修工作。
（2）紧固螺栓，构架焊接无裂纹变形。
（3）车钩三态正常，缓冲器风管性能良好。
（4）各锁定机构安全可靠。
（5）随车工具备品、应急救援器材齐全。

学习项目四 针对性维护

针对性维护包括机械的临时停放、工地转移、长期封存及磨合期的维护。

一、机械临时停放时的维护

（1）机械在临时停放时要每周进行一次全面的日常维护工作。
（2）启动发动机运转 15~20 min。
（3）在作业情况状态下，使各项装置在空载状态下运转，使各摩擦零件表面保持一定的油膜。

二、工地转移时的维护

（1）工地转移时，应对动力传动及制动系统按月度维护项目进行维护。
（2）工地转移后，要对检测系统进行一次精度检测或重新标定。

三、长期封存机械的维护

长期封存时，每月应对设备进行一次维护，按机械临时停放维护项目进行。

四、机械磨合期的维护

（1）启动发动机，怠速运转不少于 10 min，待机体温度上升后，带负荷运转，所带负荷不得超过额定负荷的 75%~80%，最高运行速度不超过 60 km/h。

（2）新发动机或大修后的发动机，工作 50 h 后必须更换机油，在更换机油的同时应进行下列维护工作：

① 更换机油滤筒。
② 检查缸盖上进排气管的紧固状态。
③ 检查空气滤清器的橡胶管和卡箍是否连接紧密。
④ 再次拧紧机油箱的放油螺塞和发动机支架的固定螺栓。

学习项目五　钢轨打磨列车技术状态完好条件

一、整车外观及主要附属装置

（1）结构完整，机件齐全，无自主加装的超限装置。
（2）各连接紧固件、传动系统、基础制动、车钩、车轴齿轮箱、分动齿轮箱和减速箱等安装牢固可靠，车底其他吊挂零部件安装牢固、焊接可靠。
（3）主车架、打磨小车架无裂纹、变形和严重锈蚀。
（4）车体及外表面清洁，无明显油垢和油漆剥落，司机室内整洁，不漏雨。车门开关灵活，密封良好。车内控制箱、电器间清洁。工具间机件齐全、摆放整齐。
（5）前后标志灯、大灯、警灯、作业灯及司机室、电器间、工具间内的照明灯、指示灯齐全有效。雨刮器齐全，工作正常。
（6）仪表齐全有效，各种铭牌清楚齐全，各种标志涂色正确。
（7）空调、加热器、室内增压器工作正常。
（8）各胶管接头无松动，胶管无磨损、老化等。
（9）安全销、安全链、防火挡板齐全可靠。安全挂钩开闭正常，锁定可靠，无裂纹，行车安全备品齐全可靠。
（10）风喇叭声音洪亮，声音清晰。
（11）硬管安装牢固，管卡无松动。
（12）电缆电线捆扎整齐，无破损。
（13）车钩高度（中心线）在 815~890 mm，车钩三态作用良好，缓冲器和钩体不悬空。

二、各系统及主要部件的技术性能

1. 发动机

（1）主发动机启动时，冷却水位及机油油位正常，怠速转速为（900±50）r/min，最高转速为（1 800±50）r/min。在冷热状态下启动次数不超过两次，转速从 900 r/min 升至 1 800 r/min，运转平稳，无异常冲击、振动和敲击声，预热有效可靠。
（2）主发动机各仪表指示正确，各报警灯显示无误，整机各停机按钮工作正常。

（3）辅助发电机组冷却水、油位正常，仪表指示正常，发动机转速为（1 500±30）r/min。

（4）主发电机在怠速时，输出电压 220~240 V，频率（60±5）Hz，运转正常，皮带无破损，张力适度。高速时电压 590~614 V，频率（120±5）Hz。

（5）主发动机润滑良好，机油压力在 343~618 kPa 正常范围内，辅助发电机组的发动机机油压力为 343 kPa，各温度指示正常。各空气滤清器散热片无堵塞，其报警器显示正常，燃油、配气系统良好。

（6）电流、电压表指示正确，蓄电池充放电正常，蓄电池箱、接线柱无严重腐蚀，电液高度符合要求。

（7）发电机冷却风扇无明显甩油、漏油现象，通气孔顺畅。

2. 传动走行系统

（1）分动齿轮箱工作正常，油面到位，齿轮啮合平稳，无异响和明显漏油，滤清器显示正常。

（2）车轴齿轮箱油面到位，齿轮啮合平稳，通气孔无堵塞。

（3）当主风缸压力达到 500 kPa 时，传动轴气动换档及时到位，各轴高、低、空三档指示灯显示正确。气动风路无明显漏油，传动轴运转平稳。

3. 转向架及轮对

（1）转向架结构焊接无裂纹、无明显变形和严重锈蚀。

（2）轮对各主要尺寸检查、车轴探伤记录齐全，车轮无裂纹，踏面擦伤深度不超过 1 mm，踏面剥离长度一处不大于 40 mm，两处不大于 30 mm，轮辋厚度不小于 23 mm，轮缘厚度不小于 23 mm。

（3）轴箱液压减振器无明显漏油，作用可靠，橡胶减振块无脱落、龟裂，作用可靠。

（4）轮轴压装部位连接良好。

4. 制动系统

（1）空气压缩机工作正常，无异响、过热和明显窜油。

（2）各空气制动部件按规定校验记录齐全。

（3）总风缸压力达 700 kPa 后，柴油机停机，3 min 内总风压力下降不超过 20 kPa，1 min 内列车管压力下降不超过 5 kPa，3 min 内制动缸压力下降不超过 5 kPa。

（4）各蓄气缸无大量水分存集，排水阀开关可靠。

（5）制动后闸瓦应紧贴车轮踏面，不偏磨，闸瓦与车轮间隙应保持在 5~10 mm，闸瓦厚度不小于 12 mm。

（6）弹簧制动缓解压力大于 420 kPa。

（7）制动软管连接器与其他车辆连接时不漏风。

（8）单独制动性能：全制动时，制动缸最高压力为 360 kPa，制动缸压力自 0 升到 380 kPa 小于 7 s，自 350 kPa 缓解至 35 kPa 小于 5 s。

（9）自动制动性能。

① 均衡风缸压力由 0 升至 440~460 kPa 为 12~14 s，自 500 kPa 降至 360 kPa 为 5~8 s。
② 全制动时，制动缸最高压力为 400 kPa，升压时间少于 12 s，由最高压力缓解至 35 kPa 小于 12 s。
③ 紧急制动时，列车管压力排零时间小于 3 s，制动缸压力升至最高压力 400 kPa 时为 6~9 s。

5．电气系统及计算机控制

（1）计算机工作正常，通信线路正常。
（2）驾驶系统中（24±5）V 电源电压正常，各显示仪表指示正常。
（3）驾驶手柄、换档开关及驾驶控制开关动作正常，各电磁控制阀动作准确。
（4）液压系统中各电磁控制阀动作准确，液压泵控制开关动作正常。
（5）计算机操作指令输出正确，对走行及作业参数监控反馈正确。打磨电机起落、升降、偏转动作控制准确，继电器输入/输出正确，各保护继电器动作正常，控制电路板工作正常。

6．工作装置

（1）打磨小车收放自如，基准轮升降灵活。
（2）打磨电机导向柱光滑，打磨电机升降顺畅、到位。
（3）各打磨电机运转正常，打磨电机偏转到位，电机过压、过流超温保护装置安全可靠。
（4）打磨小车摇架横移、偏转正常到位，无粉尘覆盖。
（5）防火挡板升降顺畅，挡火效果良好，气缸动作到位，无明显漏风。
（6）打磨电机障碍跨越动作可靠。

7．液压系统

（1）液压系统中无明显泄漏，油管外层保护胶管无明显破损。
（2）当走行液压油温度低于 32 ℃ 时，冷却风扇低速启动，超过 52 ℃ 时，冷却风扇启动。

8．测量系统

（1）波磨小车升降顺畅，卸、加载动作正常，指示灯显示正常，精度校验准确，测量轮无明显磨损，弹簧压力适中，车架清洁。
（2）激光探头清洁，精度校验准确，探头动作到位，指示灯显示正常。

9．消防系统

（1）消防水泵工作正常，压力保护开关正常。
（2）侧喷水电磁阀动作可靠，各管路无泄漏。
（3）水箱加热装置工作正常。各水管、水枪、喷头齐全，工作正常。

三、上道实作精度检查

（1）波磨探测系统工作正常。
（2）激光探测系统工作正常。
（3）打磨作业后钢轨波浪磨耗残余量符合有关技术规定。
（4）线路实测记录值与波磨小车测量值相符。
（5）作业后轨顶面平滑，无明显光带。

复习思考题

（1）钢轨打磨列车的维护分为哪几种？
（2）PGM-48型钢轨打磨列车主发动机的日常维护内容有哪些？
（3）PGM-48型钢轨打磨列车打磨小车的日常维护内容有哪些？
（4）PGM-48型钢轨打磨列车定期维护有哪些项目？
（5）针对性维护包括哪些内容？
（6）设备磨合期的维护内容有哪些？

附 录

附录一 打磨列车作业标准

为加强打磨列车的运用管理,确保打磨列车的作业质量,特制定 PGM-48 型打磨车打磨作业标准,本标准规定了 PGM-48 型钢轨打磨车的作业条件、作业要求和质量验收。

一、运用范围

钢轨打磨列车应在以下线路运用:
(1)对于列车运行速度为 160 km/h 及以上的线路。
(2)对于列车速度小于 160 km/h,且年通过总重为 25 Mt·km/km 及以上的线路。

二、引用标准

中华人民共和国《铁路技术管理规程》;
中华人民共和国铁路总公司《铁路线路维修规则》;
中华人民共和国铁路总公司《铁路工务安全规则》;
中华人民共和国铁路总公司《大型养路机械使用管理规则》。

三、作业条件

(1)线路打磨施工必须封锁线路。封锁时间应满足《铁路线路维修规则》有关规定,不少于 3 h。
(2)作业区段的曲线半径不小于 110 m。
(3)最大作业坡度低于 33‰。
(4)作业区段的最大超高不大于 150 mm。
(5)钢轨内侧打磨角度最大为 50°,钢轨外侧打磨角度最大为 45°。
(6)作业走行速度为 1.6~16 km/h。

四、工务段配合及要求

(1)提供工务线路设备综合图、配线图。

（2）对打磨区段出现的局部高低焊接接头（大于 3 mm）、轨头剥落掉块（大于 2 mm）等缺陷预先进行调直、打磨（使用小型打磨机打磨）和焊补，予以消除。

（3）在作业前一个月，将作业区段调查的钢轨磨耗情况提供给打磨车队，以作为制定施工方案的依据。

（4）在作业前一周，将再次调查的作业区段的钢轨磨耗的准确数据提供给打磨车队，供打磨车队制定打磨方式的依据。

（5）打磨车在无缝线路地段施工时，工务段应向打磨车队提供该地段的实际锁定轨温，并注意随时测量轨温，作业轨温不得超过实际锁定轨温 −30 ~ +15°C，严禁超温作业。出现胀轨迹象，由工务段迅速组织抢修队伍进行处理。

（6）打磨车队要严格按照《大型养路机械运用管理规则》的有关要求组织施工，确保作业质量和施工安全。

（7）提前拆除影响打磨施工的工务设备，如道口、护轨。施工完毕及时恢复。

（8）对于肥边过大的施工地段，施工后要及时测量并调整轨距。

五、打磨作业参数要求

（1）打磨电机总功率为 22 kW，设定的作业打磨功率不得低于总功率的 80%。

（2）打磨速度不得超过 12 km/h。

（3）根据钢轨磨耗情况，选择合适的打磨方式。

① 预防性打磨。

预防性打磨是对新铺设钢轨预先进行打磨处理的一种打磨方式，用以预防波磨的发生；新铺设钢轨预防性打磨遍数定为 2 遍；运用轨预防性打磨数定为 3 ~ 5 遍。

② 修理性打磨。

a. 对于列车运行速度为 160 km/h 及以上的线路，且钢轨波磨深度超过 0.3 mm 时。

b. 对于列车速度小于 160 km/h，年通过总重为 25 Mt·km/km 及以上的线路，且钢轨波磨深度超过 0.5 mm 时。

c. 对于列车运行速度为 160 km/h 及以上的线路及列车速度小于 160 km/h 且年通过总重为 25 Mt·km/km 及以上的线路，当钢轨出现较严重的侧磨和压溃等缺陷。

d. 打磨列车原则上只对波磨深度在 1.5 mm 以下，个别深度不超过 2.0 mm 的地段进行打磨；超过以上深度和已达重伤钢轨标准的区段不宜进行打磨。

六、验收标准

（1）对于列车运行速度为 160 km/h 及以上的线路，打磨后的最大剩余波深不得超过 0.2 mm。

（2）对于列车速度小于 160 km/h，年通过总重为 25 Mt·km/km 及以上的线路，打磨后的最大剩余波深不得超过 0.3 mm。

（3）经过打磨的钢轨应消除轨头飞边等缺陷，轨头形状符合轨廓要求。

七、质量验收

（1）平均每遍打磨深度为 0.15~0.2 mm。

（2）打磨车队根据工务段提供的钢轨磨耗数据，确定打磨遍数。如果打磨遍数多于规定的预防性打磨遍数，多出的遍公里数成本为 3 000 元/（遍·km）。工务段应将多打磨的遍数、公里数提前向工务处汇报，并签署相应遍公里数验收单。

（3）波磨的质量验收应采用钢轨波磨检测系统或钢直尺配以塞尺进行。

（4）轮廓的质量验收应采用钢轨轨廓检测系统（随车配备）或便携式轨廓检测仪进行检测。

（5）质量验收时，无论打磨区段是短波或长波，若剩余波深超过验收标准的波磨点的长度累计不超过该打磨范围长度的 10%，即视为合格，以减少总体打磨量。

（6）质量验收采用随磨随验方式，由工务段负责人与打磨车队负责人共同验收并于当日填写验收记录。

附录二　打磨列车的安全操作

安全是铁路运输的生命线，是铁路运输管理永恒的主题。为保证 PGM-48 型钢轨打磨列车运行、作业、设备及人身安全，制定了运用、检修等安全技术组织措施，以确保安全，防止事故的发生。

一、运行安全措施

（1）运行司机必须由具有大型养路机械司机证（含代理司机证）的人员担任。

（2）自轮运行时，按重型轨道车办理。由机车牵引时，按路用列车办理。

（3）自轮运行时，本务机正副司机操作必须严格按照中国铁路总公司相关规定执行。

（4）单独在区间运行时，行车备品必须配备齐全，三项设备良好。夜间头灯照明良好，后部车辆必须有尾部红灯标志，并严格按照规定速度运行。

（5）运行前，值乘司机（含代理司机）应对制动系统、折角塞门、车钩、制动闸瓦、锁定机构的液压锁、动力及传动系统的油位、车下防溜措施、车周围的障碍物和人员、安全备品等进行全面检查，并应试风试闸、试验无线列调，调整好三项设备，确认正常后方可运行。

（6）运行时，司机要集中精力，严格执行"十六字令"，即彻底瞭望、确认信号、高声呼唤、手比眼看。严禁臆测行车，严禁酒后驾驶。本务机运行控制端驾驶室只允许担任驾驶工作的正副司机、组织行车的领导和安全检查人员登乘，其他人员不得进入本务机运行控制端。行车有关人员在执行任务时，不得与别人闲谈或做与行车无关的活动。进出车站司机要使用无线列调电台与车站联系，运行时无线列调禁止关机。

（7）运行中，要正确使用运监装置和无线列调，严格按照三项设备操作规程操作。

（8）返回驻地停留后，实施驻车制动，按规定设置止轮器和防护。

二、调车安全措施

（1）打磨列车在基地或施工作业现场进行调车作业时，应有调车作业负责人，调车负责人负责安排调车工作，包括向车站申请调车作业计划、向司乘人员布置调车作业计划并讲明注意事项。

（2）调车作业计划下达后，中途不得变更作业计划。如需变更，应由调车负责人重新向车站申请作业计划，待批准后重新布置作业计划并讲明注意事项。

（3）调车作业前，调车负责人应安排司乘人员对调车环境进行彻底检查，检查各车联挂情况，检查情况应向调车负责人报告。调车作业应实行单一指挥，其他任何人员不得参与指挥。如发现问题，应直接向调车负责人报告。

（4）调车时，在未挂好停留车前，停留车不得提前撤除防溜措施。摘车时，必须先设好停留车的防溜措施再摘车。当信号不明和联络不清时，及时与车站联系，查明情况后方可调车作业，严禁臆测行车。遇人工扳道时，应严格执行要道还道规定。

（5）在空线上调车时，牵引速度不超过 40 km/h，推进速度不得超过 30 km/h。瞭望不清或天气不好时，应降低调车速度，确保行车安全。

（6）在有车线调车时，牵引速度不得超过 15 km/h，推进速度不得超过 10 km/h，瞭望不清或天气不好时，应降低调车速度，确保行车安全。

（7）在尽头线调车时，距线路终端应有大于 10 m 的安全距离。特殊情况必须小于 10 m 时，车速不得超过 5 km/h。

（8）严禁利用钢轨打磨列车进行非本段车辆的调车作业。

三、编挂安全措施

（1）无火回送或转移施工地点时，需将其编挂在列车的尾部，有守车时应位于守车前。

（2）必须指定一名押运负责人全程跟车负责安全及押车工作，押车人员不少于 2 人。

（3）挂运速度不得超过 100 km/h，禁止通过驼峰、减速顶，禁止进行溜放作业。

（4）挂运前，押车人员应检查车辆作业装置锁定、弹簧制动、空气制动机手柄、风管连接等情况，并确认各操纵装置处于无火回送状态、试风良好。押运人员应与牵引机车司机保持联系。

（5）运行时，押车人员应关好车门，身体不得探出车外。发现走行系统异常或制动缓解不良时，应立即与牵引机车司机联系，以便采取应急措施。站内停车时，押车员要下车对本车进行巡查并检查轴温、闸瓦的情况。下车检查时，押运人员要做到一开门、二瞭望、三下车，注意邻线来车。需要钻车检查时，要与机车司机进行联控。

（6）严禁押车人员利用列车停车时间擅自离开所押运的车辆，防止漏乘。在电气化线路地段押运列车时，严禁押车人员攀登车顶或超越电气化安全距离接近电气化带电设备。

（7）到达停车地点后，应实施驻车制动，按规定设置止轮器和防护。

四、作业安全措施

（1）指定唯一的施工负责人。施工现场的安全工作由施工负责人负责。施工操作人员必须取得操作合格证，严格履行安全岗位逐级责任制。

（2）施工前，施工负责人要对所作业区段线路现场调查，确认线路状况和病害情况，同时制定正确的打磨方式。

（3）施工前，施工负责人应组织召开施工交班会，布置施工任务，交代安全注意事项。

（4）施工前，驻站联络员要按《铁路技术管理规程》要求申请调度命令。

（5）施工前，对打磨列车进行全面检查，确认各系统工作状态良好。

（6）打磨列车凭调度命令及发车信号进入封锁区间，并严格执行施工封锁命令各项内容。

（7）施工地段按要求设置防护。

（8）施工作业时，操作人员要严格执行操作规程。

（9）施工作业时，车下人员要到邻线一侧的路基下避车，防止火星和砂轮碎裂伤人。

（10）施工作业时，要做好防火工作。

（11）作业时，非操作人员禁止进入驾驶室。

（12）车下检测人员要认真检查线路的几何状态，确定适当的打磨方式，确保钢轨的几何尺寸达到规定要求。

（13）作业后收车时，车上要有专人防护，车内要有监控人员，车下操作员按操作规程收车，确认本车在可运行状态。

五、检修安全措施

（1）进行保养检修作业时，打磨列车要做好防溜措施，并施加制动，邻线应设专人防护。

（2）需要攀登车体时，要紧握扶手，不准穿带钉的鞋、塑料鞋、拖鞋。攀上车体后，要找准安全的工作位置，防止坠落摔伤。

（3）作业时要防止物件下落击伤他人，下面人员也应避开有危险的区域，防止被坠落的物件砸伤。在有可能被坠落物件或飞溅物件击伤的环境下进行检修保养作业时，有关人员必须戴好防护目镜和安全帽。

（4）机组加注燃油时，要注意防火，绝对禁止在油箱及加油作业中吸烟或使用明火。

（5）禁止在机械上或机械附近使用明火。如果必须就地使用电焊或气焊时，应尽量远离油箱，并要准备足够的灭火器具，清除附近的易燃物品。

（6）机械在作业现场临时出现故障需检修时，应做好制动，发动机停机，切断本机主电源并在邻线一侧设专人防护。需要启动发动机时，在确认检修人员从作业车下和车旁全部撤离后，方准启动发动机。

（7）使用架车机或千斤顶架车时，支撑物的承载能力必须大于被支撑物，支撑地面应坚硬无下沉，支撑物牢固可靠。架车由专人指挥，同起同落，平衡不倾斜。

（8）每天检修保养工作结束后，必须组织人员清扫现场，清除油脂及易燃物品，按要求清点工具、机具。

六、人身安全措施

（1）经常对职工进行人身安全教育，未取得安全培训合格证的人员（包括新上岗、易岗）禁止上道作业。

（2）严禁在接触网支柱上挂绳索、铁丝及晾晒衣物等。在电气化区段施工时，任何人员禁止到车顶进行任何作业，所携带的物件最顶端距离接触网带电部分不得小于 2 m，发现接触网脱落，所有人员应撤离其 10 m 以外，并通知有关部门派人处理。

（3）车体能够攀登车顶处，应加设"有电危险、禁止攀登"的明显警告标志。

（4）所有打磨列车作业人员严禁在邻线道心内行走。双线作业时要锁闭邻线一侧的车门，严禁从邻线一侧车门下车。人员确实需要在两线间工作时，需安排专人进行防护。

（5）作业时，应按规定使用劳动保护用品。

（6）不准在车辆下乘凉、坐卧、休息；不得在股道上乘凉。

（7）不准在车辆行驶中扒上、扒下。

（8）横跨铁路时必须执行"一站、二看、三通过"的要求，绕行铁路停留车辆时，距离车前应不少于 5 m 距离。

附录三 打磨列车的应急处理

由于钢轨打磨列车作业的特殊性,操作不当或机械故障很容易造成铁路设施的损坏,通过总结生产经验,制定了应急处理措施,以避免或减少打磨列车在运行、作业过程中对铁路线路的损坏,影响铁路运输安全。

一、PGM-48型钢轨打磨列车运行中的应急处理

1. 一台主发动机突然熄火

处理措施:当一台主发动机突然熄火,应立即采取停车制动,查看熄火原因,查看计算机显示是否有报警提示,若有报警提示,根据报警提示,查找原因处理。主要报警有:发动机转速过高。当发动机转速过高导致熄火后,应当断开24V主电源,让控制系统复位,再启动发动机。

若没有,检查供油系统,检查小油箱油位,若油位接近箱底,应立即将柴油粗滤转换器旋柄转换到另一方向,使用另一个柴油粗滤器,转换好后,单独开启"START"开关向小油箱泵油,并检查出油情况。当辅助油箱油位明显升高后,启动主发动机,开启计算机,查看情况,正常后,机械车辆可以运行。

若发动机不能启动,应立即通过计算机将该车的4根动力轴关闭,即放到空档位置,同时通过充电机对该车的蓄电池进行充电,以确保该车主机能够正常工作。要求在另一端驾驶,用一台车运行。若在关闭档位即处理空档的过程中,某根轴或多根轴不能退入空档位,关闭该轴后,可以不高于35 km/h的速度运行到下一个车站,停车进一步处理。

2. APU故障不能使用

APU熄火,不影响走行,可以不停车,但要注意观察车上的情况,将车运行到下一站后,再进行处理。

3. 1、3车中一台主机故障

① 运行中,一端车的O-JAM故障,应停车将该车的档位放到空档位,只能用另一端车运行。

② 运行中,一端车的D-JAM故障,可以在另一端控制整个车运行,故障车一端可以正常工作。

4. 两端主机均故障

停车后,将控制转换转换到"manual"位,将车辆运行到车站。

二、打磨作业中的应急处理

1．一端发动机熄火

当一端发动机熄火后，应采取以下措施：

① 按下紧急提升按钮。

② 确定打磨电机都已提升后，停车；检查熄火原因，若可以迅速处理，及时处理恢复，若时间不允许，应将该车处于空档，将其锁定关闭。

③ 用充电机对故障车蓄电池充电。

④ 用应急泵提升小车，锁定后，用一台车运行返回车站。

2．一端计算机死机（包括2号车）

当一台计算机死机，应采取以下措施：

① 按下紧急提升按钮。

② 不能停车，待确定打磨电机都已提起或停转后，方可停车。

③ 关闭计算机，再重新启动，若恢复正常，即可正常运行。若不能启动，应手动将该车档位处于空档，并用应急泵收车，拔下故障计算机一端的网线。

④ 另一端开启计算机，将车辆运行回车站，进一步处理。

3．作业过程中，液压泵突然停转

作业中若发现液压泵突然停转，应采取以下措施：

① 立即按下紧急提升按钮。

② 不要停车，当确定所有电机已提起或停转后，方可停车。

③ 检查液压泵停转原因，及时处理，若不能及时处理，用应急泵收车，返回车站后，进一步处理。

4．作业中，液压泵站和应急泵都不能正常工作

作业中，液压泵站和应急泵都不能正常工作，需用撬杠等将打磨电机收起，锁住，以不高于 35 km/h 的速度运行到车站。

5．作业中，APU 故障

作业中，APU 突然熄火故障时，应采取以下措施：

① 立即按下提升按钮，车下人员观察电机状态，确定电机全部提升后，停车。

② 检查熄火原因，若能及时处理，恢复施工作业；若不能及时处理，应立即组织收车，返回。因为 APU 故障，打磨列车不能进行打磨作业。

附录四 修规与技规

一、钢轨打磨、焊修作业要求

对线路上钢轨波浪形磨耗、钢轨肥边、马鞍形磨耗、焊缝凹陷及鱼鳞裂纹等病害，应使用打磨列车或小型打磨机进行打磨。打磨作业后应达到表1的标准。

表1 钢轨打磨作业验收标准

钢轨轨顶面病害	$v_{max}>120$ km/h		$v_{max}\leqslant 120$ km/h		测量方法
	打磨列车	小型打磨机	打磨列车	小型打磨机	
工作边肥边/mm	<0.3	<0.3	<0.3	<0.5	1 m 直尺测量
焊缝凹陷/mm	<0.3	<0.3	<0.3	<0.5	1 m 直尺测量
钢轨母材轨顶面凹陷或马鞍形磨耗/mm	<0.3	<0.3	<0.3	<0.5	1 m 直尺测量矢度
波浪形磨耗/mm	<0.2		<0.2		

对接头和绝缘接头轨端肥边，应及时整修处理。固定型辙叉及可动心轨顶面不平顺，尖轨、固定型辙叉、可动心轨、翼轨工作边及尖轨非工作边出现肥边，应打磨整修。

采用钢轨打磨列车进行预防性打磨和修理性打磨时，应与大型养路机械维修捣固作业配套，安排在捣固作业后进行。

钢轨（含尖轨和辙叉）低塌接头、压溃、擦伤、掉块、磨耗和锰钢辙叉裂纹应进行焊修。

二、钢轨、道岔打磨作业的技术规定

（1）打磨作业前，应仔细调查线路，确定各区段的主要病害，采用钢轨轮廓（磨耗）测量仪测量钢轨廓形，根据钢轨表面状态、钢轨伤损和轮轨接触情况，确定打磨方案。

（2）相连两段线路重叠打磨的区域不少于10 m，两组道岔间的线路应与道岔一并打磨。

（3）有砟轨道线路的打磨作业宜安排在捣固车维修作业后进行。

（4）打磨作业前，应全面检查并紧固打磨砂轮，并进行打磨参数调整试验，合理确定打磨电机提升的位置，尽量缩短提升位置到道岔的距离，发挥避障功能。

（5）进行大角度打磨作业时，遇有不能拆除的应答器等障碍物，应提前调整打磨电机角度避让。

（6）在打磨列车作业停顿间隙，应及时对打磨列车进行除渣工作，同时清理洒落在轨面和轨道上的残留物。

（7）打磨车作业时应使用集尘装置，每日保养时应对集尘装置进行彻底清洁。

（8）道岔打磨区域为道岔及其前后不小于 25 m 处。

（9）对岔心和岔尖，根据安全运行要求和维修养护需要确定是否打磨。

（10）在打磨侧股时，对直股已经打磨过的尖轨转辙部分可跳过。交叉渡线和翼轨高于基本轨的区域不打磨。

（11）打磨列车经过道岔时必须确认道岔内无磨屑块掉落。

（12）道岔打磨结束后，应及时清除滑床板上的残留物。

参考文献

[1] 何学科. 铁道工务[M]. 北京：中国铁道出版社，2007.
[2] 于仲江，张贵良. JZ-7型空气制动机[M]. 北京：中国铁道出版社，2005.
[3] 汪奕. 钢轨打磨列车[M]. 北京：中国铁道出版社，2008.
[4] 铁路职工岗位培训教材编审委员会. 大型线路机械司机（钢轨打磨车）[M]. 北京：中国铁道出版社，2011.
[5] 中华人民共和国铁道部. 大型养路机械使用管理规则[M]. 北京：中国铁道出版社，2007.
[6] 张永革. 机电设备检修技术[M]. 北京：人民交通出版社，2012.
[7] 李成辉. 轨道[M]. 2版. 成都：西南交通大学出版社，2012.